갈수록
살기 힘든 나라

외환위기 이후 양극화, 신분 세습, 경제 저성장,
지속 악화의 근원과 탈출의 길

갈수록
살기 힘든 나라

박세길 지음

포르체

왜 한국은 갈수록 살기 힘들어졌는가

대한민국 국민의 한 사람으로서 크나큰 자부심을 품고 살아왔다. 식민 지배를 겪었으면서도 민주화와 산업화를 동시에 성공한 나라. 세상에서 가장 가난한 나라였던 과거를 딛고 가장 빠르게 선진국에 진입한 나라. IT 강국, 문화 강국으로서 세계인이 부러워하는 나라. 이 어찌 자랑스럽지 않겠는가?

요즘 들어 조바심이 부쩍 늘었다. 이러다간 큰일 날 수도 있겠다는 위기감이 깊어지고 있다. 선진국에 들어서면 많은 문제가 해결되거나 완화되리라는 기대감이 물거품이 되어 간다. 사회 구조적 모순은 나날이 심화하고 청년 세대의 좌절은 더욱 깊어만 가고 있다. 연간 경제성장률이 세계 평균의 절반 정도로 저성장이 임계점을 넘어서고 있다.

자칫하면 나라 전체가 추락할 수도 있는 위태로운 상황이다.

여기저기서 한국 경제 성장이 끝났다는 뜻의 '피크 코리아'란 소리가 튀어나오고 있다. 생각만 해도 소름이 돋는다. 어느새 이웃 나라에서 비웃는 소리가 들려오는 듯하다.

과거에서 탈출해 새로운 미래로 진입해야 할 절박한 상황인데도 우리 사회는 상당한 무력감을 드러내고 있다. 사회 전체가 목표 없이 떠도는 느낌이다. 시대정신 없이 욕망만 꿈틀거린다. 일부 평론가는 정치권을 두고 새로운 미래를 기획할 콘텐츠가 바닥났다고 혹평하기도 한다. 정치권은 미래 비전을 두고 다투기보다 다분히 적대적 공존에 의존하고 있다.

도대체 왜 이런 현상이 벌어지는가? 문제의 근원을 추적하다 보면 모두 한 지점에서 만난다. 외환위기를 계기로 성립한 '97체제'다. 식민지 지배 체제와 해방 이후 권위주의 독재 체제에 이어 독립적으로 작동한 새로운 유형의 지배 체제이며 사회 구조적 모순이 파생한 근원이다.

과거 식민지 지배와 권위주의 독재를 청산하지 않고는 그 어떤 문제도 온전한 해결을 기대할 수 없었다. 식민지 지배를 청산하려는 노력 없이 토지개혁만을 주장했다면 얼빠진 소리 취급받기 좋았다. 마찬가지로 97체제 종식 없이는 그 어떤 문제도 온전한 해결을 기대하기 어려웠다.

안타깝게도 우리 사회는 97체제를 정확히 파악하고 대응하지 못했다. 97체제 청산을 위한 제대로 된 노력 없이 그 속에 갇힌 채로 문제 해결을 시도해 왔다. 우리 사회가 양극화 심화 등 구조적 모순을 적시에 해결하지 못하고 오랜 시간 배회해 온 결정적 이유였다.

이 책은 97체제 성립 배경 및 작동 양식, 거듭된 방황, 극복의 길 등을 포괄적으로 다루고 있다. 기나긴 겨울과도 같았던 97체제를 뒤로 하고 한국 사회의 새로운 봄을 기약한다. 이 책은 15년을 훌쩍 넘는 시간 동안 온갖 시행착오를 반복한 끝에 어렵사리 길어 올린 결과물이다.

다가오는 2027년은 97체제 성립 30년이 되는 해다. 지나치게 오랜 시간을 끌었다. 97체제에 마침표를 찍을 순간이 왔다. 이 책이 그를 향한 민심의 여정에 소중한 밑거름이 되기를 소망한다.

2024년 5월
박세길

차례

1부

긴 겨울, 97체제

1장

기적의 원동력, '사람의 힘, 민초의 힘'

한국은 세상에서 가장 가난한 나라로 출발해 가장 짧은 시간 안에 선진국에 진입한 기적의 주인공이다. 앞선 선진국들은 식민지 수탈을 바탕으로 부를 축적할 수 있었다. 선진국의 역사에는 핏자국이 선연했다. 한국은 그와 정반대로 식민 지배를 겪은 비운의 역사를 간직하고 있다. 전 세계 역사를 통틀어 한국은 여타의 선진국과 달리 타국을 침략하거나 지배한 경험이 없는 나라다.

산업화 이전 한국은 세계에서 가난한 나라에 속했다. 1960년대 초 1인당 국민소득이 약 80달러 수준으로 아프리카 가나의 절반밖에 되지 않았다. 동남아시아나 중남미 어느 나라도 한국보다 형편이 좋았다. 필리핀은 한국에 비하면 선진국이나 다름없었다.

세상에서 가장 가난하기만 했던 게 아니었다. 경제 발전 조건 또한 그 어느 나라보다 열악했다. 1954년 현대경영학의 개척자이자 최고 권위자인 피터 드러커 Peter Ferdinand Drucker가 공무 수행을 위해 한국을 방문했다. 당시 드러커의 눈에 비친 한국은 경제 발전 가능성이 전혀 없는 절망의 땅이었다. 축적된 자본과 기술은 거의 제로에 가까웠다. 국내 시장은 협소하기 그지없었으며 지하자원도 매우 빈약했다. 분단으로 인해 교역의 요충지로 기능할 가능성마저 사라져 없었다. 타이완, 홍콩, 싱가포르처럼 화교 네트워크 같은 막강한 해외 배경도 없었다. 우방을 자처했던 미국이나 일본 등은 지원이 절실한 순간마다 소극적 태도를 보였다.

한국의 선진국 진입은 액면 그대로 불가능을 가능으로 만든 기적의 역사였다. 도대체 어떻게 가능했을까? 결론부터 이야기하자면 한국의 선진국 진입을 가능하게 한 원동력은 '사람의 힘, 민초의 힘'이었다. 산업화 지도자들의 선견지명, 결단과 추진력 등이 큰 몫을 한 점은 분명했다. 중요한 사실은 지도자들의 탁월성조차도 사람의 힘, 민초의 힘에 대한 믿음에서 나왔다는 점이다. 한국인 특유의 근성과 열정, 놀라운 돌파력이 뒷받침되지 않았다면 지도력은 절대 빛을 볼 수 없었다.

놓쳐서는 안 되는 지점이 있다. 한국의 선진국 진입은 산업화 성공만으로 이루어진 게 아니었다. 한국 현대사를 아로새긴 양대 흐름의 하나인 민주화 성공 역시 선진국 진입에서 똑같은 비중을 차지했다. 만약 민주화되지 않은 채 경제 발전만 이루었다면 한국은 국제 사회에서 선진국의 일원으로 당당하게 얼굴을 내밀기 쉽지 않을 수 있었다.

뿐만이 아니다. 2000년대 이후 한국 경제 발전을 이끌었던 IT

및 문화콘텐츠 산업은 민주화 없이는 도무지 불가능한 분야들이었다. IT 산업은 정보의 자유로운 접근과 공유, 전파가 보장되는 개방적 환경을 필수 조건으로 삼는다. 사회 구성원이 온라인을 통해 자유롭게 연결되고 소통할 수 있어야 한다. 모두 민주화 없이는 불가능한 요소들이다. 문화콘텐츠 산업 역시 자유로운 상상과 표현이 어려운 환경에서는 절대 꽃을 피울 수 없었다.

　민주화 투쟁의 승리는 한국인의 고매한 성품을 엿보게 한다. 민주화 투쟁이 승리를 거두었던 1987년은 단군 이래 최대 호황으로 불린 3저호황 한복판을 지나던 시기였다. 1986년 아시안게임을 잘 마치고 1988년 서울올림픽대회를 1년 앞두고 있던 시점이기도 했다.

　당시 집권 세력 시각으로 보자면 국민이 주어진 상황에 만족을 느끼고 순응하기 좋았다. 하지만 5.18광주민주화운동 세례를 받은 국민은 그에 아랑곳없이 민주화 투쟁에 궐기했다. 대한민국 국민은 배만 부르면 인권과 민주주의에 관심이 사라지는 천박한 속물이 아니었다.

　이 점을 염두에 두면서 한국의 선진국 진입을 가능하게 했던 사람의 힘, 민초의 힘을 알아보자.

억척스럽기 짝이 없었던 독종들

언제인가 한국으로 유학을 온 일본인 여성에게 일본인은 한국인을 어떻게 생각하는지 물어본 적이 있다. 의외의 대답이 나왔다. 일본인은 한국인이 너무 독해 무섭다고 말했다. 한국인은 남들이 힘들거나 불가능하다고 여기는 영역에 거침없이 몸을 던지는 독한 사람들로 정평이 나 있다.

조선 시대 말기 동학 농민군과 의병에 대한 일본군의 야수 같은 토벌, 필설로 이루 표현할 수 없었던 식민지 시대 일제의 야만적인 탄압, 해방 이후 극한을 달렸던 좌우간의 대립, 한국전쟁 시기에 일어난 피비린내 나는 살육전. 한국인들은 그 한복판을 헤쳐 나오면서 처참한 죽음을 수없이 목도했고 반복해서 죽음의 그림자와 마주해야 했다.

영화 〈태안〉은 한국전쟁 시기 충남 태안군에서 벌어진 끔찍한 참극을 소개하고 있다. 개전 초기 경찰이 보도연맹 가입자들을 모았다. 대상자를 찾지 못하면 형제를 잡아 트럭에 싣고 어디론가 사라졌다. 그 후 아무도 돌아오지 못했다. 집단 학살을 당했기 때문이었다. 인민군이 진주하자 우익 세력을 향한 보복 살육을 진행했다. 인민군이 물러가고 국군이 진주하자 이번에는 좌익 세력에 대한 대대적인 보복 살육을 진행했다. 상호 보복 살육은 잔인함을 넘어섰다. 산 사람을 기름을 부어 태워 죽이고, 죽창으로 찔러 죽이고, 농기구와 몽둥이로 때려죽이고, 바닷가 절벽에서 떠밀어 죽이기도 했다. 그렇게 죽은 희생자들의 시신이 곳곳에 무 뽑아 던져 놓은 모습처럼 널브러져 있었다. 진실화해위원회 조사에 따르면 그렇게 희생된 사람은 좌익이 1,049명, 우익이 136명 등 모두 1,185명에 이르렀다.

극한 상황에서 한국인은 살아남은 것 자체가 승리인 삶을 살았다. 어느덧 자신도 모르는 사이 한국인들은 살기 위해서 죽음 말고는 뭐든지 할 수 있는 독종으로 변모해 있었다.

한국인의 독한 근성은 곳곳에서 그 모습을 드러냈다. 새로운 시장을 개척하기 위한 종합상사 직원들의 도전은 숱한 화제를 낳았다. 트럭에 제품을 싣고 오지 시장을 개척하기도 했다. 한국 경제사상 가장 극적인 장면의 하나라 할 수 있는 중동 건설 진출 또한 한국인의 독한 면모를 유감없이 드러낸 순간이라고 할 수 있다. 한국인들은 다른 나라 사람들은 물론이고 현지인조차 견디기 힘든 극한 상황에서 거침없이 작업했다.

중동 사막의 열기는 중장비를 손을 데기 어려울 정도로 뜨겁게 달구었다. 중장비 범퍼 위에 달걀을 올려놓으면 금방 지글지글 끓으며 프라이가 될 정도였다. 그 열기 속에서 장비를 다루다 보니 온몸이 땀으로 뒤범벅이 된 건 물론이고 머리가 띵하게 아프고 눈앞이 어른거리면서 헛것이 보이기도 했다. 극심한 더위로 인해 한국인들은 하루에 평균 18리터 정도의 물을 마셔야 했다. 오줌은 별로 누지 않았다. 흡수한 물이 거의 땀으로 흘러나왔기 때문이었다. 워낙 땀을 흘리다 보니 대부분 약 10~20킬로그램 정도 체중이 줄었다.

한국이 명실상부한 조선 왕국이 된 데도 국민의 특성이 큰 역할을 했다. 한국의 조선 산업은 수주량과 기술력 등에서 세계 최고 수준에 올라 있다. 2000년대 초에는 수주량 기준 전 세계 조선업체 7순위 중 5개를 한국 기업이 차지하기도 했다. 이후 잠시 종합 1위를 중국에 내주기는 했으나 다시 세계 최고 자리를 되찾아 왔다.

고객 맞춤형 설계를 할 수 있는 풍부한 설계 역량, 엔진 제작 등에서 높은 기술력의 뒷받침, 지상 제작 등 대담한 발상의 전환 등이 빚어낸 결과지만 빼놓을 수 없는 요인이 있다. 선박 제조 과정에서 가장 중요한 공정은 용접이다. LNG선 등 고부가가치 선박은 고열의 극한 환경에서 초정밀 용접을 장시간 이어 가야 한다. 고도의 집중력과 인내력이 필요한 작업이다. 여간 독하지 않고는 감당하기 어려운 게 조선업에서의 작업이다. 조선업의 성취는 말 그대로 한국인 특유의 독한 근성이 빚어낸 결과였다.

때가 되면 하나로 뭉치는 별난 인간들

한국인의 국민성을 다룰 때 종종 한·중·일 세 나라의 특징을 비교할 때가 많다. 세 나라의 국민성 차이는 집단과 개인에 대한 태도에서 크게 부각한다. 일본인은 철저하게 집단을 우선한다. 개인은 집단을 위해 순종하고 헌신해야 할 존재로 간주한다. 반면 중국인은 철저하게 개인을 중심으로 세상을 본다. 끊임없이 전란을 겪으면서 자신을 책임져 줄 존재는 자신밖에 없음을 터득한 결과로 여겨진다. 그 연장선에서 개인의 생존 수단으로서 재물을 몹시 귀하게 여긴다. 중국인의 뛰어난 상술도 그로부터 비롯되었다고 풀이한다.

한국인은 어떠한가? 어릴 때부터 귀가 따갑도록 들어 온 이야기가 하나 있다. 한국인은 개인은 잘나고 똑똑한데 모래알과 같아서 여간해서 단결하지 못한다는 이야기였다. 과연 그럴까? 최근에 이르러 여러 매체가 한국인을 관찰해 온 외국인들의 시선을 자주 소개하고 있다. 외국인들이 가장 주목하는 한국인의 특징이 있다. 평소에는 별거 아닌 문제로 지지고 볶고 티격태격 싸우다가도 위기든 호기든 때가 되면 무섭게 단결한다는 점이다.

외국인의 눈에 외계인의 행적처럼 무척이나 진기한 장면으로 비쳤던 대표적인 사례 몇 가지를 꼽아 보자. 외환위기 직후 벌어진 '금 모으기 운동'. 한국은 통한의 외환위기를 겪으면서 구제금융을 빌린 대가로 사실상 IMF 신탁통치를 수용해야만 했다. 해외에서는 한국이 이 상태에서 벗어나려면 족히 30년이 걸린다고 내다보기도 했다. 절망적 분위기에서 국민은 자발적인 금 모으기에 나섰다. 평소 고이고이 간직하던 결혼 예물이나 돌 반지 등을 서슴없이 내놓았다. 간절함이 모이고 모여 20억 달러 정도의 외화를 벌어 빚 일부를 갚았다.

한국인들은 금 모으기로 더 중요한 것을 모을 수 있었다. 함께 위기를 헤쳐 나가고자 하는 강한 결의였다. 결국 한국은 모두의 예상을 뒤엎고 3년 8개월 만에 빌린 돈 전부를 갚고 IMF를 졸업할 수 있었다.

2002년 한일월드컵 시기 붉은 악마 거리 응원전. 한일월드컵

기적의 원동력, '사람의 힘, 민초의 힘'

당시 한국 대표팀의 경기가 있을 때면 어김없이 수십만의 한국인들이 광장 혹은 대로에 모여 열광적인 응원전을 펼쳤다. 그들은 모두 붉은 티셔츠를 입고 똑같은 장단과 동작에 맞추어 응원전을 펼쳤다. 전 세계 어느 곳에서도 찾아볼 수 없는 진기한 장면이 아닐 수 없었다. 붉은 악마 응원전이 뿜어낸 엄청난 에너지를 흡수한 결과일까. 한국 대표팀은 포르투갈, 스페인, 이탈리아 등 강력한 우승 후보였던 유럽의 강호들을 연파하며 일약 4강에 오를 수 있었다.

2007년 12월 태안 앞바다 기름 유출 사건. 홍콩 선적 유조선 허베이스피리트호가 삼성 소속 크레인선과 충돌했다. 엄청난 양의 기름이 유출해 태안 앞바다를 가득 덮었다. 일대는 순식간에 죽음의 바다로 전락했다. 해외 매체가 다투어 대서특필할 정도의 초대형 사건이었다. 해외 언론은 빨라야 30년 어쩌면 100년 정도 지나야 태안 앞바다가 본래의 모습을 되찾을 수 있다고 내다보았다. 바로 그때 연인원 200여만 명의 자원봉사자가 몰려들어 손으로 기름을 걷어 내기 시작했다. 외국인들로서는 자기 눈을 의심할 수밖에 없는 장면이었다. 결국 기적이 일어났다. 10년이 채 안 되어 태안 앞바다는 청정 해역으로 거듭났다.

평소 티격태격 다투다가도 때가 되면 똘똘 뭉치는 한국인의 특성은 민주화 현장에서 그 진가를 마음껏 발휘했다. 마침내는 수백만 명이 똑같이 촛불을 들고 집회를 진행하기에 이르렀다. 전 세계 어느 곳에서도 찾아볼 수 없는 진기하기 짝 없는 촛불혁명의 탄생이었다.

산업화 현장 또한 이 같은 한국인의 특성이 일상적으로 분출하는 무대였다. 오늘날 한국의 대표적인 수출 품목이 된 반도체의 개발 역사는 이 점을 생생하게 입증해 주고 있다.

1983년 삼성은 64K 반도체 개발에 착수하기로 마음먹었다. 64K 반도체는 요즘 기준으로 보면 구석기 시대 유물 정도로 취급할 수 있지만 당시로서는 여간해서 쉽지 않은 고난도 기술이었다. 삼성의 반도체 개발은 오늘날에는 대단한 선견지명으로 평가받고 있지만 당시에는 무모하기 짝없는 모험으로 비칠 수밖에 없었다. 일본의 미쓰비시 경제연구소는 취약한 내수 시장, 빈약한 수출 경쟁력, 열악한 기술 경쟁력, 부족한 투자 여력 등 네 가지 이유를 들면서 한국은 반도체를 할 수 없다고 결론 내리기도 했다. 정부 출연 연구기관인 한국개발원[KDI] 역시 부정적 시각의 보고서를 제출했다. 국내 언론 또한 삼성의 반도체 개발을 무모한 도박으로 몰아가는 분위기였다.

삼성은 믿는 구석이 있었다. 바로 때가 되면 똘똘 뭉쳐 문제를 돌파하는 한국인 특유의 근성이었다. 삼성은 64K 반도체 개발 방침을 결정하고 곧바로 개발진을 구성했다. 개발진은 누구라 할 것 없이 개인 생활을 포기했다. 귀가조차 하지 않고 사무실에서 쪽잠을 자며 개발에 매달렸다. 한 직원의 아내가 출산에 임박한 상황이어도 외출하지 못할 정도로 모두가 반도체 개발에 몰두했다.

모두의 희생과 헌신을 바탕으로 도무지 불가능해 보였던 64K 반도체 개발이 마침내 성공을 거두기 시작했다. 서둘러 양산 체제를 구축하기 위해 일본으로부터 생산 장비를 도입했지만 장비가 들어올 공장 진입로가 제대로 확보되지 않으면서 문제가 불거졌다.

추운 겨울 날씨에도 기다렸다는 듯이 직원들이 발 벗고 나섰다. 직원들은 거의 맨손 작업을 하다시피 해서 순식간에 진입로를 만들었다. 삼성의 반도체 개발 역사가 본격 막을 올리는 순간이었다.

삼성을 둘러싼 한국인의 시각은 긍정과 부정으로 극명하게 갈린다. 그와 무관하게 삼성이 규모나 국제적 위상에서 한국을 대표하는 기업임은 틀림없다. 어쩌면 삼성은 한국인의 특성을 잘 활용해 크게 성공한 기업인지도 모른다. 강압적인 분위기가 있을 수도 있었고 금전적 보상이라는 유인이 작용한 결과일 수도 있다. 어떤 경우든지 한국인 특유의 근성을 발휘하는 자발적 협력이 없었다면 원천적으로 불가능한 결과였다.

때가 되면 하나로 뭉치는 한국인의 특성 배경에 대해서는 대체로 의견이 일치한다. 수많은 외침에 맞서 힘을 모아 대항하는 과정에서 자연스럽게 형성한 습성이라고 본다. 서강대학교 이철승 사회학과 교수가 《불평등의 세대》에서 말한 것처럼 동네 사람들이 힘을 모아 모내기하는 논농사 특유의 문화도 한몫 거들었다.

세상을 들썩이게 한 경이로운 교육열

한국에는 남달리 우수한 두뇌와 풍부한 감수성을 지닌 별난 사람들이 넘쳐났다. 평균 IQ는 세계 최고 수준으로 평가받았다. 과학적 체계를 갖춘 한글 덕분에 문맹률은 세계에서 가장 낮은 수준이었다. 한글은 컴퓨터와 가장 호흡이 맞는 문자였다. 컴퓨터 입력

속도에서 한글은 모든 문자를 압도하고도 남았다. 덕분에 이 별난 사람들은 짧은 기간 안에 세계에서 손꼽히는 IT 강국을 일구어 낼 수 있었다.

별난 사람들은 이마저 모자라 경이로운 교육열을 바탕으로 그 자신을 연거푸 업그레이드해 왔다. 예로부터 한국 사람들은 바위 위에 올려놓아도 굶어 죽지 않는다고 할 만큼 생활력이 강하기로 정평이 나 있다. 그토록 생활력이 강한 한국인이 곧 굶어 죽어도 하는 일이 있었다. 자식 교육이었다.

한국인들은 자식 교육을 위해서라면 그 어떤 희생도 마다하지 않았다. 이승만 정권 시절 농민들은 농지개혁으로 수입이 다소 늘었지만 절대 빈곤에서 벗어난 것은 아니었다. 그런 농민들이 가장 먼저 착수한 일은 자식 교육이었다. 자식을 대학에 보내기 위해 기꺼이 논과 소를 팔았다.

자녀 교육이 소외와 가난에서 벗어날 수 있는 가장 확실한 투자인 점은 분명했다. 한국인 처지에서 교육은 신분 상승 욕망을 실현할 수 있는 최고의 계층 상승 사다리였다. 1980년대까지만 해도 명문대 캠퍼스는 농촌 출신들을 포함해 가난한 집 자제들로 넘쳐났다. 독하게 마음먹고 노력만 하면 누구나 입학이 가능한 환경이었다. 이후 이들은 대학 졸업장을 손에 쥐고 출세 가도를 달렸다. 말 그대로 개천에서 용 나던 시절이었다.

교육을 통한 신분 상승 노력으로 신화를 창조한 대표적인 곳으로 춘천시 서면을 들 수 있다. 서면은 본디 근처 우두동에 거주하던 지주들에게 곡식과 채소, 민물고기를 바치며 삶을 영위했던 소작농들의 거주지였다. 그러던 중 농지개혁이 이루어지자 농민들은 악착같이 일하면서 자식들을 춘천 시내의 명문고에 보냈고 나아가 서울로 유학시켰다. 서면 농민들의 마음을 지배한 욕망은 우두동의 부자들 따라잡기였다. 자식 교육을 통해 과거 지독히도 서러움을 안겨다 주었던 부자들과 동등한 위치에 서고 싶어 했다. 일련의 과정을 거쳐 약 1,600여 세대, 4,000여 명이 사는 서면에서 2021년 현재까지 박사 학위 소지자만 해도 184명에 이르렀다. 이곳에서는 우리 애가 박사라고 자랑하면 팔불출 취급당하기 좋다. 이곳 출신 교수진을 다 모으면 명문대를 만들 정도라고 한다. 대통령만 빼고 고위 공직자를 모두 배출했다. 전 국무총리 한승수도 그중 한 명이었다.

경이로운 교육열은 대학생 수의 급격한 팽창으로 이어졌다. 1970년 당시 8.8%였던 대학 진학률(18~21세 인구 중에서 전문대, 4년제 대학 등을 합친 대학 재학생 비율)은 꾸준히 상승하여 1980년 16%, 1990년 38.1%를 거쳐 1995년도에는 54.6%를 넘어섰다. 마침내 2008년에는 83.8%에 이르렀다. 특징적인 점은 남학생의 대학 진학률은 85%이고 여학생의 대학 진학률이 83%로서 큰 차이가 없었다는 사실이다. 어느 정도 소득이 향상되자 교육에서만큼은 남녀 차별을 해소해 왔음을 알 수 있다.

한국의 대학 진학률은 경제협력개발기구OECD 회원국 중에서도 가장 높은 수준에 해당한다. 이후 거품이 빠지면서 대학 진학률은 70% 중반대로 내려왔으나 여전히 높은 수준이라고 할 수 있다.

높은 교육열은 못 말릴 정도 수준의 유학 붐으로까지 이어졌다. 미국 이민 세관국ICE의 발표에 따르면 2004년 말 미국에 가장 많은 유학생을 보낸 나라는 한국으로 도미 유학생 수는 모두 7만 3,272명에 이르렀다. 중국, 일본보다도 2만 명 정도 많은 숫자였다. 이후 중국이 절대 수에서 크게 앞지르기는 했어도 한국의 유학 붐은 좀처럼 식을 줄 몰랐다.

미국에서의 박사 학위 획득 또한 다른 나라들을 압도했다. 미국 시카고 대학이 1999~2003년 사이에 미국 박사를 가장 많이 배출한 대학들을 조사해 발표한 적이 있었다. 미국 박사를 가장 많이 배출한 대학은 캘리포니아에 있는 버클리대학교로 나타났다. 그다음 순위를 차지한 대학은 다름 아닌 서울대학교였다. 서울대학교는 미국 바깥에서 미국 박사를 가장 많이 배출한 대학이었다. 참고로 연세대학교는 5위였고 고려대학교는 8위였다.

높은 교육열에 따른 부작용 또한 만만치 않았다. 초·중·등 교육은 점수를 따기 위한 암기 위주 교육에서 벗어나지 못했다. 과도한 교육열은 학생을 입시 지옥 속으로 몰아넣으면서 사교육을 과잉 팽창시켰다. 대학 교육의 급격한 팽창은 고학력 실업과 함께 학력 낭비 현상을 심화시켜 왔다.

한국은 독일이나 프랑스처럼 국립대 중심이 아니라 사립대 중심이다. 그러면서도 미국처럼 각종 기부금에 근거한 장학금 제도가 발전해 있지도 않았다. 일본처럼 정부 차원의 장학금 제도가 정비되어 있지도 않았다. 대학 교육은 학부모의 희생과 상당 정도 학생 자신의 노력으로 뒷받침될 수밖에 없었다. 대학 진학률이 70~80%에 이르면서 태반이 고학생이었다고 해도 과언이 아니었다. 경이로운 교육열은 국민의 막대한 출혈을 바탕으로 이루어졌음을 알 수 있다. 한국의 젊은이들은 여간해서 사회에 대한 부채 의식을 느끼지 않는데 상당 부분 본인과 가족의 노력만으로 교육을 마친 데 따른 결과였다.

경이로운 교육열은 산업 현장에 지적이고 창의적인 고급 노동력을 풍부하게 공급하는 원동력이 되었다. 이 사실이 한국 산업화 성공에서 어떤 의미를 갖는지를 날카롭게 파악한 인물은 바로 한국전쟁 직후 한국을 방문했던 피터 드러커였다.

피터 드러커가 볼 때 한국은 경제 발전 가능성이 전혀 없는 나라였다. 그런 한국이 장기간 초고속 압축 성장을 이어 갔다. 그로서는 도무지 이해하기 힘든 불가사의한 현상이었다. 그는 오랜 관찰 끝에 한국 산업화 성공의 원동력은 '지식으로 무장한 고급 노동력의 풍부한 공급'이었음을 밝혀냈다. 이를 바탕으로 그는 지식이 새로운 가치 창출의 주요 원천으로 떠올랐다는 '지식사회론'을 정립했다. 피터 드러커의 지식사회론은 1990년대 이후 시작한 3차 산업혁명이 꽃을 피우면서 널리 인정받았다.

한국인은 전 세계에서 평균 IQ가 가장 높다고 평가받았다. 문맹률은 1% 미만으로 가장 낮다. 여기에 경이로운 교육열이 보태졌다. 그 결과 한국은 기존 선진국과 달리 식민지 수탈에 의존하지 않고도 오로지 국내 인적 자원을 바탕으로 산업화 성공에 이를 수 있었다.

운명의 기로에 선 다이내믹 코리아

사람의 힘, 민초의 힘을 원동력으로 한국은 가장 짧은 시간 안에 선진국에 진입했다. 그 과정을 일일이 열거하기 어렵겠지만 말 그대로 피와 눈물로 얼룩진 고난의 연속이었다. 수많은 사람이 헤아릴 수 없는 고초와 희생을 겪어야 했다. 이 모두를 감내할 힘은 어디에서 나왔는가? 놀라운 교육열에서 드러나듯이 신분 상승을 향한 욕망이었다.

양반 지주 계급 중심의 전통적 지배층은 일제 식민지 시대를 거치며 권위를 완전히 잃어버렸다. 친일 부역을 통해 명맥을 유지했어도 해방 이후 농지개혁으로 타격을 입었다. 그나마 한국전쟁을 거치며 물적 기반 대부분을 상실했다. 한국전쟁 이후 전통적 지배층은 거의 사라지다시피 했다.

한국은 전통적 지배층이 사라진 조건에서 계층 상승이 비교적 쉬운 개방적 신분 사회를 유지했다. 특권적 지위조차도 상당 정도 개방적 구조 속에서 형성되었다. 실제로 한국 사회는 밑바닥에서 가장 높은 곳으로 오른 갖가지 성공 드라마로 채워졌다. 비록 성차별과 지역 차별이 작동하고 있었지만 출신 성분이 성공의 걸림돌로 작용하지는 않았다.

박정희 전 대통령과 전두환 전 대통령은 가난한 농민의 아들로 태어나 대통령이 된 인물들이다. 두 사람에 대해 이러저러한 이야기를 할 수 있지만 가장 낮은 곳에서 가장 높은 자리에 오른 대표적인 사례임에 틀림이 없다. 김대중 전 대통령과 노무현 전 대통령은 대학 문턱도 넘지 못한 상업고등학교 출신이었다. 현대건설 회장을 거쳐 대통령 자리에 오른 이명박 전 대통령과 한때 매출액 기준 4위 재벌이었던 대우그룹의 총수 김우중 초대회장은 샐러리맨 출신이었다. 한국 최대의 재벌이었던 현대 그룹의 창업자 정주영 초대회장은 초등학교 졸업이 학력의 전부인 인물이었다.

1960년대 이후부터 1997년 외환위기까지 장기간 지속한 고도성장이 개방적 신분 사회를 거뜬하게 지탱해 주었다. 특권이 형성되고 확대했어도 고도성장은 그보다 훨씬 큰 폭으로 신분 상승 기회를 만들어 냈다. 계층 상승 사다리가 놓일 공간을 지속해서 확장했다. 전국 어디를 가든 용 낳는 개천이 널려 있었고 개천에서 용 나는 신화는 일상이 되다시피 했다.

한국전쟁 이후 한국은 절대 빈곤으로부터의 탈출과 계층 상승 본능에 이끌린 '욕망의 질주 사회'였다. 탈출과 상승의 욕망이 사회의 역동적 발전을 가능케 하는 원동력으로 작용했다.

민초는 자유로운 신분 상승이 가능한 개방적 신분 사회 유지에 깊은 이해관계를 가졌다. 개방적 신분 사회를 위협하는 특권과 전횡, 독재에 격렬하게 저항했다. 사회 전체가 소작농이 자기 땅의 주인이 되려는 투쟁으로 넘쳐났다. 한국이 산업화와 민주화에 함께 성공한 원동력이었다. 하영선 동아시아연구원 이사장이 한국은 민초가 만들어 온 나라라고 설파한 이유기도 했다.

선진국 진입을 향한 담대한 도전도 국제 사회에서의 집단적 신분 상승을 향한 피어린 여정이었다. 한국의 민초는 일제 식민 지배를 포함해 오랫동안 강대국의 등쌀에 시달려 온 기억을 간직하고 있다. 약소국 백성으로서 온갖 서러움과 멸시를 겪어야만 했다. 하지만 강대국의 위세에 굴복하거나 기가 죽지 않았다. 상처 입은 자존심을 어루만지며 이를 악물고 오기를 키워 왔다. 민초는 자신들을 발톱의 때로도 여기지 않았던 강대국과 대등한 위치에 서기를 갈망했다. 이는 타국 사람을 표현하는 그들의 언어 습관에 고스란히 배어 있다.

한국의 민초는 강대국 사람들에게 종종 비하와 경멸의 의미가 담긴 '놈들' 자를 붙였다. 미국 놈들, 일본 놈들, 중국 놈들 하는 식이다. 반면 자신과 비슷하거나 약하다고 여기는 나라 사람들에게는 그렇게 하지 않았다. 국력이 비슷하다고 여기는 나라 사람들에는 대체로 '애들'이라는 표현을 붙였다. 영국 애들, 프랑스 애들 하는 식이다. 과거에는 러시아 놈들이라고 했다가 한국이 국내총생산 GDP 규모에서 다소 앞서자 러시아 애들로 표현이 바뀌었다. 우리보다 국력이 약한 나라에는 주로 '사람들'이라는 표현을 붙였다. 아프리카 사람들, 남미 사람들 하는 식이다. 아프리카 놈들이라는 표현을 사용하면 시건방진 인간 취급했다.

한국은 사람의 힘, 민초의 힘을 원동력으로 기적을 일군 나라가 되면서 자연스럽게 '다이내믹 코리아'가 국가슬로건이 되었다.

언제부터인가 이상 기류가 형성하기 시작했다. 돈을 최고로 치고 돈이면 다 된다는 풍조가 만연하면서 사람을 우습게 보기 시작했다. 오늘의 대한민국을 만든 주인공 민초를 한낱 비용 취급하면서 한없이 저평가하기 시작했다. 개방적 신분 사회는 역사의 뒤안길로 물러나고 신분이 대물림되는 폐쇄적 신분 사회가 그 자리를

기적의 원동력, '사람의 힘, 민초의 힘'

대신하기 시작했다. 이 모두는 다이내믹 코리아가 원동력을 잃어가고 있음을 알리는 위험 신호에 다름없다.

2024년 현재 한국 사회는 거대한 퇴행을 수반하면서 깊은 혼돈 속으로 빠져들고 있다. 퇴행을 향한 반발이 격해지면서 새로운 미래에 대한 열망과 탐색 의지도 함께 커지고 있다.

갈등과 대립은 한국 사회의 미래를 둘러싼 격렬한 다툼으로 발전하고 있다. 오늘날의 한국을 있게 한 근본으로 사람의 힘, 민초의 힘을 짓뭉갤지 되살릴지를 둘러싼 다툼이기도 하다. 폐쇄적 신분 사회 유지로 다이내믹 코리아를 포기하느냐? 개방적 신분 사회의 재생으로 다이내믹 코리아를 부활하느냐? 시대 상황은 운명을 건 싸움을 예고한다.

2장

승승장구하던 무역 호시절의 마감

한국 사회의 주류 집단은 역사상 보기 드문 변화를 한 세대 안에 모두 경험한 매우 특이한 사람들이다. 산업화와 민주화를 겪었고 문명사적 대전환을 의미하는 정보화를 경험했다. 여기에 머물지 않고 또 하나의 거대한 변화를 경험해야 했다. 바로 세계화였다.

마크 레빈슨Marc Levinson은《세계화의 종말과 새로운 시작Outside the Box: How Globalization Changed from Moving Stuff to Spreading Ideas》에서 19세기 이후 세 차례에 걸친 세계화가 있었다고 기술하고 있다. 하지만 이는 서구 중심의 역사관에서 비롯된 시각일 뿐이다. 과거 한국은 세계화와 거의 무관한 상황에 놓여 있었다. 19세기 이전에는 세계 시장과 단절된 전근대 사회였다. 일제 식민지 시대에는 일제에 의해 배타적으로 지배되고 있었고 해방 이후에는 분단국가 신세가 되어 냉전의 최전선을 담당했다. 한국은 1990년대 이후에서야 온전한 의미에서 세계화의 흐름 속에 몸을 담글 수 있었다.

흔히 1995년을 세계화의 원년으로 꼽고 있다. 그해 단일한 세계 시장을 관장하는 세계무역기구WTO가 출범했기 때문이다. WTO 출범과 단일한 세계 시장 형성은 우루과이라운드를 거치며 이루어진 국제 사회 합의의 결과였다. 세계화는 세계 시장 붕괴 위기에서 국제 사회가 공평하게 개방을 추진하며 이루어 낸 의식적 노력의 결과였다. 자연 발생적 현상이 아니었다.

WTO 출범이 단일한 세계 시장 출범에서 중요한 조건을 이루고 있음은 누가 봐도 분명한 사실이다. 최근에 이르러 세계화의 조건을 새롭게 보도록 하는 현상이 발생했다. WTO는 여전히 건재하고 변함없이 작동하고 있지만 세계 시장이 곳곳에서 균열을 일으키고 있다.

이를 계기로 1990년대 이후 30여 년 동안 단일한 세계 시장이 원활하게 작동하면서 세계화가 순항을 지속할 수 있었던 결정적인 요인을 발견할 수 있었다. 바로 유일 초강대국 미국의 존재였다.

1990년대 이후 30여 년 동안 세계는 북한 등 극히 일부를 제외하고는 유일 정점이었던 미국의 절대적인 영향 아래 있었다. 지구 전체가 미국이라는 초강대국 영향 아래 단일하게 통합해 있었던 셈이다. 어떤 과정을 거쳐 이 놀라운 현상이 벌어졌는지 간략히 개괄해 보자.

유일 초강대국 지위에 오른 미국

한동안 세계사를 주름잡았던 서유럽 강대국들은 2차 세계대전 이후 하위 동맹국 위치에서 미국의 엄격한 통제를 받았다. 소련을 별개로 하면 문제의 소지가 있는 곳은 한때 미국과 맞대결을 펼치거나 정면 도전했던 동아시아 강대국 중국과 일본이었다. 중국부터 살펴보자.

과거 함께 사회주의 진영을 구성했던 초강대국 소련과 중국은 사사건건 충돌하면서 급기야 국교마저 단절하는 극단적 분열을 겪었다. 프롤레타리아 국제주의를 앞세우며 사회주의 연대를 강조했던 나라들이 보인 해괴한 결말이었다. 미국은 중소분쟁의 의미를 날카롭게 간파했다. 미국은 중국과 국교를 수립한 뒤 소련에 공동 대항하는 관계를 형성했다.

미국은 중국을 자본주의 세계 시장 안으로 끌어들이면 자연스럽게 자유주의 체제로 전환되리라 믿었다. 미국은 중국이 세계 시장에 쉽게 진출할 수 있도록 외교적 지원을 아끼지 않았다. 중국은 '도광양회'를 앞세워 미국 중심의 질서를 존중하며 차근차근 실력을 키웠다. 도광양회는 자신을 드러내지 않고 참고 기다린다는 의미로 중국의 대미 외교를 관통했던 용어였다. 속내는 달랐지만 두 나라는 오랫동안 밀월 관계를 유지할 수 있었다.

일본은 파죽지세로 1980년대 세계 시장을 점령하면서 경제 분야에서의 패권을 꿈꾸었지만 이 야심은 일장춘몽으로 끝나고 말았다. 바로 플라자합의라 불리는 사건 때문이었다. 1985년 미국이 뉴욕 플라자 호텔에서 프랑스, 독일, 영국, 일본의 재무장관과 외환 시장에 개입해 미국 달러를 일본 엔과 독일 마르크에 대해 절하시 키기로 합의했던 바, 이 사건이 플라자합의다. 이 사건 후 엔화 가 치가 크게 절상되었다. 엔/달러 환율은 1년 남짓한 기간에 달러 당 243엔에서 157엔까지 대폭 조정되었다. 엔화 가치의 급격한 상승 은 일본의 대미 수출 경쟁력을 일거에 추락시키는 효과를 낳았다.

일본 정부는 급격한 대미 수출 퇴조를 내수 진작으로 보충하 고자 막대한 저리 자금을 풀었다. 최종 결과는 엄청난 규모의 부동 산 거품 붕괴였다 일본은 '잃어버린 30년Lost Decade in Japan' 터널을 지나 야 했다. 2000년 이후 20년 동안 일본의 GDP는 성장을 멈춘 채 거 의 제자리걸음을 하다시피 했다.

미국은 서유럽 강대국들을 손안에 쥐고 있으면서 중국을 자신 의 세력권 안으로 끌어들였고 일본을 일거에 찍어 눌렀다. 남은 상 대는 냉전 시대 미국과 자웅을 겨루었던 초강대국 소련이었다.

1980년대 미국의 로널드 레이건Ronald Reagan 정부는 금융자본 이 익 극대화를 중심으로 경제를 운영하는 신자유주의 체제로의 전환 을 전격 추진했다. 레이건 정부는 신자유주의 체제로의 전환이 불 평등 심화로 사회주의혁명 위험성을 증대시킬지 모른다고 우려했 다. 전략기획가들은 위험 차단을 위해 사회주의혁명 진원지로 여긴 소련을 굴복시키겠다는 대담한 목표를 세웠다.

1983년 1월 16일 미국 UPI통신United Press International은 레이건 정 부 군사정책 방향을 정리한 문서 〈1984~88년도 미국방 지침〉을 폭 로했다. 1982년 3월에 미국 군사 분야 핵심 관계자들이 참여해 작성한 문서로서 30여 명 최고위급 정부 인사들에게만 배포한 1급 극비 자료였다. 주요 내용은 이러했다.

미국은 훗날 '스타워즈 계획'이라 불린 신무기 체계 개발로 우주 공간에서 우월적 지위를 확보한다. 우주무기 개발을 제한하는 제안이나 조약은 모두 거부한다. 1980년대 중반에 소련은 경제적으로 중대 곤란에 처하리라 예상된다. 이 상황을 이용해 소련 무기 체계를 무력화시킬 군비 증강 계획을 추진한다. 무제한 군비경쟁으로 소련의 경제 군사적 기반을 약화시켜 사회적 불안을 유도한다. 최종적으로 소련이 미국에 정치적으로 굴복해 오도록 만든다.

미국은 소련의 굴복을 유도하기 위해 무한 군비경쟁 게임을 벌였다. 소련은 이 게임에 완벽하게 말려들어 갔다. 소련은 GDP 30% 정도를 군사비에 쏟아부으며 과잉 출혈을 거듭했다. 내부 모순까지 누적해 있던 소련은 견디지 못하고 1991년 연방 해체를 수반한 체제 붕괴에 직면했다. 정치적 굴복을 노렸던 미국의 목표치마저 뛰어넘는 엄청난 사태가 발생한 셈이다. 소련 붕괴와 함께 미국은 유일 초강대국 반열에 오를 결정적 전기를 마련할 수 있었다.

미국은 여기서 만족하지 않았다. 소련의 붕괴가 시작되고 있을 무렵 일부 전략가는 신자유주의를 개발도상국으로 확장하기 위한 주도면밀한 작전 계획을 수립했다. 그 결과로서 나온 구상이 이른바 워싱턴 컨센서스Washington Consensus였다.

워싱턴 컨센서스는 전 세계 개발도상국을 대상으로 한 신자유주의 구조조정 프로그램과 실행 전략을 담고 있었다. 신자유주의 구조조정 프로그램은 탈규제, 긴축재정, 자본시장 자유화와 외환시장 개방, 국가 기간산업의 민영화, 외국자본에 의한 인수합병 허용 등을 두루 포함하고 있었다. 국제금융자본이 개발도상국에서 자유로이 이윤을 추출할 수 있도록 한 프로그램이었다.

워싱턴 컨센서스는 구조조정 프로그램을 차질 없이 관철할 정교한 실행 전략을 담고 있었다. 개발도상국이 외환위기가 발생하면 이를 수습하는 게 아니라 더욱 심화시켜 신자유주의 구조조정 프로그램을 관철할 기회로 삼도록 했다. 또한 상이한 성격의 정치 세력 간 연합을 기초로 중도 개혁 성향 정부가 신자유주의 구조조정을 추진하도록 했다. 이를 통해 국민이 구조조정을 개혁 과정으로 인식하고 자연스럽게 지지할 수 있도록 했다.

워싱턴 컨센선스는 개발도상국에 다양한 형태로 적용되었다. 그중에서 가장 전형적으로 적용된 나라는 한국이었다. 1997년 외환위기를 전후해 한국에서 벌어진 일련의 과정과 내용이 우연의 일치라고 보기에는 기묘하리만치 워싱턴 컨센서스와 맞아떨어지는 대목이 많았다.

미국은 한국이 외환 부족 사태에 직면했을 때 다양한 작전으로 위기를 키웠다. 외환위기 직후 DJP연합이라 불린 상이한 성향의 두 집단 연합을 기반으로 새로운 정부가 출범했다. 외환위기 이후 다수의 국민은 중도 성향의 김대중 정부가 추진한 신자유주의 구조조정을 개혁의 과정으로 받아들였다. 이 현상은 워싱턴 컨센서스와 한국 사이에 깊은 연관성이 있을 수 있음을 암시한다. 워싱턴 컨센서스를 바탕으로 미국 주도의 신자유주의 지배는 전 세계 구석구석까지 영향을 미쳤다.

세계 시장은 미국을 유일 정점으로 하나로 통합되었다. 미국을 유일 정점으로 하는 '일극 체제'가 작동하면서 세계화는 한동안 분란을 겪지 않고 순항을 이어갈 수 있었다. 단일한 세계 시장 출범이 미국의 신자유주의 세계 지배와 일치했다는 점에서 세계화는 곧 신자유주의 세계화이기도 했다. 유사한 추세가 다극 체제로 전환하기 시작한 2020년대 이전까지 유지되었다.

미국은 냉전의 최후 승자로서 유일 초강대국 반열에 오르며 세계를 자신의 발아래 둘 수 있었다. 미국은 인류 역사상 지구 전체를 영향력 아래 둔 최초이자 유일한 나라가 되었다. 미국은 승자의 혜택을 마음껏 누렸다. 미국의 힘과 권위는 범접할 수 없는 절대적인 그 무엇이 되었다. 미국이 추구하는 가치와 비전은 세상을 움직이는 기준이 되었다.

세계화 최대 수혜자가 된 한국

미국을 유일 정점으로 하는 일극 세계화 국면은 한국에 긍정과 부정 두 가지 측면에서 절대적인 영향을 미쳤다. 전형적인 수출 주도형 국가인 한국으로서 세계화는 둘도 없는 기회였다. 한국은 미국의 영향 아래서 단일하게 통합한 세계 시장을 별다른 장애 없이 질주할 수 있었다. 한국은 승승장구하며 수출을 확대했다. 다른 한편으로 한국은 미국의 신자유주의 세계화 흐름에 강제적으로 편입되면서 양극화와 그로부터 파생된 각종 사회 구조적 모순에 시달려야 했다. 한국은 미국 주도 세계화의 수혜자이면서 동시에 희생자이기도 했다.

지난 30년 동안 수혜자 위치에서의 지속적인 수출 확대가 크게 부각했다. 사회 구조적 모순은 상대적으로 경시되거나 심하게는 무시되기도 했다. 지속적인 수출 확대로 1인당 국민소득이 3만 달러를 넘어서면 선진국 지위에 오를 수 있다. 선진국에 진입하면 사회 구조적 모순은 크게 문제없이 해결할 수 있다는 낙관적 분위기가 오랫동안 이어졌다.

한국의 지속적인 수출 확대는 해외투자와 고용 확대를 통한 현지화 전략을 바탕으로 이루어졌다. 세계화와 함께 기업은 최적의 지점을 찾아 국경 사이를 자유롭게 이동할 수 있었다. 변화된 환경에서 한국 기업들은 공격적인 해외 진출을 시도했다. 외국 기업의 국내 투자와 비교해 보더라도 한국 기업의 해외투자가 훨씬 많았다. 2007년 이후 10년간 도착액 기준 외국인 직접투자보다 한국 기업 해외투자가 3배 정도 많았다. 해외투자 절대 규모 또한 꾸준히 증가해 2007년 231억 달러에서 2016년 352억 달러로 150% 이상 증가했다.

2010~2016년 동안 7대 대기업의 해외 고용은 연평균 9.3% 늘어난 데 반해 국내 고용은 연평균 1.4% 느는 데 그쳤다. 2016년 삼성전자는 전체 고용의 70% 정도를 해외에서 충원했다. 현대자동차는 1997년 이후 국내 공장 증설을 거의 하지 않았다. 2006년 65%에 이르던 국내 생산 비중이 2015년 38%로 줄었다. 투자와 고용의 중심이 확연히 해외로 이동한 양상이다.

중소기업들의 해외투자도 급증하는 추세를 보였다. 2017년 해외투자 규모는 2010년의 3배에 이르렀다. 중국 산둥성의 칭타오 한 곳에만도 한국계 중소기업이 1만 개를 넘기에 이르렀다.

해외투자 비중이 증가하면서 한국 제조업의 해외 생산 비중이 매우 커졌다. 2015년을 기준으로 해외 생산 비중은 가전은 77%, 디스플레이는 57%, 자동차는 40% 수준이었다.

급격한 세계화와 함께 수출이 꾸준히 확대했다. 국내 기업이 해외에 설립한 법인은 생산 기지이자 세계 각지로 수출을 확대하는 전진 기지 기능을 했다. 마침내 한국은 오랫동안 세계 위에 군림하던 영국과 프랑스 등 유럽 강대국마저 제치고 세계 6위의 수출 대국에 등극하기에 이르렀다. 이 과정에서 결정적 효과를 발휘했던 지점은 다름 아닌 '중국 특수'였다.

일본은 수십 년간 세계 최고 수준의 산업 경쟁력을 발휘했던 나라였다. 그러던 일본이 잃어버린 30년에 빠져들면서 예기치 못한 곤경에 직면해야 했다. 한국으로서는 더할 나위 없는 기회였다.

과거 한국은 일본에서 고부가가치 반제품을 수입, 완제품으로 조립한 뒤 미국 등 해외 시장에 수출하곤 했다. 한국은 그에서 벗어나 고부가가치 반제품을 생산하는 나라로 탈바꿈했다. 대표적인 예로 반도체가 있다. 일본은 반도체 왕국으로 등극할 잠재력이 풍부했어도 미국의 강력한 견제로 꿈을 이룰 수 없었다. 그 빈자리를 한국이 차지했다.

때맞추어 중국이 한국의 반제품 최대 시장으로 부상했다. 중국은 2001년 WTO에 가입함으로써 세계 1위 수출 대국을 향해 줄달

음질 쳤다. 중국은 과거 한국의 패턴을 그대로 답습했다. 한국으로부터 반제품을 수입해 완제품으로 조립한 뒤 세계 각국으로 수출했다.

한국은 중국의 최대 수입국이 되었다. 즉 한국은 중국 시장에서 가장 비중이 큰 국가가 되었다. 중국이 세계의 공장으로 부상하면서 한국의 대중 수출은 더욱 탄력을 받았다. 한국의 수출 시장에서 차지하는 중국의 비중은 25% 정도에 이르기도 했다.

중국 특수를 기반으로 한국의 수출 패턴은 고부가가치 제품 중심으로 확연히 바뀌었다. 한국의 지속적인 수출 확대는 양적 확대를 넘어 질적 성숙을 수반했다. 수출로 얻는 이익 또한 그만큼 커졌다. 덕분에 지속적인 수출 확대는 지속적인 소득 증가로 이어질 수 있었다. 이 모두는 한국이 수출 확대를 기반으로 선진국에 진입하는 원동력이 되었다.

미국은 일본을 일거에 찍어 누르고 중국을 자신의 세력권 안으로 끌어들였으며 소련을 압박해 붕괴에 이르도록 했다. 미국이 유일 초강대국으로 등극하는 핵심 지점이었다. 한국은 이 모두를 절호의 기회로 삼았다. 한국은 일본을 제치고 주요 산업 분야에서 선두 주자로 치고 나가며 고부가가치 반제품 생산 능력을 키웠다. 중국과 러시아를 새로운 시장으로 개척해 특수를 누렸다. 대단한 행운이 아닐 수 없었다. 과연 이 행운이 얼마나 지속되었을까?

중국의 부상이 일으킨 거대한 파장

중국을 세계화의 최대 수혜자라고 불러왔는데 한국은 그 중국의 등에 올라타 더 큰 수혜를 누린 나라가 되었다. 하지만 행운은 마냥 지속하지 않았다. 중국 또한 반제품 수입을 바탕으로 완제품을 수출하는 나라에 계속 머물지 않았다. 중국은 한국이 그러했듯이 빠르게 독자적인 기술 축적을 바탕으로 고부가가치 반제품 생산 능력을 키웠다. 자국에 진출한 한국 기업의 생산 노하우를 철저하게 흡수한 뒤 독자적인 생산 체제로 전환했다.

중국은 미국의 제재가 날로 강해지는 상황에서도 무서운 기세로 산업 경쟁력을 키우고 있다. 중국은 시간의 한계를 공간의 크기로 극복하면서 4차 산업혁명 기술 축적에서 빠르게 치고 나가고 있다. 중국은 공산당의 강력한 조직력과 방대한 인구의 유기적 결합을 바탕으로 4차 산업혁명의 핵심 자원인 빅데이터 축적에서 타의 추종을 불허할 만큼 절대 우위를 과시하고 있다.

몇 가지 지표는 산업 경쟁력 축적에서 중국의 기세가 어느 정도인지를 입증하고 있다. 중국은 2017~2019년 피인용 지수 상위 1% 과학 논문 수에서 생명과학과 임상과학을 제외한 나노과학, 컴퓨터·정보과학 등 8개 부문에서 미국을 제치고 1위를 차지했다. 중국의 2017~2019년 피인용 지수 최상위 1% 논문 점유율은 최소 43.41%(물리·천문학)에서 최대 71.37%(나노 기술)에 이르렀다. 하버드대학교 벨퍼센터 자료에 따르면 2020년 중국의 연구개발 투자 총액은 5,800억 달러로 미국의 6,400억 달러의 턱밑까지 추격했다. 2019년 중국 이공계 박사 졸업생 수는 4만 9,498명으로 미국의 3만 3,759명을 넘어섰다.

　중국 산업 경쟁력의 비약적 발전은 한국의 수출을 이중적으로 잠식했다. 먼저 중국으로의 중간재 수출이 감소하기 시작했다. 그 결과로 중국과의 무역이 적자로 돌아서기까지 했다.

　또한 중국은 세계 시장 곳곳에서 한국 제품을 제치기 시작했다. 중국은 주력 산업 대부분에서 가격 경쟁력과 기술 경쟁력 모두 한국을 추월할 가능성을 키우고 있다. 단적으로 자동차 산업의 미래로 부각한 전기차 분야에서는 중국이 선두로 나서고 있다.

　중국이 성장하면 한국의 수출이 덩달아 확대했던 중국 특수는 확연히 과거지사가 되었다. 중국은 최고의 협력자에서 최대 경쟁자로 돌변했다. 중국이 성장할수록 한국은 심각한 위협을 받기에 이르렀다. 중국은 여전히 포기할 수 없는 중요한 시장이지만 더는 성장의 발판이 아니다.

　과거 반도체, 전자, 조선 등 분야에서 한국이 선두 주자로 치고 나가면서 일본은 상당한 타격을 입었다. 하지만 한국은 경제 규모에서 일본보다 한참 작았다. 타격의 정도가 상대적으로 크지 않았다. 중국이 한국에 미치는 파장은 완전히 다를 수밖에 없다. 중국은 미국과 맞먹을 정도의 세계 2위 경제 대국이다. 중국이 일으키는 파장은 한국을 집어삼키고도 남았다.

　덩달아 미국을 유일 정점으로 하는 일극 세계화도 막을 내리고 있다. 유일 정점이었던 미국의 국력이 쇠퇴한 결과이면서 중국 등 경쟁국의 위상이 높아진 결과이기도 했다. 세계 시장은 곳곳에서 균열이 일어나면서 급속히 다극 체제로 돌변하고 있다. 미국과 중국 사이의 생사를 건 패권 전쟁이 날로 격화하고 있다. 미국과 일본을 중심으로 한 진영과 북한, 중국, 러시아 사이의 신냉전 기류 또한 심상치 않다. 변화한 환경에서 인도, 브라질, 사우디아라비아, 튀르키예 등 20여 나라는 미국의 그늘에서 벗어나 독자 행보를 서두르고 있다.

일극 세계화가 다극 세계화로 전환하면서 한국은 새로운 국면을 맞이했다. 세계화의 순항 속에서 중국 특수를 누리며 승승장구하던 무역 호시절은 끝이 났다. 미중 패권 경쟁이 격화하면서 중국 시장 진출에 갖가지 장애가 형성되었다. 미국은 중국의 부상을 억제할 요량으로 한국의 대중국 투자 교역에 이중 삼중의 족쇄를 채웠다. 신냉전이 격화하면서 신흥 시장으로 떠올랐던 러시아 시장도 심각한 타격을 입었다. 러시아 시장 점유율 1위를 기록했던 현대자동차가 공장을 매각하고 철수하는 상황마저 벌어졌다. 갖가지 난관이 앞을 가로막았다.

이미 한국 경제 곳곳에서 빨간불이 켜지고 있다. 무역적자가 이어지고 경제 성장률이 바닥을 향해 곤두박질치고 있다. 2023년에는 1%대 성장률에 머물렀다. 세계 평균에도 한참 못 미치는 수준이다. 이러다가는 0%대 성장이라는 마의 절벽에 직면할 위험성마저 있다.

가장 심각한 문제는 내부에 있다. 중국의 매서운 추격을 따돌리기 위해서는 신발 끈을 동여매고 뜀박질해야 할 형편이다. 하지만 한국은 제자리걸음을 하거나 심지어 바닥에 주저앉을 기미마저 드러내고 있다. 영락없이 심한 속병을 앓으며 기력이 쇠약해진 모습이다. 징표의 하나로서 1인당 국민소득이 3만 5,000 달러 덫에서 쉽게 벗어나지 못하고 있다.

한국 경제는 왜 기력이 쇠약해졌는가? 97체제에서 원인을 찾을 수 있다. 1997년 외환위기를 계기로 형성된 97체제는 사회적 양극화 심화를 거쳐 각종 사회 구조적 모순을 파생시켰다. 그 결과 한국 경제가 크게 쇠약해졌을 가능성이 크다.

말하자면 이렇다. 한국은 한동안 겉으로는 왕성한 체력을 과시하며 세계 시장에서 승승장구를 거듭했다. 하지만 97체제가 작동하며 속으로는 중병을 앓고 있었다. 제때 치유하지 않고 방치한 결과 중병이 악화해 이제는 남아 있던 힘마저 소진하도록 만드는 상황이 되었다.

한국 경제 앞에 놓인 가장 우선적인 과제는 기력 회복이다. 여러모로 문제의 근원인 97체제로 시선을 돌릴 때가 되었다. 97체제가 어떻게 형성했고 어떤 문제를 낳았는지 냉철히 해부해야 한다.

3장

외환위기, 초강력 글로벌 파워의 작용

많은 사람이 1997년 외환위기를 한국전쟁 다음가는 끔찍한 재난으로 기억하고 있다. 도대체 왜 외환위기를 그토록 심각한 사건으로 기억하고 있을까?

외환위기를 두고 사람들은 주로 김영삼 정부와 재벌에 책임을 돌려 왔다. 충분히 근거가 있는 이야기다. 김영삼 정부의 성급한 금융 자유화 개방화와 여기에 편승한 재벌들의 무리한 과잉 중복 투자가 외환위기 원인이 된 점은 매우 분명하다. 외환위기는 다분히 자업자득이었다.

간과해서는 안 되는 사실이 있다. 결정적 순간에 운명을 좌우한 존재가 따로 있었기 때문이다. 김영삼 정부와 재벌이 외환위기 발생의 원인 제공자임은 분명하더라도 그들이 외환위기를 원했다고 볼 수는 없다. 도리어 그들은 외환위기에서 벗어나려고 필사적으로 몸부림쳤다. 하지만 연약하기 짝이 없었던 한국은 냉엄한 국제 질서를 뛰어넘을 수 없었다.

당시 세계 질서는 유일 정점인 미국을 중심으로 움직이고 있었다. 미국은 세계를 발아래 두고 있었던 절대 지존이었다. 외환위기를 앞두고 있었던 한국의 운명은 미국의 선택에 달려 있었다. 과연 미국은 한국의 외환위기에 대해 어떤 태도를 보였을까? 미국을 둘러싼 시각과 상관없이 외환위기의 전후 맥락을 정확히 짚자면 반드시 확인해야 할 지점이다.

꼼짝없이 토끼몰이 당한 한국

외환위기 1달 전인 1997년 11월, 1년 이하 단기 외채만 660억 달러에 이르렀다. 당시 한국 경제 규모에 비추어 볼 때 감당하기 힘든 수준이었다. 위태롭기 그지없는 상황에서 월가 금융회사들은 약속한 작전을 실행에 옮기듯이 한국 시장에 묻어 두었던 자금을 서둘러 빼가기 시작했다. 12월 3일 가용 외환은 50억 달러 수준에 불과했다. 외환 보유고가 바닥을 드러내며 외채를 제때 갚기 어려운 상황이 되고 말았다. 말 그대로 외환위기가 밀어닥쳤다.

다급해진 김영삼 정부는 일본 정부에 지원을 요청했다. 임창열 부총리 겸 재경원장관이 급히 일본으로 건너가 미쓰즈카 히로시三塚 博대장상을 만났다. 연초에 하시모토 류타로橋本龍太郎 수상이 만약 한국이 위급한 상황에 직면하면 일본이 돕겠다는 약속을 한 바 있었다. 한국 정부는 일본의 약속을 믿었다. 결정적 순간 운명의 향방을 가른 존재는 다른 곳에 있었다. 미국이었다.

1998년 11월 17일자 《동아일보》는 당시 상황을 비교적 자세히 보도한 바 있다. 임창렬 부총리를 맞이한 일본 미쓰즈카 대장상은 "미안하게 됐습니다."라는 짧은 한마디 말과 함께 미국 로버트 루빈Robert Rubin 재무장관이 전달한 편지를 꺼내 보였다. 편지에는 일본은 한국을 도와서는 안 되며 한국은 IMF로 가야 함을 적시하고 있었다. 비슷한 시기 빌 클린턴Bill Clinton 미국 대통령이 하시모토 일본 수상에게 전화를 걸어 똑같은 메시지를 전달해 놓은 상태였다.

일본은 미국이 요구한 대로 한국 지원을 거부했다. 뿐만이 아니었다. 미쓰즈카 대장상이 임 부총리에게 관련 자료를 통해 확인해 준 대로 1997년 1년 동안 일본계 은행들은 한국에 묻어 두었던 150억 달러를 서둘러 회수해 갔다. 일본은 한국의 외환위기를 악화시키는 데 적극적으로 일조했다. 일본은 미국의 의중을 정확히 파악하고 있었고 그에 맞추어 움직였다.

한국 정부는 달리 선택의 여지가 없는 신세가 되었다. 결국 한국 정부는 IMF 앞에 무릎을 꿇고 말았다. IMF 설립 취지는 원활한 외환 거래를 통해 세계 무역의 안정을 유지하는 데 있었다. 주요 임무의 하나로서 특정 국가가 외환위기에 직면하면 긴급 구제금융을 제공해야 했다. IMF와 해당 정부 협상이 필요한 지점은 원만한 대출 자금의 회수 보장이었다. 공개된 IMF 내부 문서에 따르면 한국 정부와의 협상은 이를 한참 뛰어넘는 수준에서 진행되었다.

1997년 12월 1일, 임창렬 경제부총리와 후베르트 나이스Hubert

^{Neiss} IMF 아시아태평양 국장 사이에 이뤄진 사전 협상은 그런대로 잘 진행되었다. 이들은 부실 종합금융회사 11곳 가운데 10곳에 회생 기회를 부여하고, 경제성장 목표를 3%대로 유지하며, 한국 정부가 주식·채권 시장 구조개혁에 속도를 낸다는 정도 조건으로 IMF가 구제금융을 제공한다는 얼개를 짰다.

12월 3일 오전에 상황은 크게 달라졌다. IMF 총재 미셸 캉드쉬^{Michel Camdessus}가 직접 한국에 날아와 "나는 협상하기 위해서 왔다."라고 말했다. 때맞추어 루빈 미 재무장관은 캉드쉬에게 전화를 걸어 '미흡한 협상안으론 IMF 이사회를 통과할 수 없다'는 경고를 전달했다.

참고로 IMF에서 주요 안건은 85% 이상 찬성이 있을 때 통과할 수 있는데 투표권은 지분에 따라 배분한다. 미국은 16.7% 지분으로 유일하게 거부권을 행사할 수 있었다. IMF가 미국의 통제를 벗어나기 어려운 구조였다. 캉드쉬는 미국 재무부의 지휘에 충실히 따를 수밖에 없는 처지였다.

캉드쉬의 태도는 강경했다. 캉드쉬는 앞서 진행되었던 임창열 부총리와 나이스 국장 사이의 협상안을 뒤엎었다. 임창열 부총리, 이경식 한국은행 총재, 캉드쉬 총재는 새롭게 마련한 IMF 자금 지원 의향서에 사인했다. 구제금융으로 IMF가 210억 달러, 국제부흥개발은행 100억 달러, 아시아개발은행^{ADB} 40억 달러, 미국·일본·프랑스 등 다른 국가 13곳의 대출금(233억 5,000만 달러)을 더해 총액 583억 5,000만 달러 규모의 돈을 빌려준다는 내용이었다.

막대한 자금을 빌린 대가는 혹독했다. 정부는 외국인의 종목당 주식 취득 한도를 기존 26%에서 연내 50%(이듬해 55%)로 늘리기로 했다. 외국인의 국내 기업 인수합병을 쉽게 할 수 있도록 '경제구조 조정 및 금융시장 개방에 관한 정책 이행계획'도 약속했다.

9개 부실 종합금융사 영업 정지와 2개 상업은행 자구책 마련, 국내 콜금리 기존 12.5%에서 25% 이상으로 인상, 외국인의 국내 금융 기관 인수합병과 증권사 설립 허용, 외국인 직접투자 제한 분야 추가 개방, 노동시장 유연화 추가 조처 등이 함께 포함됐다. 나이스 국장의 표현대로 수년간에 걸쳐 이루어져야 할 협상이 단 한 순간에 '비약적 전환'을 했다.

사태는 여기서 그치지 않았다. 1997년 12월 3일 한국 정부와 IMF 사이에 협상이 타결되었음에도 월가의 큰손은 한국에 투자했던 자금을 계속해서 빼갔다. 어렵사리 흘러 들어 온 IMF 긴급 자금마저 또다시 흘러 나갔다. 자칫하면 한국은행 외환 잔고가 머지 않아 마이너스로 돌아설 상태에 이르렀다. 2차 국가 부도의 징후는 갈수록 농후해졌다.

상황이 긴박하게 돌아가고 있던 1997년 12월 22일 데이비드 립튼David Lipton 미 재무부 차관이 직접 한국으로 날아왔다. 랩튼 차관은 얼마 전 대통령 선거에서 당선된 김대중 전 대통령을 만났다. 김대중 전 대통령은 새 정부가 IMF와의 협약을 충실히 이행함은 물론 'IMF 플러스 개혁'까지 할 의사가 있음을 분명히 했다. 'IMF 플러스 개혁'이란 외환관리법 전면 개정, 적대적 인수합병 허용, 주주 집단 소송제 등을 가리켰는데 IMF 구조조정 프로그램 이상의 조치를 의미했다.

김대중 전 대통령은 미국이 궁극적으로 무엇을 원하고 있는지 정확히 간파하고 있었지만 이를 전격 수용할 수밖에 없었다. 김대중 전 대통령에게 약속을 얻어 낸 다음에야 미국 정부는 100억 달러 조기 지원 방침을 발표했다. 그즈음에 서방 금융기관들은 한국에 대출해 준 자금에 대해 만기 연장을 시작했다. 한국은 간발의 차이로 국가 부도 위기에서 벗어났다.

김영삼 정부와 재벌은 결과와 무관하게 외환위기에서 벗어나려고 필사적으로 몸부림쳤다. 미국의 입장은 완전 달랐다. 미국은 명백하게 한국이 외환위기에 깊숙이 빠지기를 원했다. 자금 인출로 외환위기를 가속화시켰을 뿐만 아니라 일본의 지원마저 차단했다. 토끼몰이식으로 한국 정부를 내몰아 IMF 앞에 굴복하도록 만들었다. 캉드쉬 IMF 총재가 직접 한국을 방문해 강경한 태도로 협상을 밀어붙이도록 종용했다. 더 나아가 김대중 전 대통령까지 압박해 IMF와의 협약 그 이상의 조치를 약속하도록 만들었다.

미국이 이러한 태도를 보인 배경은 무엇이었을까? 미국은 무엇을 노리고 한국을 외딴곳으로 몰아넣었을까? 미국으로서 한국이 외환위기에 봉착함으로써 얻을 수 있는 확실한 이익이 있던 게 아닐까?

외환전쟁 패전국의 참담한 신세

외환위기를 전후해 벌어진 일련의 과정은 엄청난 파장에 비추어 볼 때 사실상 외환 전쟁이나 다름이 없었다. 한국은 비극적이게도 외환 전쟁 패전국 신세가 되었다. 과연 그 결과는 어땠을까?

1997년 12월 20일 미국 중앙정보국CIA이 작성한 보고서에는 이런 내용이 포함되어 있었다.

"한국과 IMF의 합의로 외국인 개인투자자의 소유지분한도가 7%에서 50%로 확대될 것임. 원화의 35% 평가절하로 철강, 자동차 공장과 같은 생산적 자산이 외국인에게 매우 저렴해짐. (…) (한국) 언론은 IMF 구제금융이 '트로이의 목마'임이 입증되었다고 주장할 가능성이 큼."

CIA 보고서 내용은 외환 전쟁 패전국의 자산이 어떻게 처분될 수 있는지를 강하게 암시했다. IMF는 구제금융 제공 조건으로 금리를 급격히 인상하도록 압박했다. IMF는 고금리의 위험성을 잘 알고 있었음에도 이를 고수했다. 고금리는 3개월 이상 지속했고 국제결제은행BIS, 바젤 기준 강화도 변함이 없었다. 1997~98년 살인적인 고금리가 유지되고 은행들이 1998년 3월 말까지 강화된 바젤 기준을 맞추려고 대출을 급격히 축소하면서 심각한 신용경색이 일어났다. 은행 금리가 30%까지 치솟아 오르면서 월평균 3,000 건 정도의 기업 도산이 발생했다. 그 여파로 흑자 기업까지 덩달아 부도가 나기에 이르렀다.

미국은 IMF를 앞세워 상황을 관리했다. 한국은행이 파산 기업들에 마이너스 은행 계좌로 유동성을 공급하려 하자 12월 5일 무렵 루빈 미 재무장관은 미국 쪽 IMF 이사를 통해 "관치금융의 명백한 사례이자 정상적인 파산 규정의 파행"이라며 강력히 제동을 걸었다.

미국의 의도는 분명해 보였다. 고금리 지속으로 인한 기업 대량 도산과 주가 폭락은 이미 환율 하락 덕을 크게 보고 있던 외국인들에게 더욱더 낮은 가격으로 자산을 매입할 기회를 제공했다. 미국은 외환위기를 이용해 한국의 자산을 최대한 헐값에 매입할 수 있는 환경을 만들었다. 한국은 꼼짝을 못하고 '코리아 바겐세일'의 소용돌이 속으로 휘말려 들어가야 했다.

자산을 헐값에 매입한 이후 이어지는 순서는 이들 자산으로 얻을 이익을 최대한 부풀리는 작업이었다. 미국은 이미 당선자 시절 김대중 전 대통령을 압박함으로써 이를 뒷받침할 확약을 받아놓은 상태였다.

미국이 외환위기를 지렛대로 김대중 당선자를 압박하면서까지 관철하고자 했던 목표는 매우 분명했다. 미국은 미국식 주주자본주의가 잘 작동할 수 있게끔 시스템을 완전 뜯어고침으로써 한국 경제를 자국 금융자본 이익 극대화의 무대로 만들고자 하였다. 미국식 주주자본주의는 기업이 철저하게 주주의 이익 극대화를 중심으로 움직이는 시스템이었다. 금융자본은 주주 위치에서 기업으로부터 최대한의 이익을 추출할 수 있었다.

미국은 김대중 정부의 신속하고도 적극적인 조치에 힘입어 짧은 기간 안에 목표를 달성할 수 있었다. 불과 2~3년 만에 한국 경제 시스템이 완전히 바뀌는 급진적인 변화가 일어났다.

김대중 정부는 외국인의 주식·채권 투자를 전면 허용하고 외국인 지분 한도를 100%까지 풀어 주는 등 자본시장을 완전하게 개방했다. 외환의 유입과 유출도 자유롭게 만들었다. 그동안 억제했던 인수합병M&A을 활성화하기 위한 제도 개선을 진행했고, 소액(소수) 주주 권익 보호를 위한 장치와 자본시장의 공시 및 투명성 제고를 위한 방안도 함께 도입했다.

한 걸음 더 나아가 김대중 정부는 1999년도를 '자본시장 육성의 해'로 선포하면서 뮤추얼펀드의 도입, 건전한 기관투자가 육성, 기업공개 및 상장 요건 완화, 증권 위탁 거래 전문 회사 및 채권 전문 딜러 회사 설립 요건 완화, 신용 평가 기관의 육성 등 제도적 보완 조치를 잇달아 발표했다.

신자유주의 일반을 관통하는 노동시장의 유연화, 공기업 민영화, 정부 규제를 철폐하는 자유화, 국경 장벽을 제거하는 개방화 등의 조치가 한국에서도 그대로 추진되었다. 이 모두는 금융자본의 이익 극대화를 뒷받침할 최적의 환경을 마련하는 조치였다.

일련의 조치들이 취해진 결과 미국식 주주자본주의가 매우 짧은 시간 안에 작동할 수 있었다. 일련의 과정은 IMF가 내세웠던 대출금의 회수 보장이라는 재무적 목표를 한참 벗어나는 수준이었다. 외환위기 수습이라는 애초의 목표와도 직접적 연관이 없었던 조치들이었다. 저명한 경제학자 조셉 스티글리치Joseph Eugene Stiglitz의 지적대로 그 어느 나라에서도 찾아볼 수 없을 만큼 극단적 과정이었다. 김대중 정부가 경제 시스템 전환을 신속하게 추진할 수 있었던 이유는 그에 대한 저항이 딱히 없었기 때문이었다.

국민 속에는 김대중 정부의 정책이 개혁의 일환일 수 있다는 믿음이 폭넓게 존재했다. 국민은 외환위기가 부실한 한국 경제 시스템에서 비롯되었기에 어떤 식으로든지 개혁이 불가피하다고 느끼고 있었다. 국민은 화급한 외환 유치를 위해서라도 개혁 조치를 피할 수 없는 것으로 인식했다. 여러모로 김대중 정부의 조치를 개혁의 과정으로 받아들이기 쉬웠다.

개혁의 방향에 대한 공감대도 폭넓게 형성되어 있었다. 해답은 1990년대 접어들어 장기 호황을 이어감으로써 우월성을 입증하는 데 성공한 미국식 경제 시스템의 도입이었다. 신자유주의로 표현된 미국식 경제는 가장 혁신적이면서도 선진적인 시스템으로 받아들여지고 있었다.

금융자본 이익 극대화를 뒷받침할 주주자본주의가 조기에 정착하면서 한국에 진출한 미국계 중심의 국제금융자본은 날개를 활짝 펼 수 있었다. 국제금융자본은 외환전쟁의 패전국 한국에 진출한 뒤 승자로서의 신분을 마음껏 과시했다. 국제금융자본은 외환위기의 직격탄을 맞고 나동그라진 금융기관과 기업들을 헐값에 인수한 뒤 막대한 폭리를 취할 수 있었다.

골드만삭스 등은 헐값에 인수한 진로그룹을 재매각하면서 1조 원 정도의 엄청난 시세 차익을 거두었다. 칼라일펀드는 한미은행을 헐값에 인수한 뒤 시티은행에 재매각하면서 3년 만에 수익률 145%

에 이르는 7,017억 원을 챙겼다. 미국계 사모펀드 론스타는 외환은행을 헐값에 인수한 뒤 2012년 하나금융에게 재매각하면서 4조 7,000억 원에 이르는 천문학적인 순이익을 남겼다.

2004년 40.5%까지 치솟았던 외국인 국내 주식시장 지분은 2020년대에 이르러서도 30% 안팎을 유지하고 있다. 외국인의 집중 공격 대상은 금융권이었다. 2021년에도 시중은행 지분의 60~70% 안팎을 소유하고 있는 건 외국인이다. 즉 대부분 은행을 외국인이 소유하고 있는 셈이다.

과거 은행은 공적 기능을 우선하면서 금융기관으로 불렸다. 외환위기를 거쳐 외국인이 지배하기 시작하면서 은행들은 철저히 수익을 우선하는 금융회사로 변신했다. 은행들은 새로운 바젤 기준 도입과 함께 위험 자산이 되어 버린 기업 대출을 줄였다. 대신 안전한 가계 대출을 크게 늘리고 예대마진과 수수료를 인상했다. 수익이 크게 늘면서 이자 이익은 20조 원을 돌파했고, 2021년 상반기 5대 금융그룹 순이익은 역대 최대인 9조 4,000억 원에 이르렀다.

외환위기 이후 외국인은 주식배당, 자산 가격 상승, 환율 변동에 따른 환차익 등 다양한 방법으로 막대한 이익을 얻었다. 이제민 교수에 따르면, 1997년 4분기부터 2007년까지만 해도 연평균 GDP의 3.6%에 해당하는 약 2,550억 달러의 '국부 유출'이 일어났다.

97체제의 명암, 무엇이 진실인가?

미국은 국익에 철저한 나라다. 오직 국익 증대라는 기준에 맞추어 대외 정책을 펼친다. 1980년대 일본이 반도체 패권을 추구하자 2번의 반도체 협정을 통해 사정없이 싹을 잘라 버린 나라다. 미국이 한국을 외환위기로 몰아넣은 과정 역시 조금도 다르지 않았다. 미국은 한국의 외환위기를 자국의 금융자본 이익 극대화의 기회로 삼았다.

덕분에 한국은 외환위기의 덫에 꼼짝없이 걸려들어야 했다. 그 대가는 혹독했다. 한국이 외환위기로 겪은 고통은 일일이 열거할 수 없을 정도다. 이쯤 되면 미국에 대한 비판 여론이 확산하고도 남음이 있었다. 결과는 정반대로 나타났다. 시간이 흐르면서 미국에 대한 우호적 여론이 강력해졌다. 2021년 말 서울대 아시아연구소가 조사한 바에 따르면 미국과 중국이 다투면 미국을 지지하겠다는 응답자가 10명 중 7명으로 절대다수를 차지했다.

몇 가지 요인이 복합적으로 작용한 결과일 수 있다. 일차적으로 미국이 유일 정점인 환경에서 수출의 지속적인 확대로 선진국 반열에 올랐던 점이 크게 작용할 수 있었다.

외환위기에 대한 상반된 평가도 크게 작용했다. 기업들이 외환위기를 거치며 방만한 부실 경영을 털어버리고 견실한 구조를 갖추었다는 평가가 그중 하나다. 외환위기가 쓴 약으로 작용했다는 시각이다.

미국식 주주자본주의 이식을 계기로 금융 선진국으로 도약할 발판을 마련했다는 평가도 나왔다. 주주자본주의가 작동하면서 국내 주식 투자자가 폭발적으로 늘었다. 2022년 말 국내 주식 투자자는 1,500만 명을 넘어섰다. 그 수가 빠르게 느는 추세다. 이해관계가 일치하는 가족 수까지 고려하면 주식 투자자가 인구의 다수를 점하기는 시간문제인 듯이 보인다.

변화한 환경에서 토종 금융 역량이 빠르게 성장했고 이를 바탕으로 해외 금융 투자가 크게 늘었다. 한국이 해외에 투자한 금융자산 중에서 금융 부채를 뺀 순 대외금융자산은 2022년 말 기준 7,713억 달러에 이르렀다. 막강한 오일 머니의 사우디아라비아마저 재친 세계 9위 규모이다. 해외 금융 투자를 통해 벌어들인 돈은 2022년 한 해 238억 달러였다.

과연 외환위기는 일시적 고통을 수반한 국난이었고 결과적으로 선진국으로의 도약을 위한 성장통이었을까? 외환위기를 계기로 성립한 97체제는 우리에게 축복이자 선물이었던가?

외환위기의 파장 중에서 많은 사람이 놓치고 있는 지점이 있다. 97체제의 성격을 규정함과 동시에 평가를 좌우할 핵심 지점인데도 공기처럼 익숙해져 무감각해 있을 수도 있다.

콜럼버스 이후 유럽인이 아메리카 대륙 침략을 본격화했을 때 소수 유럽인이 압도적 다수의 원주민을 제압할 수 있었던 무기는 총이었다. 그보다 더 치명적 타격을 안겨다 준 요소가 있었다. 유럽인들 몸에 묻어 들어온 전염병 균이었다. 알려진 바에 따르면 면역성이 없었던 원주민들은 유럽인들이 퍼트린 전염병에 걸려 인구의 80% 이상이 전멸했다.

외환위기를 계기로 미국식 주주자본주의를 중심으로 한 신자유주의 파고가 일순간에 한국 사회를 집어삼켰다. 그 과정에서 전염병 균과 같은 보이지 않지만 유독한 요소가 함께 들어왔다. 그 영향은 한국 사회 전체를 뒤틀리도록 만들 만큼 치명적이었다. 미국이라는 초강력 글로벌 파워가 어느 정도 파괴적인 작용을 할 수 있는지를 보여 주는 지점이었다. 과연 그 정체는 무엇이었을까?

4장

문제의 근원, 신자유주의 사상문화의 지배

외환위기를 거치며 한국 사회는 짧은 시간 안에 미국발 신자유주의 흐름 속에 편입되었다. 비판적 시각을 가진 논자들이 가장 주목한 지점은 기업이 주주 이익 극대화를 중심으로 움직이는 미국식 주주자본주의 이식이었다. 그들은 외환위기 이후의 각종 문제는 국제금융자본이 주주자본주의 시스템을 기반으로 한국 경제를 공략하면서 빚어졌다고 파악했다.

국제금융자본이 공격 목표로 삼았던 대상은 증권시장에서 주식 거래가 가능한 상장 기업이었다. 주로 대기업과 중견기업이었다. 주주자본주의가 주가 상승을 위한 무리한 구조조정을 수반하고, 초고배당과 자사주 매입 압박 등으로 기업의 투자 능력을 약화시키는 등 상당한 부작용을 낳았던 점은 분명한 사실이다. 그렇더라도 국민 경제의 어려움을 주주자본주의에 포획된 상장 기업들의 과도한 손실 전가 탓으로 돌리기에는 다소 무리가 있다.

문제는 사람들이 피부로 느낀 현실은 전혀 달랐다는 데 있다. 사람들이 느낀 외환위기의 악영향은 특정 영역에 머물지 않고 일반적 수준에서 매우 광범위하게 나타났다. 양상 또한 매우 파괴적이었다.

파괴력을 수반한 변화는 눈에 쉽게 보이지도 않고 손으로 만질 수도 없는 분야에서 일어났다. 제도화된 영역도 아니기에 비판의 표적으로 삼기도 어려웠다. 사람들이 간파하기 쉽지 않았다.

신자유주의 세력은 한국 사회를 일거에 점령하면서 주주자본주의 시스템과 함께 정당성을 뒷받침해 줄 사상문화를 지니고 들어 왔다. 아메리카 대륙을 침략한 유럽인에 빗대면 시스템은 총이었고 사상문화는 전염병이었다. 과연 이 두 가지 중 일반적인 차원에서 치명적 결과를 안겨다 준 요소는 무엇이었을까? 주주자본주의 시스템이 아님은 매우 분명해 보인다. 문제의 본질을 파악하기 위해 먼저 사상문화의 특성을 이해할 필요가 있다.

사상문화가 인간 사회에 미치는 영향

인간의 행동에 영향을 미치는 요소는 매우 다양하다. 경제적 이익, 기술 환경, 법과 제도, 정치권력, 공동체, 사상문화 등이 있을 수 있다. 이 중에서 우리는 사상문화를 주목할 필요가 있다.

인간의 육체는 뇌의 전일적인 통제를 받는다. 뇌를 지배하는 요소는 관념 체계이며 그중 가장 강력한 힘을 발휘하는 요소는 사상이다. 사상은 세계에 대한 총체적 인식을 바탕으로 사물에 대해 일관되고 통일된 관점을 갖도록 하며, 사람들이 일정한 방향을 향해 자발적으로 움직이도록 만든다. 사상이 몸에 배고 생활로 나타나는 상태를 사상문화라 한다. 즉 사람은 생각하는 대로 움직이는데 그 생각을 재배하는 요소가 사상문화다.

사상문화는 물질 기술적 조건, 경제적 토대, 정치사회 관계 등의 변화를 반영하면서 형성된다. 장기적이고 거시적으로 관점에서 사상문화는 객관 세계 변화를 반영한 결과라고 할 수 있다. 하지만 일정한 시간과 범위, 조건에서 사상문화는 주도적이고 결정적인 역할을 한다.

일상 세계에서 사상문화는 사람의 행동에 지배적 영향을 미친다. 종종 기술 환경과 제도를 무색하게 만들기도 한다. 한 예를 들어 보자. 독일 소비자는 여간해서 카드로 결제하지 않는다. 독일 소비자들은 여전히 현금 결제를 선호한다. 독일인은 지폐와 동전을 보관하는 2개의 지갑을 늘 갖고 다닌다. 독일인은 왜 이런 모습을 보일까? 관련 기술이 부족해서일까? 제도가 미비해서일까? 경제 강국 독일의 현실에 비추어 볼 때 그럴 가능성은 전혀 없다.

독일인의 결제 습관을 규정하고 있는 요인은 히틀러 시대 역사적 경험이 빚어낸 독특한 사상문화다. 독일인들은 히틀러 시대의 극단적 광기를 경험하면서 국가의 개인 정보 장악 통제에 대해 극도의 불안과 불신을 품기에 이르렀다. 이러한 심리 구조는 고스란히 사상문화로 정착해 개인 정보 노출이 불가피한 카드 결제를 회피하도록 만들었다.

사상문화가 미치는 영향은 사회 전반에도 영향을 미친다. 개별 기업 나아가 국가 경제의 운명을 좌우하기도 한다. 이웃 일본에서 그 예를 찾을 수 있다. 화폐 공급을 크게 늘리는 이른바 아베노믹스Abenomics의 파급 효과로 일본 엔화 가치는 달러 당 70엔에서 140엔 정도로 하락했다. 일본 기업 처지에서 보면 수출 경쟁력이 비약적으로 강화될 수 있는, 더할 나위 없는 호재였다. 하지만 아베노믹스 실시 기간 동안 일본의 수출은 절대량에서 감소했다. 의외의 결과가 아닐 수 없었다. 일본 기업의 수출 경쟁력이 그만큼 취약해졌다는 이야기다.

일본은 세계 최고 수준의 자본력과 기술력, 행정력을 자랑해온 나라다. 잃어버린 30년을 거쳤음에도 불구하고 일본이 지닌 능력은 크게 손상되지 않았다. 이에 아랑곳없이 일본 기업의 경쟁력은 계속 약해졌다. 전혀 다른 지점에서 문제가 발생해 왔음을 암시해 준다. 최고의 자본력과 기술력, 행정력조차도 무력하게 만든 무언가가 작용했다는 이야기였다.

해답은 기업을 중심으로 일본 사회 전반을 짓누르고 있는 시대착오적인 사상문화에 있었다. 일본 사회는 집단의 이익을 우선하고 조직에 절대복종하는 사상문화가 지배하고 있다. 4차 산업혁명 시대의 핵심 요소인 창의성은 도발적이고 자유분방한 분위기에서 꽃피운다. 절대복종을 강조하는 사상문화는 그와 정면 배치된다. 창의성 고양을 억누른다. 변화가 절실했음에도 윗사람 의중에 맞게 알아서 행동하는 '손타쿠 문화'가 일본 사회를 계속 지배했다. 뿐만이 아니었다. 4차 산업혁명은 아날로그와는 전혀 성격이 다른 디지털 문명에 기반을 두고 있었다. 그런데도 일본에서는 아날로그 시대를 지배했던 사상문화가 큰 변화 없이 그대로 이어졌다. 아날로그 시대 찬란했던 성공의 추억에서 벗어나지 못한 탓이었다.

코로나19 대유행으로 일본 기업들 사이에서도 재택근무가 확산했다. 재택근무 중인 직원이 회사를 다녀오는 일이 빈번하게 발생했다. 회사 팩스기에 전송된 문서를 확인하기 위해서였다. 일본 사회에는 손으로 작성한 뒤 도장을 눌러 찍은 서류만을 인정하는 분위기가 있다. 온라인으로 전송된 디지털 문서를 수용하지 않았다. 아날로그 감수성에서 벗어나지 못했다.

낡은 사상문화는 4차 산업혁명 시대 생산성 고양을 억누르는 요소로 작용했다. 일본 기업의 경쟁력이 계속 하락할 수밖에 없는 환경이었다. 일본 사회는 심각한 정체 상태에 빠져들었다.

사상문화는 한층 거시적 차원에서 사회·역사 발전을 좌우하는 결정적인 작용을 하기도 했다. 대표적인 사례로서 산업혁명을 들 수 있다. 근대 이후 지금까지 인류 사회는 1, 2, 3차에 걸쳐 세 번의 산업혁명을 경험했다. 누구나 산업혁명에는 경제적 요인이 가장 크게 작용했으리라고 짐작하기 쉽다. 하지만 세 차례에 걸쳐 이루어진 산업혁명에서도 가장 큰 영향을 미친 요소는 한결같이 사상문화였다.

영국의 역사가 에릭 홉스봄 Eric Hobsbawm 의 《혁명의 시대 The Age of Revolution : Europe 1789-1848》에 따르면 영국이 경제적 우월성 때문에 1차 산업혁명에 가장 먼저 성공한 게 아니었다. 영국은 과학기술과 교육이 앞서 있었던 나라가 아니었다. 교역의 요충지도 아니었으며 딱히 지하자원이 풍부했다고 볼 수 없었다. 영국 산업혁명을 부추긴 결정적 요소는 돈 버는 일에 최고의 가치를 부여하고 마음먹으면 큰돈을 벌 수도 있었던 부르주아 사상문화의 확립이었다. 영국은 부르주아 사상문화의 자극으로 기술혁신이 줄을 이었고 혁신이 빛을 내면서 생산성에서 절대 우위를 차지할 수 있었다.

2차 산업혁명의 정점을 찍은 곳은 일본이었다. 경제 기술적 환경만 놓고 보면 일본이 2차 산업혁명 후반기 정점을 찍을 이유는 딱히 없었다. 축적된 자본 규모나 과학기술 능력 등에서 일본이 미국이나 유럽을 앞섰다고 보기 힘들었다. 일본이 2차 산업혁명에서 정점을 찍을 수 있었던 결정적 요인 또한 사상문화였다. 절대복종을 우선하는 일본 특유의 사상문화와 극한의 노동 강도를 요구하는 2차 산업혁명 특성이 잘 맞아떨어졌다.

일본은 특유의 사상문화를 배경으로 일본이 아니라면 도저히 엄두를 못 낼 정도의 고강도 작업 문화를 선보였다. 세계 1위 자동차업체로 등극한 도요타는 마른 수건도 쥐어짤 가세로 노동 강도를 극한으로 끌어올리며 생산성에서 타의 추종을 불허하기도 했다. 경제 전체가 고공비행하던 무렵 일본에서는 한 해 과로사로 죽어가는 사람이 1만 명을 넘었다. 그들 사이에는 공통점이 있었다. 너무 힘들어서 죽을지도 모르겠다는 말 한마디만 했어도 살 수 있었는데 그 말을 하지 못하고 죽어 갔다. 절대복종의 사상문화가 빚어낸 비극이었다.

3차 산업혁명의 발원지는 미국의 실리콘밸리였다. 결정적 요인 역시 사상문화 환경이었다. 실리콘밸리는 보수적 문화가 지배하고 있던 미국 동부 지역과 달리 개방적이면서도 혁신적인 사상문화의 영향을 크게 받고 있었다. 히피 문화에 뿌리를 둔 정보공유 사상도 그 일부였다. 실리콘밸리 IT 혁신의 역사를 정보공유 사상의 작용을 중심으로 살펴보도록 보자.

정보공유 사상은 3차 산업혁명의 기폭제로 작용했다. 이전 시기 컴퓨터는 정부 기관과 기업 등이 보유하면서 정보의 독점 관리용으로 사용한 기기였다. 애플 창업자들은 정보 독점에 맞서 정보공유를 옹호하면서 그 수단으로서 PC를 개발했다. MS 창업자 빌게이츠Bill Gates는 정보공유가 온전히 이루어지기 위해서는 PC 안에서 모든 걸 해결할 수 있어야 한다고 믿었다. 이를 위해 온갖 프로그램의 구동이 가능한 개방형 운영체제OS를 출시했다.

PC와 PC를 연결하는 인터넷의 등장은 정보공유에서 혁명적 변화를 초래했다. 구글 창업자들은 인터넷을 기반으로 세상의 모든 정보를 집대성해서 누구나 쉽게 공유하도록 하는 걸 목표로 내걸었다. 이를 뒷받침하기 위해 무료로 접근이 가능한 다양한 온라인 플랫폼을 선보였다. 제2 도약기의 애플 경영자들은 언제 어디서나 인터넷에 접속할 수 있는 모바일 기기 스마트폰을 개발 출시함으로써 정보공유에서 일대 혁명적 변화를 일으키기에 이르렀다. 정보공유 사상은 시대 흐름과 정확히 맞아떨어졌고 정보공유를 주도한 자들은 잇달아 대박을 터트렸다.

산업혁명은 물질적 욕망이 지배하는 경제활동 영역에서 일어난 흐름이었다. 그곳에서마저 사상문화가 결정적으로 작용됐다. 사상문화가 인간 사회에서 어떤 역할을 하는지를 여실히 가늠하게 해 준다. 의식 구조가 절대적인 영향을 미치는 정치 활동 영역 등은 더 말할 나위가 없다.

일순간에 바뀌어 버린 한국 사회

사상문화가 인간 사회에 절대적인 영향을 미칠 수 있는 원인의 하나로 강한 전염성을 꼽을 수 있다. 사상문화는 이를 수용한 사람이 자발적으로 주변에 전파하는 일종의 숙주 역할을 한다. 너도나도 숙주가 되는 조건에서 사상문화는 적절한 조건을 갖추면 무서운 기세로 확산한다.

새로운 사상문화가 지배하기 시작하면 강한 전염성 탓에 상당히 빠른 속도로 사회 전체가 이전과는 사뭇 다른 모습을 보이기 시작한다. 외환위기 이후 그와 같은 일이 실제로 일어났다.

외환위기가 한국 사람에게 미친 사상적·심리적 충격은 상상 그 이상이었다. 외환위기의 충격은 이전 시기에 통용되던 가치와 관행, 시스템을 일거에 부정하도록 만들었다. 일상 시기에는 도무지 불가능한 전 국민적인 자기 부정이 단 하나의 사건으로 일거에 이루어진 셈이었다.

절대다수 국민이 극단적인 자기부정의 폐허 위를 배회하는 상황에서 절대 지존의 위치에 있던 미국식 신자유주의 사상문화가 상륙했다. 핵심은 금융자본 이익을 극대화하는 것에 초점을 둔 신자유주의가 일상을 지배하는 가치와 규범으로 확립된 것에 있었다. 논리 구조는 비교적 단순 명료했다. 돈에 최고의 가치를 부여하고, 세상이 돈을 중심으로 돈다고 믿으며, 돈을 기준으로 모든 것을 평가하는 철저한 돈 중심의 사상문화였다.

외환위기의 혼란을 틈타 신자유주의 사상문화가 일순간에 한국 사회를 점령했다. 그 결과 과거에는 감히 생각지도 못했던 현상들이 아무 거리낌 없이 세상을 풍미하기에 이르렀다.

이전에도 돈에 최고의 가치를 부여하는 '배금주의'가 만만치 않게 사람들의 사고를 지배하고 있었다. 하지만 비판과 경계 분위기가 작동하면서 대놓고 배금주의를 옹호하기는 쉽지 않았다. 그러던 세태가 외환위기를 거치면서 완전히 달라지고 말았다.

사람들은 대놓고 돈에 최고의 가치를 부여하고 탐했을 뿐만 아니라 누구나 인정해야 할 대세로 받아들였다. 이른바 '돈바람'이 거세게 불었다. 1999년 12월 20일 자 《한겨레》가 "사람들은 새해, 새 세기를 얘기하지 않는다. 미래형 화두는 없고, 모였다 하면 돈 얘기이다. 세기말 한국에는 돈바람이 불고 있다."라는 지적은 이런 세태 변화를 표현하고 있었다.

변화는 출판 시장에서도 액면 그대로 나타났다. 21세기 첫해 한국 출판시장에서 초유의 베스트셀러가 된 책은 《부자 아빠 가난한 아빠Rich Dad, Poor Dad》라는 재테크 서적이었다. 재테크 서적이 서점가에서 연간 베스트셀러 1위를 차지하고, 100만 부 이상의 판매를 기록하기는 이때가 처음이었다. 당시 대중의 눈과 귀가 어디에 쏠렸는지를 보여 주는 단적인 사례였다.

돈바람이 거세게 부는 가운데 젊은 벤처 사업가가 코스닥에 상장해 일거에 수백억 원 자산가가 되었다는 이야기가 언론 매체를 장식한 단골 메뉴 중 하나가 되었다. 10억 연봉의 보험설계사가 TV에 상세히 소개되는가 하면 유망 펀드매니저가 일약 스타로 떠오르기도 했다.

세상은 '보다 쉽게 빨리 많이' 돈 버는 사람일수록 높이 평가하기 시작했다. 반면 힘들게 일하면서도 적게 버는 사람은 무능력자로 찍었다. 부는 명예로 여긴 데 반해 가난은 죄 취급했다.

2014년에 발생한 세월호 참사는 돈 중심의 사고가 얼마나 극단적 수준에서 형성됐는지를 드러냈다. 수백 명 학생에게는 자리를 지키라고 해 놓고 자기만 쏙 빠져나온 직원의 첫 행동은 물에 젖은 지폐 말리는 작업이었다. 참극이 빚어진 와중에서도 해경 간부는 민간 잠수업체 돈벌이 기회 만들어 줄 궁리나 했다. 모두가 머릿속에 돈 생각만 가득 차 있었다. 돈에 대한 극단적 집착이 결국 수백 명의 꽃다운 나이인 학생을 희생시켰다.

신자유주의 사상문화가 한국 사회를 점령하면서 사람들의 사고와 삶의 양식을 크게 바꾸어 놓았다. 주목해야 할 곳은 기업이었다. 기업 또한 신자유주의 사상문화에 광범위하게 감염되었다. 기업은 애초부터 돈벌이를 목적으로 하는 조직인 만큼 감염 정도가 훨씬 강했다.

외환위기 이전 한국 기업을 지배했던 흐름은 '가족주의'로 표현된 일본식 기업문화였다. 일본 기업문화는 임직원을 가족으로 간주했다. 기업은 가족인 임직원을 끝까지 책임지고 임직원은 기업에 절대 충성을 바치는 상호주의 관계가 형성되었다. 이를 배경으로 연공서열에 입각한 평생직장 개념이 성립했다. 사내 복지를 중시하면서 건강보험도 기업 단위로 운영했다.

한국은 산업화를 추진하면서 같은 아시아권에서 산업화 선발 주자였던 일본을 적극 벤치마킹하며 일본의 기업문화도 함께 수용했다. 일본식 기업문화는 군사독재를 배경으로 지극히 억압적이고 기형적인 모습으로 바뀌었다. 임직원을 가족으로 간주하면서 평생직장 개념이 성립했더라도 가족은 어디까지나 일방적인 억압과 통제를 위한 구실에 가까웠다.

오랫동안 지속하던 일본식 기업문화는 1990년대 이후 변화가 불가피해졌다. 일본은 이른바 '잃어버린 30년' 수렁에 빠져들고 있었다. 일본 기업들의 경쟁력도 크게 약화한 상태였다. 갈수록 일본식 기업문화가 먹혀들기 어려워졌다. 외환위기 직후의 대규모 구조조정 폭풍은 일본식 평생직장의 틀마저 일거에 허물어 버렸다. 여러모로 일본식 기업문화의 퇴조가 불가피해졌다.

바로 그즈음 외환위기와 함께 미국식 신자유주의 사상문화가 기업 세계 안으로 빠르게 유입했다. 기업들은 마치도 기다렸다는 듯이 기업문화를 단숨에 미국식으로 바꾸어 버렸다.

신자유주의 사상문화를 수용하면서 기업은 철저하게 돈을 중심으로 매사에 접근하는 방향으로 경영철학을 재정립했다. 그 하나로 임직원을 더 이상 가족이 아닌 철저히 '비용'으로 간주하기 시작했다. 사람을 비용으로 보는 경영철학과 기업문화가 일거에 대세를 이루었다.

가족주의라는 온정주의에 사로잡혀 비합리적으로 기업을 경영하다가 외환위기를 맞았고, 가족주의를 고수하는 일본 기업들도 연신 비틀거리고 있는 상황에서 기업문화를 바꾸지 않을 이유가 없다는 게 주된 논거였다. 일본 기업의 상태와 외환위기의 충격은 기업문화 전환을 선택의 여지가 없는 과제로 만들었다. 전환은 눈 깜짝할 사이에 이루어졌다.

신자유주의 추종자들은 비판적 시각에서 붙여진 신자유주의라는 표현을 잘 사용하지 않았다. 그들이 즐겨 쓴 표현은 '글로벌 스탠다드(국제 표준화)'였다. 전 세계에 보편적으로 적용할 규범과 가치를 담고 있다는 의미였다. 한국 기업 관계자들은 외환위기 이후 시대 상황과 맞물리면서 글로벌 스탠다드라는 표현 앞에 쉽게 주눅이 들고 말았다. 그들의 눈에 비친 글로벌 스탠다드는 혁신의 기준이자 표준이었으며 추구해야 할 선진화의 좌표였다.

글로벌 스탠다드는 외환위기 이후 부쩍 위상이 높아진 미국 유학파의 화법을 지배했다. "글로벌 스탠다드에 맞추지 못하면 살아남을 수 없습니다. 이게 글로벌 스탠다드입니다. 딴소리 마세요!"라는 식이었다. 기업 관계자들은 거의 맹목적 수준에서 사람을 철저히 비용으로 간주하는 글로벌 스탠다드를 기준으로 움직이기 시작했다. 글로벌 스탠다드는 한국 기업 일반을 지배하는 절대 기준으로 자리 잡았다. 글로벌 스탠다드는 잠시도 벗어나기 힘든 강박 관념으로 작용했다.

정녕 '사상의 식민지'로 전락했단 말인가?

외환위기 이후 한국 사회를 지배한 신자유주의 사상문화의 핵심 명제는 크게 세 가지였다. 첫째, 돈(자본)을 중심으로 세상을 본다. 둘째, 사람을 철저하게 비용으로 간주한다. 셋째, 무한 경쟁 기반의 승자 독식을 추구한다. 세 번째 명제와 관련해서는 사회적 양극화를 논의하며 다룰 예정이다.

외환위기 이후 신자유주의 사상문화를 내면화하고 실천한 대표적인 곳은 기업이었다. 기업은 시장의 핵심 주체이기에 신자유주의 사상문화는 기업을 주요 숙주로 삼아 시장을 확고히 지배할 수 있었다.

시장은 사람의 삶을 지배하는 대표 영역이다. 1990년대를 거치며 권력의 중심은 국가에서 시장으로 이동했다. 시장은 힘이 갈수록 강해지면서 국가조차도 마음대로 다룰 수 없는 괴물이 되었다. 그 시장을 신자유주의 사상문화가 온전히 점령하고 지배하기 시작했다. 바로 여기서 외환위기를 계기로 성립한 97체제의 실체가 드러난다. 외환위기 이후 한국 사회로 진주한 신자유주의 세력은 세상을 움직이는 결정적 요소인 사상문화를 장악했다. 신자유주의 사상문화가 시장을 지배하고 시장이 사회 전체를 움직이는 구조가 만들어졌다.

미셸 푸코 Paul-Michel Foucault는 어리석은 정치가는 쇠사슬로 노예를 속박하지만 현명한 정치가는 관념의 사슬로 노예 스스로 자신을 강하게 속박하도록 만든다고 했다. 사람은 지배적 사상문화가 내면화되면 그에 따라 알아서 움직이는 경향이 있다. 사상문화의 지시가 자신에게 불리한 결과를 초래하더라도 제대로 느끼지 못하고 따를 가능성마저 있다. 그 결과는 종종 치명적일 수 있다. 지배적 사상문화가 지닌 무시무시한 주술적 힘이라고 할 수 있다.

신자유주의 사상문화의 치명적인 영향은 처지와 조건이 달랐던 미국과 한국을 비교하면 쉽게 확인할 수 있다. 미국은 금융 산업이 부의 창출에서 매우 큰 비중을 차지하는 액면 그대로 금융 국가였다. 신자유주의가 전성기를 구가했던 1990년대에는 미국인 소득 3분의 2 정도가 주가 상승에서 발생하기도 했다. 금융자본 이익 극대화를 추구하는 신자유주의 사상문화는 미국인 다수의 이해관계와 맞아떨어질 수도 있었다. 적어도 갈등을 빚을 요소가 크지 않았다.

신자유주의 사상문화가 한국 사회에 이식됨으로써 국제금융자본은 더할 나위 없는 호조건을 누릴 수 있었다. 주주자본주의가 본격 작동하고 머니 게임이 활성화하자 국제금융자본은 막강한 금융 능력을 바탕으로 존귀한 존재로 떠받들어졌다. 너도나도 주가 동향에 촉각을 곤두세우면서 국제금융자본 관리자로서 외국인 투자자를 구원자로 인식하기 시작했다. 그들이 돈다발을 들고 와 풀어야 주가가 올랐고 자리를 뜨면 주가가 내리는 구조가 정착했기 때문이었다. 돈에 미쳐 돌아가는 사회적 분위기 덕분에 국제금융자본을 막대한 국부 유출을 압박하는 외부 불청객으로 보는 인식은 쉽게 찾아볼 수 없었다. 신자유주의 사상문화가 지배하는 조건에서 국제금융자본은 달리 호위병이 필요 없었다.

사람을 비용으로 보는 시각이 일반화하면서 주가를 끌어올리기도 쉬워졌다. 대중적 반발을 최소화하면서 주가 상승을 촉진할 인건비 절감을 자연스럽게 유도할 수 있었기 때문이었다.

생산 활동에 종사하는 민초의 처지에서 보자면 이야기는 사뭇 달라질 수 있다. 한국은 제조업, IT 산업, 문화콘텐츠 산업 등에서 가치를 창출해 먹고사는 나라이다. 금융업은 절대적 비중이 증대했더라도 여전히 부수적 위치에 머물러 있다. 뒤에서 자세히 살펴볼 기회가 있겠지만 4차 산업혁명 시대에서 사람을 철저하게 비용으로 보는 신자유주의 사상문화는 제조업을 포함한 산업 전반에 걸쳐 창조적 활동을 억누르는 심각한 질곡으로 작용했다. 심지어 기업의 체질 약화마저 초래했다. 곳곳에서 신자유주의 사상문화와 충돌이 일어날 가능성이 컸다.

사정이 이러함에도 신자유주의 사상문화가 지배적 위치를 획득했다. 한국 사회가 '사상의 식민지'로 전락했음을 말해 준다. 한국은 자기 배반적인 사상문화의 포로가 되었다.

여기서 빚어진 사회 구조적 현상은 무엇이었을까? 두 가지 현상이 동시에 벌어질 수 있다. 한편에서는 돈을 최고의 가치로 여기며 돈 놓고 돈 버는 머니 게임에 광적으로 집착할 수 있다. 누가 더 쉽게 더 많은 돈을 버는지를 놓고 다투는 게임판이 벌어질 수 있다. 다른 한편에서는 철저히 비용 일부로 치부된 다수의 사람이 고달픈 삶을 이어갈 수 있다. 사회가 2개의 세계로 갈라지면서 양극화할 수 있다.

한국 사회는 신자유주의 사상문화의 덫에 포획되었다. 97체제는 이를 배경으로 성립한 지배 체제였다. 97체제는 과거 일제 식민지 지배 체제와 해방 이후 권위주의 독재 체제에 이은 또 다른 형태의 지배 체제였다. 사상문화를 기반으로 세상을 지배한 전혀 새로운 성격의 지배 체제였다. 군사력이나 경제적 제재과 같은 하드 파워보다 문화 양상이나 가치관 등에서 발현되는 소프트 파워에 의존한 체제였다. 과거 두 체제처럼 눈에 보이는 폭압 기구를 배경으로 작동하지 않았다. 직접적인 억압을 느끼기 어려웠다. 지배 체제 전체를 관장하는 기구도 딱히 존재하지 않았다. 지배 체제의 실체를 파악하기가 쉽지 않았다. 하지만 앞선 두 체제보다 훨씬 무서운 주술적 힘을 발휘했다. 사람들의 생각을 지배하면서 일정한 방향으로 행동하도록 규정했다. 거칠게 표현하자면 사람들이 알아서 기도록 만들었다. 생각하기에 따라서 지배 효과가 더 컸다고 볼 수도 있다.

우리는 잠정 결론에 이를 수 있다. 97체제의 핵심 기제는 신자유주의 사상문화의 지배였다. 사회적 양극화 심화 등 각종 모순은 그로부터 파생한 현상이었다. 정녕 그렇다면 지배적 사상문화 혁신 없이 97체제 종식은 불가능하며, 97체제 종식 없이 사회 구조적 모순의 해결은 어렵다.

안타깝게도 한국 사회는 지배적 사상문화 혁신을 위한 노력을 거의 하지 못했다. 그 결과로 97체제는 의연히 지속했고 사회적 양극화 등 사회구조적 모순은 계속 심화해 왔다.

5장

사회적 양극화, 민초와 엘리트 세계의 분열

김대중 전 대통령은 외환위기 직후 정부의 수반이었다. 김대중 전 대통령은 자신의 생애를 담은 자서전을 남겼는데 2권을 합치면 분량이 1,200쪽에 이른다. 그중 한 페이지의 절반 정도를 할애해 사회적 양극화 현상을 다루었다. 중산층이 붕괴하고 사회적 양극화가 심화하는 현상을 잘 알고 있었으나 자신으로서는 어쩔 도리가 없었다는 안타까운 심정을 토로하고 있다.

김대중 전 대통령의 술회는 두 가지 의미를 포함하고 있다. 하나는 사회적 양극화는 외환위기 이후부터 본격화했다는 사실이다. 또 하나는 정치 9단 김대중 전 대통령조차도 회피하고 싶을 정도로 사회적 양극화가 무겁고 어려운 주제였다. 우리는 이 어려운 주제에 도전하고 있다.

어떤 사람은 사회적 양극화는 자본주의 사회에서는 늘 있는 현상이라며 초점을 흐리기도 한다. 절대 그렇지 않다. 외환위기 이전 10년과 이후의 시대 상황을 비교하면 문제가 매우 분명해진다. 1987년 민주화 투쟁 승리 이후부터 1997년 외환위기 발생 이전까지 10년은 매우 특별한 시기였다. 삼풍 백화점 붕괴 등 대형 참사가 연이어 발생했는데도 사람들은 이때의 10년을 가장 평온했던 시기로 기억한다. 참고로 이 10년은 노태우·김영삼 정부 시기였다.

민주화와 함께 임금 인상과 처우 개선을 요구하는 노동 대중의 투쟁이 폭발적으로 확산했다. 3저호황 덕으로 지급 능력이 풍부해진 기업은 노동자들의 요구에 탄력적으로 응할 수 있었다. 대기업의 임금이 오르면 중소기업의 임금도 덩달아 올랐다. 노동의 양극화 현상은 상대적으로 미미했다.

노동 대중의 임금이 꾸준히 상승하면서 소득 격차가 완화하고 중산층이 확대했다. 두 가지 징표가 이를 뒷받침했다. 신도시 건설 등으로 중산층의 징표인 아파트 공급이 크게 확대했고 이전 시기 출세의 상징이었던 자가용 승용차 보유가 널리 일반화했다.

멸시받고 천대받으며 가난에 찌들어 살던 노동자가 아파트에 거주하고 자가용 승용차를 몰기 시작했다. 너도나도 출세해 중산층의 일원이 되었다는 뿌듯함을 만끽할 수 있었던 시대였다.

때맞추어 유홍준 교수의 《나의 문화유산 답사기》가 공전의 베스트셀러가 되면서 문화유산 답사가 새로운 트렌드로 떠올랐다. 답사의 대상인 문화유산은 자가용 승용차 없이는 접근이 어려운 곳들이었다. 자가용 승용차의 일반화를 반영한 트렌드였음을 알 수 있다.

당시 사람들의 사고를 암묵적으로 지배했던 두 가지 관념이 있었다. "당장은 힘들어도 참고 견디면 오늘보다 나은 내일을 기약할 수 있다." "사람 사는 모습은 크게 다르지 않다." 중산층이 크게 확대하고 중산층으로의 신분 상승이 가능했던 시대 상황을 반영한 관념들이었다.

노동자들이 가장 흔히 들었던 충고가 있었다. "열심히 저축해 가게를 내면 편히 살 수 있다." 이 말은 세 가지 사실을 함축하고 있었다. 저축이 가능했고 실제로 상당한 수준에서 이루어졌다. 신분 상승이 가능했다. 자영업은 중산층의 삶을 보장한 안정된 직업이었다.

외환위기를 거치면서 모든 게 바뀌었다. 이전 시기 사람들의 사고를 지배했던 두 가지 관념은 모두 사라졌다. 열심히 저축해 가게를 내면 편히 살 수 있다는 충고도 더 이상 듣기 어려워졌다.

선진국인데 난 왜 이 모양이지?

외환위기 직후인 1998년에 마이너스 성장을 기록하면서 1인당 국민소득은 1만 달러 이하로 내려갔다. 그즈음 일각에서 새로운 꿈을 지피는 방편으로 1인당 국민소득 2만 달러 시대를 제시했다. 많은 사람이 가슴 설레는 심정으로 2만 달러 시대를 상상했다. 사고는 단순했다. '2만 달러가 되면 지금보다 소득이 2배로 늘면서 2배 더 잘살 수 있지 않을까?'

이후 시간이 흐르면서 한국의 1인당 국민소득은 2만 달러를 넘어 선진국 수준인 3만 달러대에 진입했다. 2021년 7월 유엔무역개발회의UNCTAD는 한국의 지위를 선진국으로 공식 변경했다.

대단한 일이 아닐 수 없었다. 외환위기 직후 꿈꾸었던 2만 달러 시대를 한참 초과해 달성한 성과였다. 더 길게 생각하면 아무것도 없는 맨땅에서 시작해 세계에서 가장 빠르게 선진국 진입을 이루었다. 모두가 감격에 젖지 않을 수 없는 순간이었다.

현실은 사뭇 달랐다. 2019년 1인당 국민소득이 3만 달러에 진입했다는 소식이 전해졌을 때의 일이었다. 선진국 국민 자격을 획득했다는 소식이었음에도 감격해하는 사람은 비교적 소수에 불과했다. 반대로 '그런데 난 왜 이 모양이지?'라며 속상해하는 분위기가 보다 지배적이었다.

외환위기 이후 비정규직 양산, 사회적 양극화 심화 등 각종 사회 부작용이 발생했건만 주류 집단은 그다지 심각하게 여기지 않았다. 1인당 국민소득이 3만 달러를 넘어서면서 선진국에 진입하면 문제가 상당 정도 해결되리라 믿었기 때문이다. '선진국의 서민이라면 과거 중산층이나 다름없는 삶을 살 수 있지 않은가? 선진국 국민으로서 자부심을 느끼며 만족스러운 삶을 살 수 있지 않은가?'라고 생각했을 것이다.

선진국 진입이 현실화했건만 기대했던 결과는 나타나지 않았다. 다수의 사람은 자신의 처지에 강한 불만을 느끼고 있었다. 도대체 어찌 된 일인가? 무엇이 잘못되었기에 소득 2만 달러 시대의 꿈이 헌 휴지 조각처럼 되었을까? 여러 요인이 복합적으로 작용한 결과일 수 있다. 여기서 그 모두를 일일이 다루기는 어렵지만 결정적 요인으로 사회적 양극화로 인한 상대적 박탈감을 꼽을 수 있다.

외환위기 이후 사회적 양극화 심화는 누구나 인정하는 현상이 자 대부분 사람이 피부로 느껴온 지점이다. 각종 지표 또한 사회적 양극화가 상당한 수준에서 진행되어 왔음을 뒷받침해 준다.

최상위 10% 소득은 1999년 32.9%에서 2017년 50.6%로 치 솟았다. 변동 폭으로는 OECD 국가 중에서 가장 높은 수준에 해 당했다. 반면 근로소득 기준 하위 20%의 실질 급여는 1996년 이후 14년간 24% 줄었다. 빈약한 아래를 파서 위를 두둑이 채워 왔음을 알 수 있다.

사회적 양극화는 부동산을 중심으로 한 자산 보유에서의 양극 화를 통해 더욱 증폭되었다. 김낙년 교수가 발표한 〈한국의 부의 불평등 2000~2013〉 보고서에 따르면 2010~2013년 상위 1%가 보 유한 자산 비중은 전체의 25.9%였고 상위 10%의 자산 비중은 66% 로 전체 자산의 절반이 넘었다. 반면 하위 50%의 자산 비중은 2% 에 그쳤다. 이 보고서는 부의 불평등이 매우 극심하다는 것을 보여 준다.

사회적 양극화 심화가 빚어낸 부작용은 수도 없이 많았다. 그 중 하나로 자영업의 과잉 팽창을 들 수 있다. 국회예산정책처가 OECD 데이터를 기준으로 추정한 결과 2015년 한국의 자영업자 비중은 21.4%로 OECD 평균 14.8%보다 6.6%p 높았다. 이웃 일본 의 8.5%에 비해서는 월등히 높은 편이었다. 2016년 말 집계된 수는 557만 명이었다. 어느 모로 보나 과잉 팽창이었다.

전문가는 자영업자 상당 부분은 '위장 실업자'라고 보았다. 노동시장에서 밀려난 사람들이 마지막 생계 수단으로 자영업을 선택했다고 본다. 과잉 경쟁의 결과 2015년 기준으로 3년 이상 생존율은 37%에 불과했으며, 60% 정도가 연평균 소득 4,000만 원을 넘어서지 못했다. 외환위기 이전 때와 달리 자영업은 중산층의 삶을 보증하는 안전판이 더 이상 아니었다.

성격을 달리하는 두 세계로의 분열

도대체 사회적 양극화를 낳은 구조적 요인은 무엇인가? 사회적 양극화의 본질적 의미는 또한 무엇인가? 결론부터 이야기하면 사회적 양극화의 구조적 요인이자 본질의 의미는 신자유주의 사상문화의 지배로 한국 사회가 성격을 달리하는 2개의 세계로 갈라진 데 있었다.

한국 경제는 기본적으로 시장경제이다. 시장경제를 움직이는 핵심 주체는 기업이다. 기업이 어떻게 움직이는가에 따라 시장경제 운영 기조가 크게 달라진다. 앞서 언급했듯이 외환위기 이후 기업은 신자유주의 사상문화를 내면화하고 실천했다. 한편으로 기업 세계의 심장부는 미국식 주주자본주의가 작동하면서 주주 이익 극대화를 중심으로 움직였다. 다른 한편으로는 일반적 수준에서 고용한 사람을 철저하게 비용으로 간주하기 시작했다. 기업 세계의 작동 방식은 색다른 성격의 두 세계를 만드는 원천이 되었다.

주주자본주의가 본격 작동함에 따라 기업은 주주 이익 극대화에 모든 초점을 맞추면서 주주의 속지로 전락했다. 돈에 최고의 가치를 부여하고 돈을 중심으로 세상을 보는 신자유주의 사상문화가 기업이 자본의 인격체인 주주에게 절대 충성을 바치는 형태로 현실화한 셈이다.

주주자본주의 작동으로 머니 게임 무대가 활짝 열렸다. 돈푼깨나 있는 엘리트 집단은 일제히 머니 게임 무대에 발을 들여놓았다. 엘리트 집단은 돈이 돈을 번다는 머니 게임으로 한 몫 크게 잡고자 혈안이 되었다. 너도나도 신자유주의 사상문화의 영향으로 머니 게임에서의 성공을 삶의 본령이라고 여겼다.

엘리트 집단은 머니 게임에 심취할수록 이를 미화시켜 주는 신자유주의 사상문화에 더욱 깊이 포획되었다. 엘리트 집단은 너도나도 신자유주의 사상문화를 확산시키는 자발적 숙주가 되었다. 외환위기 이후 신자유주의 사상문화가 빠른 속도로 전 사회에 확산한 이유 중 하나가 여기에 있었다. 엘리트 집단의 다수는 금융자본 지배의 든든한 동반자가 되었다.

엘리트 집단이 머니 게임에 빠져들고 있는 와중에 반대편에서는 다수의 사람(민초)이 비용 취급받고 있었다. 기업 입장에서 비용은 최대한 줄여야 할 요소이다. 기업 경영자들은 사람 관련 비용을 최대한 줄일 때 경영 효율성이 높아진다고 굳게 믿었다. 기업 경영자들은 일관되게 사람 관련 비용을 줄이기 위해 노력했다. 기업 상층부는 일관되게 인건비 줄이기 위해 사람 수를 줄이라고 지시했다. 지인 중 1명은 30년 직장 생활 대부분을 사람 목 자르는 일로 소모했다고 고백하기도 했다.

사람 수를 줄이는 방법은 단순 명료했다. 일차적으로 업무 수행에 투입하는 사람 수를 최대한 줄이고자 했다. 때맞추어 4차 산업혁명이 가속화되면서 자동화 기술이 눈부시게 발전했다. 기업들은 다투어서 자동화 기계로 사람을 대체하기 시작했다. 한국은 산업용 로봇을 가장 많이 사용하는 나라가 되었다.

갈등 지향적인 노사 관계는 자동화 추세를 강화하는 데 크게 한몫했다. 사용자 위치에서 볼 때 로봇은 노조 결성도 하지 않으며, 임금 올려달라고 떼를 쓰지도 않았다. 파업이나 태업을 절대 하지 않으면서 주어진 일을 군소리 없이 잘 해냈다. 값도 사람보다 싼 편이었다.

일련의 과정을 거치면서 기업의 일자리 창출 능력이 꾸준히 약해져 갔다. 단순히 고용증가율만 보더라도 2002~2007년 4.1%, 2007~2012년 3.0%, 2012~2017년 0.7%로 계속해서 낮아졌다.

기업은 사람 관련 비용을 줄이기 위한 또 하나의 방법으로 비정규직 비중을 늘렸다. 한국개발연구원KDI이 2017년 실시한 '대국민 인식조사'에 따르면 외환위기가 미친 가장 큰 영향을 묻는 조사에 응답자의 88.8%(복수 응답)가 비정규직 증가를 꼽았다. 절대다수의 국민이 비정규직 증가를 다른 그 무엇보다도 가장 심각한 문제로 느꼈음을 알 수 있다.

통계청 자료에 따르면 비정규직 비율은 외환위기를 거치며 1998년 46.9%, 1999년 51.6%, 2000년 52.1%로 치솟았다. 비정규직 비율은 점차 하향세를 보여 2017년 8월 기준 32.9%로 집계됐다. 그러다 문재인 정부 출범 이후 다시 증가하기 시작했다. 통계청 자료에 따르더라도 비정규직 숫자는 2017년 664만 명에서 2020년 742만 명으로 늘었다.

　비정규직의 비중을 둘러싸고 노동계는 확연히 다른 시각을 보였다. 노동계는 2017년 기준 비정규직 비중은 32.9%가 아닌 노동자의 절반 이상인 53.4%에 이른다고 주장했다. 노동계 통계는 무기계약직, 사내 도급 근로자, 특수 고용직 등 정규직이 아닌 모든 경우를 포함한 수치였다.

　어떤 경우든 비정규직 비중은 주요 선진국과 비교하면 월등히 높은 수준이었다. 정규직과의 임금 격차도 점점 벌어져 왔다. 2016년 비정규직 임금 수준은 정규직의 절반 정도인 54%였다.

　기업 처지에서 보면 부정기 업무와 단기 업무 소화를 위해 비정규직 채용이 불가피한 경우가 많다. 비정규직을 무조건 악으로 봐서는 곤란하다. IT 산업 등 일부 분야에서는 비정규직이지만 프리랜서로 부르며 급여가 정규직보다 높은 전문가로 대우하기도 한다. 문제는 단순히 비용 절감을 목적으로 비정규직을 필요 이상으로 남발하거나 단지 비정규직이라는 이유로 부당하게 차별하는 데 있었다. 기업 차원에서 경기 변동에 대응하는 구조조정 완충지대로 비정규직을 활용하는 사례도 많았다. 이 또한 사회적 안전망이 부족한 상황에서 비정규직을 일방적 희생양으로 삼는 처사와 다를 바 없었다.

　자동화와 비정규직 채용이 늘면서 시간이 지날수록 취업이 어려워지고 취업에 성공하더라도 비정규직으로 들어갈 확률이 높아졌다. 사회에 늦게 진입하는 세대일수록 일자리의 질이 상대적으로 떨어질 개연성이 컸다. 외환위기 이후 청년 세대가 실제 겪어 온 상황이었다. 통계청 자료에 따르면 15~29세 청년 고용율은 1995년 46.4%에서 2013년 39.7%로 더욱 낮아졌다. OECD 평균보다 10%p 정도 낮은 수치에 해당한다.

외환위기 이후 기업이 사람을 비용으로 간주하면서 피고용자는 물건 취급당해야 했다. 기업은 어느 쪽이 더 비용 절감 효과가 있는지를 기준으로 자동화 기계와 사람 중 하나를 선택했다. 사람은 종종 자동화 기계보다도 못한 물건 취급받으며 선택지에서 밀려나야 했다. 비정규직은 물건 중에서도 쓰다가 버리는 일회용 소모품 취급당했다. 비정규직에 지급되는 급여는 종종 인건비가 아닌 사업비로 책정되었다. 비정규직을 사람이 아닌 소모품으로 간주했음을 보여 주는 극적인 장면이 아닐 수 없다.

한국 사회는 시간이 흐르면서 머니 게임에 취한 엘리트 세계와 비용 일부가 된 민초의 세계로 갈라졌다. 엘리트의 세계는 '머니 게임'이 일반화하면서 그 어느 때보다 돈 벌기 쉬운 상황이 마련되었다. 반대편 세계에서는 일자리 악화로 숱한 고통이 뒤따랐다.

두 세계의 이해관계는 본질적으로 충돌할 수밖에 없었다. 사람 관련 비용 지출이 줄면 일자리 사정은 악화할 개연성이 높다. 반면 기업 이윤율이 상승하면서 주가가 오를 개연성이 크다. 두 세계에 정반대의 작용을 한다. 단적으로 기업에서 대규모 정리해고 방침을 발표하면 주가 상승 기대 심리로 주주들 입에서는 환호 소리가 터져 나왔다. 반면 직장에서 쫓겨나야 하는 노동자 사이에서는 고통스러운 비명이 흘러나올 수밖에 없었다.

두 세계가 제로섬 게임을 벌리면서 중간이 확장하기보다는 쪼그라들 가능성이 커졌다. 중산층 붕괴 신호였다. 중산층의 범위를 어떻게 설정하는가에 따라 관련 지표는 상당히 달라질 수 있다. 중산층은 일반적으로 '중간 소득 집단'을 넘어 경제적 안정으로 삶의 불안에서 벗어나 있는 계층을 의미한다. 중산층 비중의 감소는 경제적 안정이 흔들리기 시작했음을 의미한다.

중산층 관련 진실을 가장 정확히 드러내는 지표는 당사자들이 피부로 느낀 변화라고 할 수 있다. 1989년 갤럽 조사에서 '당신은 중산층입니까?'라는 질문에 20~60대 한국인 중 75%가 '그렇다'라고 답했다. 2022년 2월 《한국경제신문》이 조사한 바에 따르면 30~59살 한국인 중 53%가 스스로 중산층에 속한다고 대답했다. 피부로 느낀 중산층 감소 현상이 뚜렷하다.

97체제가 끄떡없이 유지된 비밀

한 가지 커다란 의문이 발생한다. 사회적 양극화는 민란이 일어나고도 남을 정도인데도 침묵의 세월이 계속 이어졌다. 극악한 환경에서도 민주화 투쟁을 승리로 이끈 대한민국 국민이다. 그냥 구경만 하고 있을 사람들이 아닌데 제대로 된 저항이 없었다. 어떻게 된 영문인가.

사회적 양극화의 심화는 단순히 계층 간 소득 격차 확대만을 수반한 현상이 아니었다. 사회적 양극화의 본질은 머니 게임에 취한 엘리트 집단과 비용 취급 당한 민초 사이의 '사회적 분열'에 있었다.

엘리트 집단은 돈이 돈을 번다고 믿는 머니 게임에 흠뻑 빠져들면서 97체제의 확실한 동반자가 되었다. 그 과정에서 386세대와 대기업 정규직 노동자 상당수가 엘리트 세계로 합류했다. 이들은 외환위기 이전 체제 저항에 앞장섰던 주축 세력이었다. 바로 이들이 새로운 97체제의 동반자가 되면서 체제 저항은 결정적으로 약화할 수밖에 없었다. 386세대와 대기업 정규직의 변신은 외환위기 이후 극적인 사회 변화를 대표하는 현상이었다. 여기서 대기업 정규직의 변신에 대해 좀 더 살펴보자.

1990년 현대중공업 노조 파업 투쟁 때의 일이다. 노조는 강력투쟁의 하나로 골리앗 크레인 고공 농성을 단행했다. 당시 노조 지도부를 포함한 투쟁의 주축은 대부분 20대 후반에서 30대 초반 젊은 층이었다. 작은 이변이 일어났다. 골리앗 농성장에 당시로서는 거의 노인 취급받던 40대 노동자 1명이 동참하고 있었다. 의아함을 느낀 젊은 노동자들이 물었다. "어떻게 이 어려운 자리에 함께 하셨나요?" 40대 노동자는 이렇게 답했다. "내 삶을 자식에게 물려주지 않기 위해서입니다!" 이 한마디는 당시 노동자의 삶이 어떠했고 노동자 스스로 이를 어떻게 인식했는지를 간명하게 드러냈다.

시간이 흐르면서 양상이 정반대로 바뀌었다. 대기업 정규직은 강력한 조직력을 바탕으로 임금을 지속해서 끌어올린 결과 우리 사회의 중상류층이 되는 데 성공했다. 이들은 자신의 지위를 자식에게 물려주고 싶은 강한 욕망을 품기에 이르렀다. 자식이 같은 사업장에 취업했다면 슬퍼하기보다 만세를 부르며 흡족해했다. 끝내는 적지 않은 대기업 정규직 노조가 정년 퇴직자 가족의 우선 채용을 단체협약에 명시하기도 했다. 고용 세습의 제도화였다. 대기업 정규직의 현재 지위는 벗어나야 할 곳이 아닌 지켜야 할 그 무엇, 즉 기득권이었다. 대기업 정규직은 현상 유지에 집착하는 기득권 세력의 일부가 되었다.

대기업 정규직의 주 관심사는 2010년대를 거치면서 계급 해방에서 주식과 부동산으로 옮겨졌다. 민주노동당 시절 진보 정당의 주요 지지 기반이었던 이들은 이후 민주당의 핵심 지지층이 되었다. 비슷한 길을 걸은 386세대와 대기업 정규직이 운명 공동체가 된 셈이다.

그래도 여전히 의문이 남는다. 1987년 7~9월 노동자대투쟁 당시 가장 많이 나온 구호의 하나는 "노동자도 인간이다. 인간답게 살아보자!"였다. 이후 민주화와 함께 정치적 억압은 크게 완화되었다. 인간 본연의 권리 의식도 더욱 커졌다. 문제는 외환위기 이후에 발생했다. 절대다수의 노동자들이 한낱 물건 취급당하며 인간성을 부정당하는 상황이 지속했는데도 그에 상응하는 저항이 별로 일어나지 않았다. 무언가 앞뒤가 맞지 않은 현상이었다.

비밀은 신자유주의 사상문화 속에 있었다. 신자유주의 사상문화는 사람을 철저히 비용으로 간주했다. 사람들은 이를 거역할 수 없는 대세라 여기고 숙명의 굴레로 받아들였다. 신자유주의 사상문화는 이를 효과적으로 뒷받침하기 위해 무한 경쟁 기반의 승자 독식 논리를 작동시켰다.

신자유주의 사상문화는 열에 1명 정도가 승자로서 이익을 독식할 기회를 부여했다. 모든 사람의 머릿속에 경쟁에서 무조건 이겨 승자가 되어야 한다는 논리를 주입했다. 치열한 노력으로 남들을 압도할 능력을 갖추어야 한다고 설파했다. 무한 경쟁 논리는 능력 있는 자가 승자의 영광을 누린다는 '능력주의'라는 무기를 장착했다.

1등만 알아주는 무한 경쟁 기반의 승자 독식 논리는 분야를 가리지 않고 사회 전체를 감염시켰다. 스포츠 세계도 예외가 아니었다. 한동안 온 나라가 오로지 금메달만 인정하는 바람에 기대했던 선수가 금메달을 따지 못하면 졸지에 죄인 취급받아야 했다. 오죽하면 은메달을 따고서도 시상식에서 서러움의 눈물을 쏟아 내야 했던가? 어느 개그맨이 내지른 "1등만 알아주는 더러운 세상!"라는 말이 큰 반향을 일으키기도 했다.

승자의 자리는 높은 연봉과 풍요로운 사내 복지를 자랑하는 대기업 정규직일 수도 있고, 기업 임원을 향한 고속 승진일 수도 있었으며, 스타트업 창업을 통해 대박을 터트리는 경우일 수도 있다. 혹은 꿈의 직장으로 불리고 있는 안정된 공공 기관 임직원일 수도 있다.

승자는 꼭 있어야 하는 유능한 '인재' 취급받으며 여러모로 후한 대접을 받았다. '한 명의 인재가 10만 명을 먹여 살린다'는 슬로건 아래 삼성이 추구한 인재 경영은 이를 집약적으로 보여 주었다. 인재 경영에서의 인재는 보편적 사람이 아닌 아주 특별한 소수의 엘리트를 지칭했다.

사람들은 승자가 되기 위해 치열하게 경쟁했다. 사회에 진입하자마자 그러한 상황에 노출된 청년들은 그게 전부라고 생각하기가 쉬웠다. 액면 그대로 경쟁이 아닌 전쟁을 치르다시피 해야 했고, 친구마저 적으로 간주하는 처지가 되었다. 직장 동료가 병으로 결근하더라도 업무를 대신해 주지 않을 정도로 동료를 적으로 여기는 문화가 팽배했다.

일련의 과정을 거쳐 대다수는 경쟁에서 패배하는 비운을 겪을 수밖에 없었다. 문제는 여기서 나타났다. 비운의 주인공들은 자신을 구조적 모순의 희생자가 아닌 경쟁에서의 패배자로 인식했다. 노력과 능력의 부족 탓으로 경쟁에서 패배하는 비운을 겪었다고 생각했다. 미셸 푸코의 말대로 신자유주의 사상문화가 주입한 관념의 사슬로 자신을 강하게 속박했다. 결과는 무시무시했다. 사회 구조적 모순은 개인의 문제로 치환되면서 절묘하게 은폐되었다.

97체제는 엘리트 집단을 흡수해 체제 유지의 동반자로 삼았다. 나머지 사람은 무한 경쟁 논리를 주입해 비판 의식을 마비시켰다. 97체제는 사회적 양극화가 매우 심각한 수준으로 이루어졌건만 도리어 그에 의지해 끄떡없이 버틸 수 있었다. 사회적 양극화는 민초와 엘리트 집단의 분열을 기반으로 97체제를 유지하는 고도의 분할 지배 전략이기도 했다.

사회적 양극화, 민초와 엘리트 세계의 분열

과연 거역할 수 없는 대세인가?

외환위기 이후 상황에 대한 비판이 외환위기 이전 상황 모두를 정당화시키는 근거가 될 수는 없다. 한국 사회가 외환위기를 계기로 선의 세계에서 악의 세계로 넘어갔다고 보는 단순 시각은 매우 위험스럽기 짝이 없다. 그렇더라도 분명히 인정해야 할 사실은 있었다.

외환위기 이전 한국은 상대적으로 평등한 나라에 속했다. 계층 상승이 비교적 쉬운 개방적 신분 사회였다. 핵심은 중산층 확대에 있었다. 아파트 공급 확대는 이를 입증하는 대표적인 징표였다. 시간이 흐르면서 계층 간 격차가 한층 완화할 수 있다는 희망을 품기에 크게 부족함이 없었다. 전반적으로 소득 수준이 낮고 사회적 환경이 지금보다는 열악했더라도 내일을 향한 꿈을 키울 수 있었다. 미래에는 보다 많은 몫을 분배받을 수 있고 더욱 노력하면 계층 상승 사다리를 오를 수 있다는 기대를 품을 수 있었다. 내일의 희망이 힘든 오늘을 견디게 해 주었다. 중산층 확대가 만들어 내는 강력한 사회적 효과였다.

상황은 외환위기를 거치며 크게 달라졌다. 사회적 양극화와 함께 중산층 비중이 감소하기 시작했다. 중산층이 감소하면서 개방적 신분 사회는 사람들 곁에서 점차 멀어져 갔다.

문제의 시작은 신자유주의 사상문화의 지배였다. 신자유주의 사상문화는 97체제의 핵심 기제로서 거역할 수 없는 대세가 되었고 의심할 여지가 없는 통념으로 굳어졌다. 그로부터 민초와 엘리트 집단을 갈라치는 고도의 분할 지배 전략으로서 사회적 양극화가 파생했다.

　97체제는 30년 가까이 한국 사회를 지배해 왔다. 과연 신자유주의 사상문화는 선택의 여지 없는 시대 흐름일까? 그로부터 발생한 사회적 양극화 또한 어쩔 수 없이 감수해야 할 그 무엇일까?

6장

신분이 세습되는 폐쇄적 신분 사회로의 변질

외환위기 이후 사회적 양극화로 중산층이 감소했다. 계층 상승 공간이 줄어든 셈이었다. 급기야 줄어든 계층 상승 공간마저 접근이 쉽지 않은 닫힌 구조로 바뀌었다. 폐쇄적 신분 사회, 즉 신분이 대물림되는 '신분 세습 사회'로 고착화되면서 일어난 현상이었다.

국민도 계층 상승 공간이 닫힌 구조로 바뀌어 왔음을 인식하기에 이르렀다. 2021년 한국리서치 조사에 따르면 응답자의 74%가 '계층 상승 기회가 열려 있다'라는 명제에 동의할 수 없다고 했다.

외환위기 이후 머니 게임에 합류했던 엘리트 집단 대부분이 폐쇄적 신분 사회의 고착화에 일조했다. 우리는 그중에서도 386세대의 궤적에 초점을 맞추고자 한다. 몇 가지 이유가 있다.

386세대의 변신은 대기업 정규직과 함께 외환위기 이후 한국 사회의 변화를 가장 극적으로 보여 주기 때문이다. 386세대가 이 정도면 나머지 엘리트 집단은 더 말할 필요도 없다는 점에서 사태의 심각성을 가장 명료히 드러낸다. 그러면서도 386세대는 어느 정도의 자성 능력이 있기에 자성을 바탕으로 자신들이 지닌 자산을 사회의 혁신적 변화를 위해 쓸 여지가 있다고 믿기 때문이다. 386세대 중에는 기득권과 거리를 둔 채 사회 진보를 위해 헌신해 온 사람들이 꽤 많았다는 사실도 함께 기억해 둘 필요가 있다.

무엇보다도 이 글을 쓴 나 자신이 386세대의 한 사람이라는 사실이 크게 작용했다. 만약 386세대에 대한 진지한 성찰이 전제되지 않는다면 젊은 세대는 이 글의 진정성을 의심할 수도 있다. 그런 강박관념이 386세대를 논의의 한 복판으로 끌어들이도록 만들었다.

억세게도 운이 좋았던 집단, 386세대

386세대라는 별칭이 처음 등장한 시기는 1990년대였다. 당시 인기를 끌었던 386 컴퓨터에 빗대 붙여진 명칭이었다. 386세대의 포괄 범위는 논자에 따라 상당한 차이를 보인다. 386세대를 역사적 경험을 공유한 사회정치적 범주로 본다면 1960년대에 출생해 1980년대에 대학을 다니며 민주화 운동에 참여한 세대를 가리키는 용어로 보는 게 정확하다. 386세대 명칭은 486세대, 586세대로 바뀌기도 했지만 이 책에서는 386세대로 사용하려 한다.

386세대는 1980년대 당시 상대적 소수였던 대학생 이력 덕에 상당 정도 출세가 보장된 엘리트 집단이었다. 386세대는 특권을 포기하고 제적, 투옥, 강제징집 등의 숱한 고난을 감수하면서 민주화 투쟁에 헌신했다. 민초는 386세대를 볼 때마다 그들의 막대한 희생 대가로 민주화가 이루어진 점을 떠올리면서 오랫동안 부채 의식을 간직했었다.

하지만 386세대는 산업화와 민주화 동시 성공의 최대 수혜자이기도 했다. 386세대가 걸어온 삶의 궤적 속에는 행운이라는 글자가 연속적으로 새겨져 있다. 386세대는 우리 역사에서 보기 드물게 억세게 운이 좋은 집단이었다.

386세대가 1980년대 민주화 투쟁에 참여하면서 겪은 희생과 고난조차도 뒤집어서 생각하면 엄청난 행운이었다. 386세대는 20대 젊은 나이에 민주화 투쟁 아니면 결코 누릴 수 없는 풍부한 정치적 경험을 축적할 기회를 누릴 수 있었다. 그 과정에서 386세대는 한국 사회 주류로 등극하는 데 필요한 강력한 자산을 일찌감치 획득했다. 1987년 이후에는 시민사회 활성화 과정에서의 주도적 역할로 강력한 네트워크 기반도 확보할 수 있었다.

386세대의 행운은 여기서 그치지 않았다. 386세대는 세속적 삶에서도 상당한 행운을 누렸다. 386세대에 대한 전면적 비판을 담은 《386 세대유감》은 386세대의 인생 행로에서 얼마나 많은 운이 따랐는지를 잘 묘사하고 있다. 그 내용을 기초로 대학 진학 때부터 사회생활에서의 성공적 안착을 거쳐 정치권 주역으로 부상기까지의 386세대 행운의 궤적을 복기해 보자.

수월했던 대학 진학과 캠퍼스 낭만

1981년 7월 5.17 군사쿠데타로 권력을 잡은 신군부는 '7·30교육조치'를 발표했다. 그 요체는 과외와 재학생 학원 수강 금지, 대학별로 실시하던 본고사 폐지, 학교 내신 성적과 전국적으로 치러진 예비고사로 대학 입학시험 통일, 졸업정원제 도입과 대학 정원 대폭 확대 등이었다.

사교육과 본고사를 폐지하면서 학교 공부만 열심히 했어도 예비고사 성적으로 원하는 대학에 들어갈 조건이 마련되었다. 예비고사를 둘러싸고 천편일률적인 순위 매김 등 교육적 차원에서의 다양한 문제점이 제기되었으나 가난한 집 자제들 처지에서는 한결 유리한 조건으로 작용했다. 대학 정원이 거의 2배 가까이 늘어나면서 관문도 크게 넓어졌다.

1980년대 내내 개천에서 용 나는 시절이 이어졌다. 서울의 주요 명문 대학들에서조차 농촌 출신들이 중심이 된 '막걸리 문화'가 지배하기에 이르렀다. 빈곤 계층 출신들은 대학 생활을 거쳐 출세 가도를 달릴 수 있었다. 교육은 확실한 계층 상승의 사다리로 기능했다.

취업에 대한 심리적 압박이 크지 않았던 상황에서 대학 생활은 낭만으로 가득 차 있었다. 캠퍼스 곳곳에서는 통기타 소리가 울려 퍼졌고, 대학가 주변은 격정적인 시국 토론을 곁들인 술판으로 요동쳤다. 군사독재의 삼엄한 억압과 통제는 낭만의 불길에 기름을 부어 주었을 뿐이다.

386세대는 이전과 이후 어느 세대보다도 수월하게 대학에 입학했고 낭만을 만끽했다. 나아가 대학을 정치 활동 공간으로 점령함으로써 시대의 주역으로 등극하는 데 성공했다.

골라서 간 여유로운 취업

1980년대 대학 진학률은 평균 잡아 25% 정도 되었다. 결과적인 이야기일 수 있지만 해당 비율은 대학 졸업자를 둘러싼 수요공급 관점에서 볼 때 매우 절묘한 수치에 해당했다.

1980년대는 한국 경제가 고도성장을 구가하고 있던 시기였다. 그중에서도 1986~88년 기간 동안 한국 경제는 단군 이래 최대 호황이라는 이른바 '3저호황'을 구가하였다. 저금리, 저유가, 저달러라는 환경의 조성으로 일본에 비해 한국의 수출 경쟁력이 월등히 유리해짐에 따라 발생한 현상이었다. 3저호황에 힘입어 기업들은 빠르게 규모를 키우면서 정신없이 신규 채용을 확대했다. 대학 공간마다 신규 채용 안내서가 어지러이 나붙었다.

386세대는 마음에 드는 직장을 골라서 갈 수 있었다. 대학 시절 성적이 결정적 요소로 작용하지도 않았고 별도의 스펙을 요구하지도 않았다. 대학 졸업장 하나면 충분했다.

손쉬웠던 아파트 장만

생애 주기에서 가장 큰 목돈이 들어가는 부분은 집 장만이다. 그중에서도 아파트는 중산층 진입의 대표적인 징표로 통용되었다.

한국은 '아파트 공화국'이라 할 만큼 아파트의 의미는 각별했다.

1980년대는 1986년 서울 아시안게임과 1988년 서울올림픽대회를 계기로 도시재정비 사업을 숨 가쁘게 진행한 시기였다. 그 핵심은 서울 곳곳에 널려 있던 판자촌을 대규모 아파트 단지로 개발하는 작업이었다. 서울 목동과 상계동, 상도동 등이 천지개벽하듯이 아파트 단지로 변신했다. 추세는 1990년대로 이어졌고 범위 또한 서울 밖으로 확대되었다.

1987년 12월 대통령 선거에 출마한 노태우 후보는 200만 채 주택 공급을 공약으로 내세웠다. 공약 이행 차원에서 분당, 산본, 일산, 중동, 평촌 등 수도권 지역에 대규모 신도시 개발을 추진했다. 대부분 아파트로 채워진 가운데 200만 호 주택 공급은 성공적으로 완료되었다.

이 무렵 386세대는 결혼과 함께 주거 공간 마련에 힘을 쏟고 있었다. 때를 맞추어 주기라도 하듯 아파트가 대규모로 공급되기에 이르렀다. 분양가마저 주변 시세보다 낮게 형성되어 있었다. 386세대는 요즘과는 비교할 수 없이 손쉽게 아파트를 장만할 수 있었다.

사교육 시장으로의 진출

1989년 해외여행 자유화 조치로 영어 회화 학원이 크게 늘었다. 그로부터 2년 후인 1991년 정부는 재학생 학원 수강을 전면 허용하는 조치를 했다. 중·고등학생을 수용하기 위한 학원의 발걸음이 빨라지면서 사교육 시장이 급속히 팽창했다. 대학 입시에서 논술 고사를 도입하면서 관련 학원이 우후죽순으로 생겨났다. 흐름을 타면서 사교육은 하나의 산업으로 발전했다.

386세대 중 상당수는 급진적인 반체제 운동 경력을 지니고 있었다. 공공기관이나 사기업 취업이 여의치가 않았다. 그 와중에 이들이 큰 장애 없이 진출할 수 있는 곳으로 사교육 시장이 떠올랐다. 많은 386세대 인사가 학원을 설립하거나 강사 자격으로 사교육 시장에 진출했다. 논술 교육 등에서 학생운동 시절 갈고닦은 실력이 빛을 내기도 했다.

적지 않은 386세대 인사들이 사교육 시장에서 큰손으로 자리 잡았다. 상당한 수준에서 부도 축적했다. 초기에는 적지 않은 도덕적 갈등이 있었으나 시간이 지나면서 이마저도 사라졌다. 사교육 시장은 386세대가 체제와 화해하면서 세속적 욕망을 충족하는 무대의 하나가 되었다.

외환위기 이후 입지 강화

외환위기 직후 구조조정의 폭풍 속에서 정리 해고의 칼바람이 거세게 몰아쳤다. 수많은 사람이 하루아침에 직장을 잃고 거리로 나앉았다. 그 와중에서도 386세대는 거뜬히 살아남았다.

정리해고의 주 대상은 사오정이라는 신조어에서 드러났듯 40~50대에 해당하는 고참 간부들이었다. 능력에 비해 많은 보수를 받고 있던 이들은 구조조정의 우선적 대상이 되기 쉬웠다. 구조조정 이후 감량 경영이 일반화되면서 신규 채용의 폭이 크게 좁아졌다. 그로 인해 사회 진입을 시도하는 청년층이 취업에서 상당한 애로를 겪어야 했다.

외환위기 당시 30대에 속했던 386세대는 이들 두 집단 어느 곳에도 속해 있지 않았다. 386세대는 가장 안전한 중간 지대에서 구조조정의 칼바람도 피해 갈 수 있었다. 한 걸음 더 나아가 구조조정으로 고참 간부들이 대거 날아가는 바람에 직장에서의 입지가 더욱 강화되었다.

벤처 붐의 최대 수혜자

외환위기 직후 출범한 김대중 정부는 크게 위축된 한국 경제의 새로운 활로는 벤처기업 육성에 있다고 판단하고 이를 뒷받침할 각종 방안을 마련했다. 정부가 적극적인 자세로 지원에 박차를 가하자 빠른 속도로 벤처 붐이 일어났다. 전성기를 구가하던 IT 산업을 중심으로 창의적 아이디어가 연신 쏟아져 나왔고 이를 바탕으로 벤처 창업이 줄을 이었다.

벤처 붐의 최대 수혜자는 386세대였다. 386세대는 민주화 투쟁을 통해 기존 질서에 순응하지 않은 도전적이고 창의적인 마음가짐을 획득한 상태였다. 386세대의 특성은 벤처기업과 쉽게 조화를 이룰 수 있었다. 386세대는 벤처 업계의 주요 리더로 대거 등극했다.

정치권 신진 주역으로 등극

2000년대 접어들면서 386세대는 정치 세력화를 위한 행보에 박차를 가했다. 그러던 중 386세대의 정치 운명을 일거에 바꾸어 놓을 최적의 인물이 나타났다. 바로 노무현 전 대통령이었다.

386세대는 '노무현을 사랑하는 사람들'(노사모)로 대거 집결함으로써 노무현 전 대통령과 환상의 파트너십을 구축했다. 노무현 전 대통령은 2002년 대선에서 승리를 거머쥐었다. 대체로 30대 나이였던 386세대 참모들은 일거에 국정 운영을 책임지는 위치에 설 수 있었다. 그로부터 얼마 후 386세대는 2004년 노무현 대통령 탄핵 역풍을 탄 4.15총선을 계기로 대거 국회에 진출할 수 있었다. 30대 젊은 나이에 주요 정치 세력으로 등극한 셈이었다. 386세대는 이명박·박근혜 정부 시기 야권으로 위치가 바뀌었으나 국회의원 등의 신분으로 여전히 권력을 균점할 수 있었다. 이후 문재인 정부가 출범하면서 액면 그대로 권력의 중추 세력으로 복귀했다.

386세대는 도덕(명예)과 돈(부), 권력 세 가지 모두를 손에 넣은 역사상 보기 드문 존재가 되었다. 세간에서 386세대를 두고 '꿀을 빤 세대'라 표현할 만했다. 그러한 상태가 장시간 이어졌다는 점에서《386 세대유감》표현대로 '초장기 집권 불로 세대'라 해도 크게 틀리지 않았다.

기득권 세력의 일부가 된 그들

외환위기 이후 상당수의 엘리트 집단이 돈을 최고의 가치로 여기면서 머니 게임에 몸을 던졌다. 머니 게임에 휩쓸려 들어간 엘리트 집단 중에는 386세대도 포함되어 있었다.

386세대 역시 외환위기의 충격으로 심각한 공황 상태에 빠져들면서 분별력을 상실하고 말았다. 혼돈의 와중에 외환위기 이전 전략적 동맹 관계에 있었던 노동계가 조기 투항하는 사태가 벌어졌다. 민주노총을 포함한 노동계는 1998년 초 노사정위원회가 주도한 '노동 개혁' 방안에 합의했다. 대대적인 정리 해고와 비정규직 양산을 뒷받침하는 방안이었다. 명백한 백기 항복이었다. 타협이 불가피했더라면 관련법을 한시법으로 못 박았어야 했다.

새로운 제도 도입으로 다수의 노동자가 막대한 희생을 겪으며 노동 양극화가 심화했다. 비정규직은 구조조정의 우선 대상이 됨으로써 정규직 고용 안정의 완충지대 혹은 안전판이 되어 주었다. 위험 작업을 도맡기도 하고 상대적으로 낮은 임금을 받음으로써 정규직의 몫을 키워 주었다. 민주노총의 주축인 대기업 정규직은 노동의 양극화에 기대어 중상류층 지위에 올랐다. 마침내 현상 유지에 집착하는 기득권 세력 일부로 변해갔다.

과거 함께 체제에 저항했던 대기업 정규직의 변신은 386세대의 사고에 결정적 영향을 미쳤다. 386세대로서는 신자유주의에 대한 저항 여부를 놓고 고뇌할 결정적 근거가 사라진 셈이었다.

사태는 여기서 그치지 않았다. 386세대는 신자유주의에 정서적 친화력마저 느꼈다. 386세대는 1980년대 폭압적인 국가 권력에 맞서 치열하게 투쟁한 경험을 지니고 있었다. 무의식중에 국가의 개입과 통제에 대한 혐오를 가슴 깊이 품을 수밖에 없었다. 그런 386세대 앞에 국가의 개입을 반대하고 시장의 자율을 강조하는 신자유주의가 불현듯 나타났다. 386세대는 신자유주의를 개혁 이데올로기로 이해하고 자연스럽게 받아들였다.

386세대는 신자유주의 사상문화를 내면화하면서 시류에 적극적으로 편승했다. 머니 게임에도 주저 없이 뛰어들었다. 각자의 이익 추구에 충실해졌고 탄탄한 네트워크를 바탕으로 재테크에서도 남다른 실력을 발휘했다. 이익 추구에서의 우월성을 '능력의 표현'으로 간주했다.

386세대는 노무현 정부와 문재인 정부를 거쳐 집권 세력으로 등극하면서 확고한 주류로 자리 잡았다. 사회적 지위가 높아지고 부를 축적하면서 가랑비에 옷 젖듯이 기득권 세력의 일부가 되어 갔다. 우리 사회는 얼추 1%의 특권층과 20%의 기득권층 그리고 나머지 80%로 구성되어 있다고 볼 수 있다. 386세대는 그중 20%에 해당하는 기득권층 일부로 자리 잡은 셈이다.

386세대가 기득권 세력의 일부가 되었다는 사실은 고위 공직자 청문회를 통해 적나라하게 드러났다. 386세대는 문재인 정부의 주축 세력이 되면서 청문회에 빈번하게 모습을 드러냈다. 결과적으로 청문회는 386세대가 기득권 추구 사실을 국민 앞에 고백하는 자리가 되었다.

문재인 정부 때 청와대 인사 담당 기관에서 고위직을 제안하면 대상자 대부분이 손사래를 쳤다고 알려졌다. 청문회에서의 신상 털기가 두렵기 때문이었다. 오죽하면 장관 자리를 제안하면 차라리 차관을 시켜달라고 하는 사례도 있었다. 차관은 청문회 없이 임명 되기 때문이다.

거르고 걸러서 큰 문제 없으리라 판단해 청문회에 출석시키면 386세대 후보자들 대부분 고역을 치러야만 했다. 논문 표절, 부동 산 투기, 위장전입 등에서 자유로운 경우가 별로 없었다. 오죽하면 문재인 정부가 애초에 내걸었던 '고위공직자 후보자 인사 검증 7대 기준'을 슬그머니 낮춰야 했을까. 7대 기준을 모두 충족시키는 후 보를 찾기가 그만큼 어려웠다는 이야기다.

논문 표절, 부동산 투기, 위장전입은 한국 사회에서 기득권 추 구를 상징하는 대표적인 징표였다. 논문 표절은 학위를 통해 사회 적 지위를 상승시키고자 하면서 벌어진 일이었다. 부동산 투기는 대표적인 부의 축적 수단이었다. 위장 전입은 대물림용 자녀 교육 집착이 빚어낸 현상이었다.

문재인 정부 시기 집권 여당이었던 더불어민주당(이하 민주당) 소속 설훈 의원은 언론 인터뷰에서 "지금 장관 연배인 50대 후반 사이에는 위장전입이나 부동산 투기가 통상화 된 사회 분위기가 있다."라고 고백한 바 있다. 당시 50대 후반이면 대체로 386세대에 속했다. 조금 확대 해석하자면 386세대 안에 부동산 투기와 위장 전입이 만연해 있었다는 지적이라고 볼 수 있다

386세대는 기득권 세력의 일부가 되는 데 그치지 않고 대물림 을 위해 골몰하기까지 했다. 자녀 교육 동기에서 분명하게 드러났

다. 386세대는 그 누구 못지않게 자녀 교육에 막대한 투자를 했다. 386세대는 그 자신 교육을 통한 신분 상승을 톡톡히 경험한 바 있었다. 교육에 대한 투자 효과를 너무나 잘 알고 있었다. 바로 그런 이유로 386세대는 자녀 교육에 대한 투자에서 그 누구보다도 강한 집착과 열의를 보였다.

386세대가 자녀 교육에 강한 집착을 보인 동기는 무엇이었을까? 과거 한국인들이 보여 준 경이로운 교육열 동기의 대부분은 자기 삶을 자녀에게 물려주지 않기 위해서였다. 기존 신분에서 탈출해 상승하고자 하는 욕망이었다. 386세대 역시 마찬가지였을까? 결코 아니었다. 진실은 정반대였다. 386세대의 자녀 교육을 지배한 동기는 다름 아닌 '세습 욕망'이었다. 386세대는 자신의 지위와 부를 대물림하기 위해 자녀 교육에 집착했다.

세습 욕망은 자녀에게 물려주고 싶은 그 무엇 즉 기득권을 지니고 있을 때만이 품을 수 있다. 자녀 교육에 대한 386세대의 지독한 집착은 386세대가 기득권 세력의 일부가 되었을 뿐만이 아니라 이를 자녀에게까지 대물림하고자 노력해 왔음을 동시에 드러내 보였다.

'조국 사태'로 드러난 진실

386세대가 기득권 세력의 일부가 됐다는 사실은 민주화의 주역이라는 이미지로 오랫동안 가려져 있었다. 그러던 중 단 하나의 사태로 가려진 진실이 적나라하게 드러났다. 바로 '조국 사태'였다.

조국 사태는 조국의 법무부 장관 임명을 둘러싸고 지지 세력과 검찰 세력의 갈등이 불거지면서 일어난 사태였다. 정치 지형을 변화시킬 정도로 엄청난 파장이 뒤따랐다. 만약 조국 사태가 조국 개인의 삶을 둘러싼 논란에 그쳤다면 그 같은 파장은 일어날 수가 없었다. 조국 사태는 특정 개인의 이름이 붙었지만 엄밀하게는 개인을 넘어서는 현상이었다. 조국 개인에 대한 평가나 조국을 둘러싸고 제기된 각종 사안의 불법 유무는 중요하지 않았다. 조국 개인과 그 일가가 상당한 인권 유린을 당한 점 또한 사실일 수 있다.

조국 사태의 핵심은 386세대가 기득권 세력의 일부로서 부와 지위를 세습하기 위해 얼마나 골몰해 왔는지를 드러낸 데 있었다. 조국 사태가 386세대를 둘러싼 인식 전환의 계기로 작용하도록 한 결정적 동인은 '검찰 개혁'과 함께 '조국 수호' 구호를 앞세운 서초동 집회였다.

냉정한 시선을 유지하고 있던 중도층과 청년 세대의 눈에 수많은 386세대가 서초동에 모여 조국 수호를 외치는 모습은 경악스럽기 짝이 없는 장면이었다. 서초동 집회 참석자들은 기득권 대물림을 위한 조국 부부의 집요한 노력조차 무조건 감싸고 돌았다. 모두가 추구하고 있는데 왜 조국만 갖고 난리 치느냐는 집회 참석자의 항변은 기득권 대물림 집착이 386세대를 포함한 엘리트 집단에 보편화해 있음을 강력히 뒷받침해 주었다. 서초동 집회 참가자들의 주관적 의지와 무관하게 빚어진 엄연한 객관적 현상이었다.

조국 사태를 계기로 그동안 가려져 있던 386세대의 실상이 드러났다. 386세대는 말과 행동, 주장과 실제 삶이 배치되는 내로남불 위선을 대표하는 집단으로 여겨지기 시작했다.

386세대에 대한 인식의 전환은 한국 사회 전반에 대한 재인식으로 확대되었다. 많은 사람이 386세대라는 창을 통해 한국 사회가 신분이 세습되는 폐쇄적 신분 사회로 고착화해 왔음을 깨달았다. 2010년대를 거치면서 뚜렷해졌던 사회적 현상이 불현듯 진상을 드러낸 셈이다. 386세대는 본의 아니게 자기 모습을 드러냄으로써 사회의 진상을 알리는 증언자가 되었다.

관련 통계 수치부터 살펴보자. 김낙년 교수에 따르면 부의 축적에서 상속이 차지하는 비중은 1980년대 37.7%에서 1990년대 이후 29% 안팎으로 떨어졌다가 2010년대에는 다시 38.3%로 높아졌다. 국세청의 〈2014~2018년 세대별 부동산 수증 현황〉 자료에 따르면 20~30대가 증여받은 주택 또는 빌딩은 2014년 9,576억 원에서 2018년 3조 1,596억 원으로 3.3배 늘었다. 건수도 2014년 6,440건에서 2018년 1만 4,602건으로 2.3배 증가했다.

국민소득 대비 증여와 상속의 합계액은 2002년 2.16%에서 2012년 2.74%, 2022년 6.52%로 증가했다. 2022년 상속과 증여 재산 액수는 모두 140조 원에 이르렀다. 2002~2022년 사이 국민소득 규모는 2.7배 커졌다. 상속과 증여를 통한 부의 무상 이전 규모는 같은 기간 8.3배나 늘어났다. 속도로 표현하면 부의 세습이 소득보다 3배나 빠른 셈이다.

아파트 매입을 둘러싼 상황은 신분이 세습되는 폐쇄적 신분 사회로의 고착화를 한층 뚜렷하게 드러냈다. 한국감정원에 따르면

2020년 서울 아파트 평균 실거래가는 8억 4,400만 원이었다. 이는 청년 세대가 가능한 모든 대출을 받더라도 자기 힘만으로는 매입하기 어려운 액수였다. 박근혜 정부는 부동산 경기 활성화 정책의 하나로 청년 세대가 빚내 집을 장만하도록 부추겼다. 상당히 많은 청년 세대가 빚더미에 올라앉으면서 비판의 목소리가 높았다. 그래도 빚을 내면 집을 장만할 수 있었다는 이야기이기도 했다. 반면 문재인 정부에 이르러서는 부모 도움 없이는 아무리 빚을 내더라도 집을 장만하기 어려운 현실이 되고 말았다.

서울만 놓고 보면 사실상 부모 찬스를 누리는 젊은 세대만이 아파트를 매입할 수 있었다. 서울이 특별한 사람들이 거주하는 세습 도시가 되었음을 말해 준다. 아파트 가격 등락에 따라 사정이 다소 달라질 수 있지만 그럴 위험성이 커지고 있는 점은 분명했다.

청년 세대의 처지에서 폐쇄적 신분 사회로의 고착화를 가장 첨예하게 드러낸 지점은 계층 상승 사다리 변동이었다. 외환위기 이후 사회적 양극화가 심화하는 가운데 일자리의 사정 악화로 계층 상승 사다리로 기능할 좋은 일자리가 줄어들었다. 제한된 계층 상승 사다리를 놓고 다투면서 '부모 찬스'가 강력한 효과를 발휘했다. 부모 찬스를 누리는 사람이 계층 상승 사다리를 차지할 확률이 높아졌다. 누구나 접근이 가능한 계층 상승 사다리는 거의 사라지다시피 했다.

덩달아 계층 상승 디딤돌로 기능했던 교육마저 신분 세습의 도구로 변질해 갔다. 한국장학재단이 조사한 2018년 1학기 139만 명의 대학생의 소득분위 분석 자료에 따르면 SKY 대학 재학생의

46%가 상위 20%에 속하는 고소득층 자녀였다. 이 비율은 비SKY 대학의 2배 가까이 됐다. 교육 기능의 변질은 폐쇄적 신분 사회로의 고착화가 매우 견고해지고 있음을 말해 준다.

누구나 실력만 갖추면 원하는 자리에 올라설 수 있는 개방적 신분 사회는 과거의 뒤안길로 사라져 갔다. 청년 세대의 삶은 태어날 때 입에 문 수저에 따라 크게 금수저와 흙수저 계급으로 갈라지기 시작했다. 신분 세습이라는 고약한 굴레가 한국 사회를 옥죄고 있다.

과연 그들은 어떤 선택을 해야 할까?

386세대는 신분 세습 사회의 한 축이 되었다. 이 점을 굳이 강조한 데는 나름대로 이유가 있다. 97체제는 민초와 엘리트 세계의 분열을 기초로 작동하고 유지해 왔다. 이 분열 구도를 그대로 둔 채 97체제를 극복하기는 쉽지 않다. 지나온 역사가 그러했듯이 엘리트 집단의 협력이 필수적이다. 엘리트 집단에서 그래도 변모의 여지를 보일 가능성이 가장 큰 경우는 386세대이다.

386세대는 과거 민주화운동에 상당한 헌신을 했고 막대한 희생을 치르기도 했다. 386세대는 당시의 기억을 생생하게 간직하고 있고 변함없이 자신의 존재 가치를 찾는 원천으로 간주해 왔다. 비록 20대 청춘 때만은 한참 못 하지만 심연 속에 양심의 불꽃이 여전히 타오르고 있다.

386세대는 단군 이래 그 어떤 세대보다도 많은 행운을 누렸고 화려한 인생 궤적을 그렸다. 사회로부터 많은 축복과 은혜를 입은 세대이다. 386세대에 대한 사회적 기대 또한 상당히 컸다. 이 시점에서 386세대 스스로 사회적 기대에 충분히 부응했는지 자신에게 되물어 볼 필요 있다. 386세대가 많은 부채를 안고 있음은 누가 봐도 분명해 보인다.

우리 앞에는 97체제 종식이라는 더는 미룰 수 없는 시대의 과제가 놓여 있다. 적절한 조건만 갖추어지면 97체제 종식을 위한 사회적 노력에서 386세대가 상당히 의미 있는 역할을 하리라고 믿는다. 386세대는 97체제를 종식하는 데 필요한 상당 수준의 자산을 보유하고 있기도 하다. 386세대는 97체제 이후 새로운 시대의 싹을 틔우는 훌륭한 밀알이 될 수 있다.

386세대는 97체제 종식에 힘을 보탤 때 어깨를 짓누르고 있던 부채를 털고 여생을 보람차게 살 수 있다. 새삼스럽게 386세대의 삶을 조명한 이유는 386세대 역할론을 부각하기 위함이다.

7장

체제와의 불협화음이 커진 청년 세대

청년 세대는 기득권 논리에서 비교적 자유로우며, 새것에 민감하고 미래의 시선으로 현재를 보는 경향이 강하기에 새로운 시대를 개척하는 데서 진취적 자세를 취할 가능성이 크다. 한국 사회의 미래가 청년의 어깨에 달려 있다고 해도 크게 틀리지 않다. 청년 세대를 주목해야 하는 이유다.

청년 세대의 동향이 심상치가 않다. 한국갤럽 설문조사에 따르면 30대의 거의 절반인 46%가 이민을 꿈꾸고 있다. 한국은 노력과 보상 사이의 차이가 너무 큰 희망이 없는 나라라는 게 주된 동기였다. 청년 세대 사이에서 헬조선을 넘어 '탈조선' 흐름마저 형성되기에 이르렀다.

사회 전체적으로 볼 때 경제 능력은 한층 풍부해졌고 기술 환경 또한 눈이 부실 정도로 빠르게 발전했다. 새롭게 사회에 진입한 후발 세대는 더욱 유리한 조건에서 풍족한 삶을 누려야 마땅했다. 소득 수준이나 객관적인 삶의 조건은 1980년대의 2030세대보다 2020년대 2030세대가 훨씬 윤택한 점은 의심할 여지 없다. 문제는 당사자들이 이와는 전혀 다르게 느끼고 있다는 데 있다. 후발 세대일수록 삶을 더 힘들고 고통스럽다고 느끼고 있다. 40대보다는 30대의 삶이 힘들고, 30대보다는 20대의 삶이 더 힘들게 다가오고 있다. 20대에 이르러서는 '이번 생은 끝났어'라는 표현에서 드러나듯이 절망과 분노, 증오가 넘쳐나고 있다.

나이 든 세대는 도무지 이해할 수 없다는 반응을 보였다. 자신들의 젊은 시절과는 비교할 수 없이 유복한 삶을 누리고 있는데 무엇이 부족해서 난리인지 알 수 없고, 부모들이 오냐오냐 키워 고생을 모르고 자라 조금만 힘들어도 죽는다고 아우성친다고 생각했다. 청년 세대의 좌절을 이해하기 위해서는 주목해야 할 지점들이 있다. 먼저 눈높이와 삶의 괴리를 살필 필요가 있다.

눈높이와 현실 속 삶의 괴리

한국은 초고속 압축 성장을 해 온 나라이다. 가히 수직 상승해 왔다고 해도 과언이 아니다. 각 세대의 청년 시절 경험은 극단적으로 다를 수밖에 없다. 최대한 단순화시키면 청년 시절에 지금의 6070세대는 후진국, 4050세대는 중진국, 2030세대는 선진국에서 살았다. 기성세대가 젊은 시절 경험에 빗대어 요즘 청년 세대를 평가하면 완벽하게 오류를 범할 수밖에 없다. 청년 세대 상황은 오직 당사자 입장에서 접근할 때 제대로 파악할 수 있다.

1980년대 당시의 2030세대와 2020년대를 사는 2030세대의 눈높이는 완전히 다를 수밖에 없다. 1980년대 2030세대는 지하 단칸방에서의 신혼살림 시작을 당연하게 여겼다. 자가용 승용차는 출세의 상징으로서 꿈도 꾸기 어려운 시절이었다. 에어컨 있는 사무실은 사치의 극치로 간주할 수밖에 없었다. 대학 진학률이 20~30% 수준으로 다수는 대학 근처에도 가지 못했다. 평균 자녀 수가 5명이었던 환경에서 어린 시절 천덕꾸러기 취급을 받으며 자라야 했다. 그런 환경에서 살아오면서 그에 맞는 눈높이를 가질 수밖에 없었다.

2020년대 2030세대는 어떠한가? 평균 자녀 수가 1~2명이 되면서 어린 시절부터 귀한 대접받으며 자랐다. 대학 진학률이 70~80%에 이르면서 대학을 나오지 않은 사람을 찾기가 더 어려워졌다. 고학력에 맞게 계층 상승 사다리로 기능할 좋은 일자리는 기본적인 욕망의 대상이 되었다. 방 2칸 아파트 정도 아니면 신혼살림을 시작하기 쉽지 않다. 자가용 승용차는 더 이상 출세의 상징이 아닌 누구나 갖는 필수 소비재 중 하나가 되었다. 에어컨 없는 사무실은 상상할 수조차 없다. 그렇게 살아오면서 그에 상응한 눈높이를 가질 수밖에 없었다.

1980년대를 기준으로 보면 2020년대 2030세대의 눈높이는 자가용을 굴리던 소수 중상류층 사람들 수준에 해당한다. 1980년대 중상류층의 삶 수준이 2020년대 2030세대에게는 최저 기준이 된 셈이다.

눈높이만 높아진 게 아니었다. 무엇보다도 자존감이 이전 세대와는 비교할 수 없이 강해졌다. 단지 먹고 살기 위해 모든 걸 참고 견디었던 과거 세대와는 성향이 완전히 다르다. 노력한 만큼 충분한 보상이 따르기를 원하며 사회적으로 인정받는 지위에 오르고 싶어 한다. 대체로 계층 상승을 충분한 보상과 사회적 인정이 따르는 필수 경로로 여기고 있다.

삶의 만족도는 눈높이에 따라 결정된다. 현실 속의 삶이 눈높이에 못 미치면 결핍과 불만을 느낄 가능성이 매우 크다. 오늘날 청년 세대의 좌절은 삶이 눈높이에 크게 못 미친 결과일 수 있다. 특히 계층 상승의 꿈이 이루어지지 못했을 때는 심각한 좌절과 상실감을 맛볼 수 있다.

미래로 가는 통로가 막힌 사회

청년들의 고된 삶은 외환위기 이후 시대 상황이 빚어낸 객관적 현상이었다. 단적으로 외환위기 이전 청년 세대를 대표했던 386세대는 엄청난 행운을 누렸으나 이후 청년 세대는 그렇지 못했다. 도리어 외환위기 이후 청년 세대는 97체제의 집중적인 희생양이 되어야 했다.

사정은 복잡하지 않았다. 앞서 말했듯 기업은 사람을 비용으로 간주하면서 일관되게 이를 줄이기 위해 골몰해 왔다. 기업은 손쉬운 구조조정 방법으로 신규 채용 수를 줄이고 그마저 상당 정도를 비정규직으로 채웠다. 청년 세대 처지에서는 취업 관문이 좁아지고 어렵사리 취업에 성공하더라도 비정규직으로 흘러 들어갈 확률이 매우 높아질 수밖에 없었다. 외환위기 이후 가장 심각하게 대두한 비정규적 문제도 청년 세대와 긴밀한 연관성이 있었다.

변화한 환경에서 청년 세대는 노력과 기회 혹은 보상 사이의 극단적 괴리에 직면해야 했다. 청년 세대의 좌절을 낳은 구조적 요인이었다. 이 사실을 제대로 이해하자면 먼저 청년 세대는 사회에 진입하기 위해 앞선 세대와는 비교할 수 없이 힘겨운 노력을 기울여 왔음을 주목할 필요가 있다.

1980년대 대학 진학률은 대략 20~30% 수준을 유지했다. 당시 대학 졸업장은 성공의 보증수표로서 확실한 효과를 발휘했다. 대학 졸업장 효과는 경제성장의 뒷받침을 받으면서 대학 교육을 일반화시키는 요인으로 작용했다. 2000년대 접어들어 대학 진학률은 한때 84%까지 치솟았고 청년 세대의 삶을 이해하는 데 매우 중요한 단서가 된다.

대학 진학률이 높아진 만큼 '좋은 대학'에 들어가기 위한 경쟁이 비례하게 세질 수밖에 없었다. 수시로 바뀌는 대학 입학 제도와 수천 가지에 이르는 입시 전형을 고려하면서 청년 세대는 피 말리는 고교 생활을 소화해야 했다. 어렵사리 대학에 진입해도 숨 돌릴 틈이 없었다. 대학은 취업 준비 기관이었을 뿐 캠퍼스 낭만은 꿈같은 이야기에 불과했다.

과거 기업체나 공공기관 취업 응시는 해당 기관에서 치르는 필기 고사가 사실상 전부였다. 청년 세대는 전혀 다른 취업 관문을 마주해야 했다. 채용 기관들은 어학 실력은 기본이고 각종 자격증과 온갖 문제 해결 능력을 요구했다. 청년 세대는 꼼짝없이 이 모두를 소화해야 했다.

대학 진학과 취업 도전은 주변 신경 쓰지 않고 단지 자신만 열심히 하면 되는 과정이 아니었다. 청년 세대는 외환위기 이후 세상을 지배한 무한 경쟁 논리의 쳇바퀴에 휘말리면서 온몸의 피를 말려야 했다. 자신 못지않게 지독히 노력하는 수많은 동료와의 경쟁에서 이겨야만 했다.

지금의 청년 세대는 대체로 부모의 절대적 영향력 아래에서 성장하고 생활해 왔다. 부모 세대는 1980년대 부모들과 달리 높은 학력과 풍부한 경험을 비축한 잘난 사람들이었다. 부모들은 청년 세대의 진로 결정에 절대적인 영향력을 행사했다. 대학 진학과 취업을 둘러싼 진로 결정은 당사자 개인의 선택보다는 '가족 프로젝트'로 진행하는 경향이 강했다.

부모들은 나름의 풍부한 지식과 경륜을 바탕으로 외환위기 이후 달라진 세상이 어떻게 돌아가는지 재빨리 간파했다. 부모들은 세상을 지배하는 무한 경쟁 논리를 증폭시켜 자녀들에게 주입했다. 논리는 당시의 살벌한 시대 상황과 맞물리면서 청년 세대의 사고를 일순간에 지배하기에 이르렀다.

청년 세대 사이에서 무한 경쟁 논리는 벗어날 수 없는 강박관념으로 작동했다. 얼마 되지 않은 좋은 일자리를 두고 동료들과 경쟁 아닌 전쟁을 벌여야 했다. 그 과정 자체가 숨 막히는 나날의 연속으로 지옥이나 다름없었다. 경쟁의 결과는 더욱 참혹했다. 열에 1~2명 정도만이 원하는 자리를 차지했다. 어쩔 수 없이 나머지는 패배자의 운명에 직면해야 했다.

경쟁에서의 패배는 극심한 낭패감과 자괴감, 모멸감을 안겨다 주었다. 현재 삶의 조건이 어떠한지는 두 번째 문제였다. 패배자의 처지가 되었다는 사실만으로도 견디기 어려운 좌절이었다.

쉼 없이 달려온 청년 세대를 기다리고 있는 운명은 쓰라리기 그지없었다. 원하는 대학에 진학하고 좁은 취업 관문을 통과해 좋은 일자리를 얻고자 밀치고 다투며 치열하게 경쟁하다가 좌절하고 쓰러지는 운명을 반복해야 했다. 마음껏 즐기고 꽃피워야 할 청춘이 숨 막히는 지옥의 레이스로 변질했다. 386세대가 꿀을 빤 세대였다면 외환위기 이후 청년 세대는 '피를 말린 세대'였다.

문제의 핵심은 다른 데 있지 않았다. 대학 진학률이 크게 높아지면서 눈높이에 맞는 '좋은 일자리' 수요는 부쩍 늘었다. 외환위기 이후 사람을 비용으로 간주하면서 좋은 일자리는 상대적으로 줄어들었다. 좋은 일자리를 둘러싼 수요와 공급 사이에 불균형이 극도로 심화해 왔다. 노력과 기회 사이의 괴리가 한층 커졌다고도 할 수 있다.

이게 전부가 아니다. 청년 세대 앞에 더욱 깊은 좌절과 분노, 증오를 폭발시키는 또 다른 벽이 버티고 있었다. 외환위기 이후 얼마 동안 청년 세대는 무한 경쟁에서 패배했을 때 자신의 노력과 능력 부족 탓이라 여겼다. 자신을 원망하며 울분의 시간을 보냈다. 2010년대를 거치며 양상이 달라지기 시작했다. 청년 세대는 신분 세습 사회가 나날이 고착화하고 있음을 온몸으로 느낄 수 있었다. 청년 세대는 무한 경쟁에서 승패를 좌우하는 최종적인 요소가 노력의 정도가 아닌 입에 물고 태어난 수저의 색깔임을 깨달았다. 무한 경쟁에서 승리해 소수의 좋은 일자리를 차지한 행운의 주인공은 대체로 부모를 잘 만났다는 공통점이 있었다. 대학 진학과 취업 관문을 둘러싼 경쟁이 치열할수록 부모 찬스가 승부를 가르는 결정적 요소로 작용했다.

폐쇄적 신분 사회로의 고착화가 진행되면서 누구나 쉽게 접근할 수 있는 계층 상승 사다리는 거의 사라지고 없다시피 했다. 다수의 청년 세대는 미래로 가는 통로가 없는 벽 속에 갇혀 버렸다.

엎친 데 덮친 격으로 집값이 폭등하면서 청년 세대의 좌절을 더욱 깊게 만들었다. 부모 찬스 없이 서울에 아파트를 장만하기가 아예 어려워졌다. 지역을 떠나 부모 도움 없이 집을 장만했더라도 엄청난 빚을 떠안는 대가를 치러야 했다. 한국은행 최영준 연구위원이 낸 보고서에 따르면 2018년 1980~1995년생의 총부채는 2000년 대비 4.3배로 급증했다. X세대(1965~1979년생)의 2.4배와 베이비붐세대(1955~1964년생)의 1.8배를 크게 웃도는 수준이었다. 주로는 내 집 마련을 위한 금융기관 대출이 늘어난 탓이었다. 1980~1995년생 부채 증가의 원인 중 주택 마련이 차지하는 비중은 2018년 34.4%로 다른 세대보다 높았다. 2030세대의 항변은 대체로 일치했다. "집값과 전월세가 너무 올라 결혼을 못해요."

여러모로 청년 세대는 미래를 기약하기 힘든 환경에 놓였다. 급기야 연애, 결혼, 출산마저 포기할 수밖에 없는 처지로 내몰렸다.

다수의 청년 세대가 'N포 세대'로 전락한 이유다.

청년 세대의 좌절이 사회 구조화하면서 부모 세대보다 못한 삶을 사는 '세대 후퇴' 가능성을 키워 왔다. 서울연구원이 2020년에 낸 보고서 〈장벽사회, 청년 불평등의 특성과 과제〉는 경제 활동을 하는 20대 청년 가운데 70% 정도는 부모의 사회·경제적 지위보다 낮아졌다고 파악했다. 미국 퓨리서치센터가 2021년 17개국 경제 전망을 조사한 결과에 따르면 한국의 경우 응답자 1,006명 중 60% 가 자식이 부모 세대보다 형편이 나빠질 것이라고 답했다. 퓨리서치센터가 2013년 처음으로 이 질문을 했을 때 같은 답을 한 응답자는 37%였다.

세대 후퇴는 그 어떤 성과로 치장한다 해도 97체제가 절대 정당화될 수 없는 체제임을 극명하게 드러내 준다. 세대 관점에서 보면 자신보다 못한 삶을 자식에게 물려준 세대는 그 자체로 실패한 세대다.

모두의 좌절로 이어질 수 있다

외환위기 이후 청년 세대는 무한 경쟁의 소용돌이를 헤쳐 나가고자 이 악물고 스펙을 쌓고 또 쌓았다. 가히 '스펙 세대'라는 명칭이 붙고도 남음이 있었다. 폐쇄적 신분 사회로의 고착화가 진행되면서 사정이 크게 달라졌다. 누구나 접근이 가능한 계층 상승 사다리가 사라진 조건에서 부모 찬스를 누릴 수 없는 다수의 청년 세대로서는 스펙 쌓기조차도 무의미해져 버렸다. 급기야 스펙 쌓기마저 포기한 '수저 세대'가 출현하기에 이르렀다.

스펙 쌓기조차 무의미해지고 있는 세상에서 다수의 청년 세대는 자포자기에 빠질 수밖에 없다. 의욕과 열정은 싸늘하게 식어 버리고 울분과 냉소, 증오가 청년 세대의 가슴 속에 들끓기 시작했다.

청년 세대의 좌절은 당사자들에게는 더 없는 불행이다. 문제는 청년 세대의 좌절이 당사자들의 문제로 그치지 않는다는 데 있다. 흔히 청년 세대를 가리켜 미래 세대라고 부른다. 미래의 주역이라는 의미다. 더불어 청년 세대의 상태가 그 사회의 미래를 결정한다는 의미를 품고 있다. 지금의 청년 세대 좌절은 한국 사회 전체의 좌절로 이어질 수 있다.

외환위기 이전에는 개방적 신분 사회가 유지되고 있는 조건에서 고도성장이 지속하며 계층 상승 사다리가 꾸준히 늘어났다. 사회 구성원은 신분 상승을 향한 뜨거운 열정을 불태웠다. 이는 고스란히 산업화와 민주화의 동시 성공을 일구어 내는 원동력으로 작용했다.

폐쇄적 신분 사회로의 고착화는 정반대의 상황을 만들어 낼 가능성을 키웠다. 폐쇄적 신분 사회로의 고착화는 다수의 청년 세대가 노력해 봐야 소용없다며 자포자기한 채 주저앉도록 만들 소지가 매우 크다. 한국 사회를 떠받쳐 온 원동력이 사그라질지도 모르는 매우 위험스러운 상황이다.

만약 한국 사회가 뚜렷한 출구를 찾지 못한 채 97체제가 계속 이어진다면 어떻게 될까? 청년 세대가 냉소와 불신에 사로잡혀 의욕과 열정을 잃어버리고 자포자기한다면 한국 사회의 미래는 어떻게 될까? 4차 산업혁명 시대를 호기 있게 헤쳐 나갈 수 있을까?

청년 세대의 좌절이 우리 모두의 문제이고 한국 사회의 미래를 좌우할 사안임을 거듭 확인해 주는 지점이 있다. 인구·지방 소멸 위기이다. 인구·지방 소멸은 사회적 양극화가 청년 세대의 좌절로 이어지는 과정에서 인구 및 공간을 매개로 빚어진 현상이라고 할 수 있다.

외환위기 이후 진행된 사회적 양극화는 수도권과 비수도권 사이의 양극화를 수반했다. 좋은 일자리가 서울과 수도권에 집중해 있으면서 청년들이 수도권으로 몰리기 시작했다. 매년 10만여 명의 청년들이 비수도권에서는 취직이 어렵다며 수도권으로 이동했다. 덩달아 기업들은 비수도권에서는 인재를 구하기 어렵다며 수도권으로 몰렸다. 악순환의 연속이었다.

수도권과 비수도권 사이 양극화가 위험수위를 넘었다. 수도권은 초고도 비만에, 비수도권은 영양실조에 걸려 있다. 2020년 기준 전체 매출액의 86.3%를 차지하는 1,000대 기업 본사 중에 753개(75.3%)가 수도권에 있다. 각종 세제 혜택을 노릴 목적으로 본사만 지방에 두고 실질적인 경영과 영업 활동을 수도권에서 진행하는 기업까지 포함하면 90%를 훨씬 상회한다. 이대로 가면 수도권과 비수도권 모두 중병에 걸려 사경을 헤맬 수도 있다.

문제는 여기서 그치지 않았다. 청년 세대와 기업이 수도권으로 몰리면서 해당 지역의 집값과 주거비가 폭등했다. 그 영향은 청년 세대가 결혼과 출산을 포기할 정도로 파괴적이었다. 한국의 합계 출산율은 2023년 현재 0.7명으로 세계 최저 수준이다. 그중에서도 서울은 0.5명으로 가장 낮다. 생물학적 관점으로 보자면 서울은 멸종위기 단계에 진입했다고 볼 수 있다. 시중의 이야기대로 먹이가 부족해 서울로 갔으나 둥지가 없어 알을 못 낳는 격이다.

이대로 가면 인구·지방 소멸이 함께 진행되면서 궁극적으로 국가마저 소멸할 수도 있다. 해답은 단순 명료하다. 청년 세대가 비수도권에서도 충분히 실력을 키우며 좋은 일자리를 구할 수 있어야 한다. 97체제 종식을 바탕으로 한국 사회가 전면적 혁신으로 나아갈 때 가능한 일이다.

청년 세대의 좌절은 97체제가 배태한 현상이자 한국 사회의 미래를 규정하는 요소이다. 청년 세대 좌절을 개별 사안으로 분리해 접근해서는 해결을 기대할 수 없다. 청년 세대 좌절, 인구·지방 소멸, 97체제는 서로 분리할 수 없는 관계에 있다. 총체적 시각을 유지할 필요가 있다.

지극히 비관적인 상황에서도 다행스럽고 고마운 일은 청년 세대 스스로 낡은 질서를 뚫고 나아가고자 몸부림치고 있다는 사실이다. 현실을 향한 분노와 증오는 청년 세대가 무한 경쟁 논리에서 벗어나고 있음을 시사해 준다. 더 이상 모든 문제를 자신의 노력과 능력 부족 탓으로 돌리지 않음을 말해 준다. 한 걸음 더 나아가 2008년 촛불시위와 촛불혁명을 통해 자신 안에 97체제 이후 새로운 시대를 열 거대한 잠재력을 비축해 왔음을 입증했다.

정녕 역사의 변증법이던가? 청년 세대는 97체제의 집중적인 희생양으로 전락했다. 청년 세대는 자신의 의지와 무관하게 97체제와 화합하기 어려운 처지가 되었다. 지극히 결과론적인 이야기일 수 있지만 97체제는 청년 세대를 자신의 무덤을 팔 적으로 만들어 왔다.

청년 세대는 고통스러운 삶을 헤쳐 나오면서 새로운 에너지를 비축해 왔다. 마침내 97체제를 극복할 핵심 동력으로 부상하기에 이르렀다. 청년 세대 눈빛 속에 새로운 미래가 반짝이고 있다.

8장

임계점을 넘은 저성장, 모두의 생존 위기

민주화 이전 권위주의 독재 시기에 노동자들은 줄곧 일방적 희생을 강요받는 처지였다. 노동자의 희생을 정당화하고 합리화시켰던 논리는 '선성장 후분배'였다. 일단 파이를 키우는데 집중한 다음 커진 파이를 나누는 게 결과적으로 이익이 된다는 논리였다.

한국 경제는 고도성장을 지속했고 1987년 이후 노동자들은 투쟁을 통해 커진 파이를 나눌 수 있었다. 덕분에 노동자들도 과거 출세의 징표였던 자가용 승용차도 보유할 수 있었다. 최종 결과만을 놓고 보면 산업화 시기 통용되었던 선성장 후분배 논리는 일말의 타당성이 있었던 셈이다.

외환위기 이후 비정규직과 청년 세대에게 지금 겪고 있는 희생을 선성장 후분배 논리로 정당화할 수 있을까? 정당화가 성립하자면 경제가 일정 수준에서 지속적인 성장을 구가해야 했다. 이 지점에서 외환위기 이후 한국 경제는 치명적인 약점을 드러냈다.

김영삼 정부 시기 6%대였던 연간 경제성장률은 정부가 바뀔 때마다 1%p씩 내려앉았다. 김대중 정부 때는 5%대, 노무현 정부 때는 4%대, 이명박 정부 때는 3%대, 박근혜 정부 때는 2%대로 내려앉았다. 문재인 정부 때는 평균 2%대 초반을 가까스로 유지했으나 상당 정도 정부 재정 확대에 따른 결과였다. 저성장 기조가 구조화·장기화했음을 말해 준다. 윤석열 정부에 와서 상황은 한층 심각해졌다. OECD에 따르면 2023년 세계 경제 성장률은 3.1%였다. 한국은 그 절반도 안 되는 1.4%에 그쳤다. 저성장이 임계점을 넘어섰다.

잠재성장률 추이를 보면 문제의 심각성이 한층 뚜렷해진다. 2011년 이후 13년 동안 잠재성장률은 한 차례의 반등도 없이 내리 감소했다. OECD 38개국 중 유일한 경우였다.

2022년 이후 미국은 막대한 외국인 투자 유치로 고성장을 유지했다. 2022년 미국 투자에서 한국은 상위 10개국 몫의 26%를 차지해 압도적 1위를 차지했다. 2023년 일본은 모처럼 경기 회복 국면을 맞이했다. 상당 정도 엔저 흐름을 타고 한국 관광객이 폭주한 덕분이었다.

한국은 미국과 일본의 경기를 살리는 1등 공신이 되었다. 정작 자신은 바닥을 기었다. 해괴하기 그지없는 현상이었다. 원인이 무엇인지 심층 분석이 요구되는 대목이 아닐 수 없다.

벗어나기 힘든 숙명의 굴레, 경제성장

낮은 경제성장률을 두고 다양한 해석이 나왔다. 한편에서는 선진국의 선례처럼 고도성장 시기의 마감을 자연스러운 과정으로 보기도 했다. 생태 근본주의 관점에서 저성장을 바람직한 현상으로 보는 시각도 있었다. 이제는 성장이 아니라 성숙에 치중해야 한다는 주장도 많았다. 이래저래 아직도 성장에 집착하느냐며 짜증을 내는 사람이 꽤 많았다.

안타깝지만 우리는 자본주의 세계 안에 살고 있다. 자본주의와 성장은 서로 분리 불가능한 관계다. 성장 없는 자본주의란 존재할 수가 없다. 자본의 본질적 속성에서 그 이유를 찾을 수 있다. 자본은 이윤 획득을 통해 자기 증식하는 재화이다. 자본의 자기 증식 과정을 '자본 축적'이라 표현하기도 한다. 자기 증식하는 존재로서 자본에는 근대 이전 사회의 자원과 구별되는 세 가지 특징이 있다.

첫째, 성장을 기반으로 자기 증식을 추구했다. 근대 이전 사회에서 경제의 중추적 기능을 담당했던 농업은 1인당 생산량 증가 폭이 거의 제로에 가까웠다. 총량이 증가하더라도 인구 팽창과 경작지 확대에 따른 결과였다. 제로 성장은 곧 추가적인 부의 창출이 거의 없었음을 의미했다. 《사피엔스 Sapiens: A Brief History of Humankind》의 저자 유발 하라리 Yuval Noah Harari의 지적대로 부의 축적은 오직 다른 사람 몫을 강탈함으로써 이루어질 수 있었다. 근대 이전 많은 문화권에서 부의 축적을 죄악으로 간주했던 이유였다. "부자가 천국에 들어가기는 낙타가 바늘구멍을 통과하기보다 어렵다."라는 예수의 이야기도 같은 맥락에서 이해할 수 있다.

자본은 이 점에서 확연히 달랐다. 자본은 농업이 아닌 공업을 주된 활동 기반으로 삼았다. 각종 공업 시설은 대표적인 자본의 존재 양식이었다. 자본을 체화한 공업은 혁신을 통한 생산성의 지속적 상승을 이룰 수 있었다. 추가적인 부의 창출 즉 성장을 기반으로 부를 축적했다. 자본은 파이를 키우는 조건에서 자기 증식을 추구할 수 있었다. 자기 증식을 속성으로 삼는 자본과 성장 지향적인 공업의 특성이 절묘한 조화를 이루었다.

공업에서 성장과 혁신은 한 몸이었다. 공업의 성장은 혁신을 통해 가능했으며 혁신은 성장이 이루어지는 조건에서 가능했다. 이 과정에서 자본은 성장의 촉진제이자 혁신의 자극제로 기능했다.

제로 혹은 마이너스 성장이 유지된다면 추가적인 부를 획득할 수 없기에 혁신을 꾀할 동기도 사라져 버린다. 혁신이 사라진다면 해당 기업이나 국가 경제는 경쟁력 상실과 함께 몰락의 운명을 피할 수 없다. 자본주의가 성장을 멈출 수 없는 결정적 이유이다. 슘페터Joseph Alois Schumpeter는 성장을 멈춘 정태적 자본주의는 존재할 수 없다고 했는데 바로 이러한 맥락에서였다.

둘째, 자신의 많은 부분을 재투자했다. 근대 이전의 부자들은 소득 전부를 사치와 향락에 낭비했다. 재투자라는 개념이 머릿속에 아예 존재하지 않았다. 재투자 대상도 딱히 없었다. 자본은 이 점에서 확연히 달랐다.

자기 증식을 추구하는 자본은 재투자가 태생적 속성이었다. 자본은 재투자를 통해 생존 능력을 강화할 때만이 치열한 시장 경쟁에서 살아남아 자기 증식을 이어갈 수 있다. 재투자 없이 모두 낭비하다가는 생존 능력을 잃고 퇴출당할 수밖에 없다. 자본의 일관된 재투자는 생산의 지속적 확대를 수반했다. 자본의 재투자는 확대재생산의 증폭제로서 경제성장을 촉발했다.

셋째, 생산성 경쟁을 압박해 부의 민주화를 실현했다. 근대 이전 부자들은 각종 배타적 특권을 누렸다. 이동 수단으로서 가마나 마차는 그 대표적인 예였다. 평민들에게는 가마나 마차를 이용할 권리조차 허락하지 않았다. 자본은 이 점에서 확연히 달랐다.

자기 증식을 추구하는 자본은 더 많은 이윤 획득을 목표로 매출 확대를 압박했다. 기업은 매출 확대를 위해 더 좋은 제품을 더욱 싸게 공급하고자 생산성 경쟁을 벌였다. 결과적으로 부를 민주화했다. 대표적인 예로 스타킹을 꼽을 수 있다. 과거 스타킹은 유럽 귀족들이 애용한 사치품이었지만 부의 민주화로 누구나 보유할 수 있는 소비재가 되었다. 과거 특권층만 이용했던 가마나 마차도 자가용 승용차 형태로 대중화되었다.

부의 민주화 덕에 자본의 더 많은 이유 추구가 더욱 많은 사람이 성장의 과실을 누리는 결과로 이어졌다. 자본주의가 온갖 문제에도 대중의 지지를 바탕으로 끈덕지게 살아남은 배경이기도 했다.

생산성 경쟁을 통한 부의 민주화는 더 많은 사람에게 더 많은 재화를 안겨다 주었다. 필연적으로 더욱 많은 생산과 더욱 많은 소비를 촉진했다. 자본주의 사회에서 고질적 병폐로 지목해 온 과잉생산, 과소비는 벗어나기 어려운 숙명의 굴레였다. 이 또한 경제성장을 촉발하는 과정이었다.

우리가 자본주의 체제 안에 머물러 있다면 경제성장은 벗어날 수 없는 숙명의 굴레일 수밖에 없다. 숙명의 굴레에서 벗어나려면 궁극적으로 자본주의 틀에서 벗어날 수 있어야 한다.

인류 생존을 위협하는 기후 위기는 성장의 쳇바퀴에서 서둘러 벗어나기를 재촉하고 있다. 자본주의 체제에 대한 비판적 시각을 견지하면서 새로운 세계를 적극적으로 상상할 때가 되었다.

문제는 자본주의 이후 새로운 세계를 준비하지 않은 채 섣불리 성장을 포기하거나 소홀히 하다가는 경제 파탄으로 치달을 가능성이 매우 크다는 데 있다. 안타깝지만 인류 사회는 성장 없이 높은 삶의 질을 보장할 새로운 경제 모델을 아직 개발하지 못했다. 자본주의를 넘어서야 할 필요성과 그렇지 못하는 한계 사이에서 최대한의 긴장을 유지할 필요가 있다.

정상적이지 않은 저성장 장기화의 원인

외환위기 이후 저성장의 구조화 장기화 현상을 비판적으로 해부해야 할 분명한 이유가 있다. 무엇보다도 저성장의 구조화 장기화의 원인이 정상적이지 않기 때문이다. 종합적으로 보면 저성장의 구조화 장기화는 97체제 지배가 빚어낸 집약적 결과라고 할 수 있다. 외환위기 이후 저성장의 구조화 장기화를 불러일으킨 요인으로는 크게 세 가지를 꼽을 수 있다.

저성장 구조화 장기화 첫 번째 요인으로 주주자본주의 시스템

작동으로 인한 기업의 투자 위축을 들 수 있다. 주주자본주의가 본격 작동하면서 주식시장이 기업에 자금을 공급하기보다 거꾸로 기업의 자금을 추출하는 역할을 하기에 이르렀다. 2003년 한 해 동안만 보더라도 국내 상장 기업들은 주식시장으로부터 11조 1,686억 원을 조달한 데 반해 배당, 자사주 매입 형태로 주식시장에 15조 1,557억 원을 분배했다. 약 4조 원의 자금이 기업에서 주식시장으로 빠져나간 셈이었다. 뿐만이 아니었다. 기업들은 국제금융자본의 적대적 입수합병 위협에 대비한 경영권 방어용으로 상당 규모의 자금을 하릴없이 금고에 비축해 두어야 했다.

이 결과로 기업의 투자 능력이 크게 떨어졌다. 1990~1997년 37%에 이르렀던 기업의 평균 투자율은 2000년 이후 25% 수준으로 하락했다. 경제성장을 좌우하는 설비투자는 한층 심각했다. 산업은행이 발간한 〈한국의 설비투자〉에 따르면 2005년 국내 설비투자 금액은 모두 78조 원으로 1996년보다 1조 원 늘어난 데 불과했다. 10년 동안의 증가율이 겨우 1.3%에 그쳤다.

저성장 구조화 장기화의 두 번째 요인으로 사회적 양극화 심화에 따른 소비 시장 위축을 들 수 있다. 1987년에서 외환위기 이전 10년 동안 노동자들의 임금은 꾸준히 상승했다. 임금 상승은 '소비지출 증가 – 소비 시장 확대 – 기업 매출 증가 – 임금 상승'으로 이어지면서 경제성장을 자극하는 선순환 효과를 낳았다. 그러던 추세가 외환위기를 거치면서 크게 달라졌다.

사회적 양극화 심화는 두 측면 모두에서 소비시장 위축을 불어왔다. 머니 게임에 취해 있던 엘리트 세계는 소득의 많은 부분을 재투자했다. 소득에서 차지하는 소비지출 비중이 떨어질 수밖에 없었다. 반대편에 있는 다수의 민초는 소득 대부분을 소비에 지출할 정도로 소비 지수가 높았더라도 소득 상승의 정체로 소비지출이 억제될 수밖에 없었다.

두 가지 흐름은 소비시장과 기업 매출을 연쇄적으로 위축시키면서 경제성장 둔화로 이어졌다. 경제성장 둔화는 임금 상승 억제로 사회적 양극화를 재차 심화시키는 악순환을 낳았다.

악순환의 결과이면서 악순환을 더욱 증폭시키는 요소로서 가계 부채 급증을 들 수 있다. 2014년에는 한 자릿수였던 가계부채 증가율은 2015년에 10.9%, 2016년에 11.7%로 두 자릿수로 오르며 가속도가 붙었다. 총액 기준으로는 2020년 1,700조 원을 넘어섰다. 가구당 평균 부채는 8,000만 원 수준이었다. 2021년 한국의 가계부채는 GDP 대비 105%에 이르면서 세계 최고 수준을 기록했다. 내막을 파고들면 상황은 더욱 심각했다.

가처분 소득은 세금 등을 내고 실제 쓸 수 있는 돈을 뜻하는데 가처분소득 대비 원리금 상환액 비율[DSR]은 2016년 평균 26.6%에 달했다. 손에 쥔 돈이 100만 원이라면 27만 원가량을 빚 갚는 데 썼다는 뜻이다. 2011년 17.2%에 비해 매우 큰 폭으로 증가한 수치였다. 금융 부채가 금융자산보다 많고 원리금 상환액 비율이 40%가 넘는 '한계가구'는 2016년 160만 가구로 추산되었다.

종합하면 이렇다. 부족한 수입을 보충하기 위해 빚을 얻어 쓴 결과 가계 부채가 빠르게 늘어 왔다. 그 부채를 갚는데 많은 돈을 들이다 보니 소비지출 능력은 더욱 위축되었다. 이는 고스란히 소비시장을 더욱 위축시키고 경제성장을 둔화시키는 결과를 초래할 수밖에 없었다. 한국 경제가 가계 부채에 발목 잡혀 저성장의 수렁 속으로 빠져든 형국이었다.

저성장의 구조화 장기화의 세 번째 요소로서 생산성 하락을 들 수 있다. 가장 중요한 요소일 수도 있다. 한국은 전형적인 수출 주도형 경제 나라다. 경제성장이 수출 경쟁력에 의해 좌우될 수밖에 없다. 수출 경쟁력이 꾸준히 강화되었다면 기업 투자와 소비시장의 위축마저 일정하게 극복할 수 있었다. 문제는 수출 경쟁력이 계속 약화해 왔다는 데 있었다. 수출증가율은 2002~2007년 16.2%, 2007~2012년 12.7%, 2012~2017년 0.5%로 연거푸 하락해 왔다.

급기야 2023년에 이르러서는 OECD 중 가장 큰 폭으로 수출이 감소하기에 이르렀다. 수출에 절대적으로 의존해 나라로서 생존이 위협받는 상황에 직면한 셈이다.

전 세계적인 수요 둔화와 중국의 추격이 수출 경쟁력 약화의 외적 요인으로 작용한 점은 어느 정도 사실이었다. 문제의 근원은 대외적 어려움을 극복할 수 있을 만큼 생산성이 오르지 않았다는 데 있었다. 실제로 외환위기 이후 생산성 상승 폭은 줄곧 둔화해 왔다.

대표적인 생산성 지표로서 부가가치 증가와 노동생산성 상승을 들 수 있다. 외환위기 이전 고도성장 시기에 두 가지 지표는 10%를 넘을 만큼 높은 수준을 기록했다. 외환위기 이후 두 가지 지표는 한 자리 수로 내려앉았을 뿐만 아니라 시간이 흐르면서 계속 하락을 거듭했다.

허정·박정수 교수팀의 연구 결과에 따르면 부가가치 증가율과 노동생산성 상승은 2002~2007년 8.4%와 4.1%, 2007~2012년 6.2%와 3.1%, 2012~2017년 마이너스 0.3%와 마이너스 0.9%를 기록했다. 10대 주력산업 양상을 보면 반도체를 빼고 모두 산업 평균을 웃도는 큰 폭으로 하락했다. 가히 수직 하락을 했다고 해도 과언이 아닐 정도의 추세를 보였다.

한국생산성본부 통계 자료 또한 노동생산성 추이가 매우 심각한 수준임을 알려 주고 있다. 2015년 100을 기준으로 했을 때 노동생산성은 2013년 104.8, 2014년 102.4, 2015년 100, 2016년 100.5, 2017년 100.5, 2018년 99.2, 2019년 97.4, 2020년 92.9, 2021년 97.7이었다.

어느 모로 보나 생산성이 정체와 퇴보를 반복해 왔음은 매우 분명 보인다. 중국의 맹추격 등 대외 환경을 고려하면 한국은 뜀박질해도 부족한데 거꾸로 뒷걸음질한 셈이다.

치명적 독소, 식어 버린 의욕과 열정

생산성 정체는 여러 요인이 작용한 복합적 결과일 수 있다. 절대 빼놓을 수 없는 어쩌면 가장 중요한 요인은 머니 게임을 부추기고 사람을 비용으로 보는 신자유주의 사상문화의 지배일 수 있다.

한국 경제에 내재한 커다란 의문이 하나 있다. 한국은 4차 산업혁명 시기 관건 요소인 IT 인프라에서 세계 최고 수준을 자랑해 왔다. 인구 대비 연구 인력과 GDP 대비 연구개발 투자R&D에서도 세계 최고 수준을 유지했다. 생산성이 충분히 오를 수 있는 환경이었다.

한국은 블룸버그가 매년 발표하는 블룸버그 혁신 지수에서 2019년을 제외하고 2021년까지 8년 동안 내리 1위를 차지했다. 2019년은 독일에 이어 2위였다. EU집행위가 발표하는 혁신 지수에서도 한국은 내로라하는 유럽 국가들을 제치고 1위 자리에 이름을 올렸다.

이 모든 요인을 고려하면 한국은 혁신 동력을 바탕으로 생산성이 지속해서 상승했어야 했다. 생산성은 상승하기는 고사하고 장기간 정체와 퇴보를 거듭했다. 이유가 무엇일까?

문제 근원의 단서를 제공한 곳이 있다. 유럽디지털경쟁력센터이다. 유럽디지털경쟁력센터는 2017년 이후 3년간에 걸친 140개국 디지털 경쟁력 추이를 분석해 발표했다. 한국은 8위를 기록했다. 한국은 두 가지 분석 지표 중 생태계 환경에서는 플러스 18점을, 사고방식에서는 마이너스 17점을 받았다. 4차 산업혁명에 맞지 않는 후진적 사고방식이 발목을 잡고 있다는 이야기이다. 사상문화에 문제가 있음을 암시해 준다.

외환위기 이후 기업 관계자들 대부분은 사람을 철저하게 비용으로 간주할 때 경영 효율성이 높아질 수 있다고 믿어 왔다. 믿음은 모두가 당연시하고 받아들인 확고한 통념으로 굳어졌다.

기업 경영의 관점에서 효율성을 중시하는 태도에 이의를 달 필요는 없어 보인다. 문제는 사람을 철저하게 비용으로 간주함으로써 경영 효율성이 실제로 높아졌는가에 있다.

한국은행 분석에 따르면 노동생산성 정체의 주요 원인은 총요소생산성 증가율 하락에 있었다. 총요소생산성은 노동과 자본의 투입을 제외한 생산성 증가분을 의미한다. 경영 혁신 등의 요인이 미친 영향을 보여 주는 지표이다. 결론적으로 경영 효율성이 개선되지 못했음을 말해 준다.

사람을 철저하게 비용으로 간주하면 경영 효율성이 높아질 수 있다는 믿음과 실제 결과는 상당히 다르게 나타났다. 경영 효율성이 개선되지 못한 이유에 대한 정밀 분석 자료는 아직 보이지 않는다. 우리는 지극히 상식적 차원에서 중요한 원인을 찾아낼 수 있다.

4차 산업혁명 시대에는 사람에 드는 비용을 줄일 때 산출 또한 그 이상의 상대적 감소를 겪을 수 있다. 비용 절감에도 불구하고 경영 효율성이 떨어질 수 있다는 이야기다. 왜 그럴까?

뒤에서 자세히 살펴볼 예정이지만 4차 산업혁명 시대에는 지식과 감성, 상상력으로 구성되는 인간의 창조력이 가치 창출의 주요 원천으로 기능한다. 창의성이 생산성을 좌우한다. 작업자가 의욕과 열정을 갖고 창의적 능력을 마음껏 발휘할 때 생산성이 오를 수 있다. 작업자가 의욕과 열정이 식은 상태에서 아무 생각 없이 임하면 나올 수 있는 게 별로 없다. 과연 사람을 철저히 비용으로 간주하면서 물건 취급이나 하고 심하게는 일회용 소모품처럼 다루는 환경에서 작업자가 의욕과 열정을 갖고 마음껏 능력을 발휘할 수 있을까?

돈에 최고의 가치를 부여하고 돈을 쉽게 빨리 많이 버는 행위를 높여 평가해 주는 머니 게임 활성화 또한 생산 활동 종사자들의 의욕과 열정을 앗아가는 요인으로 작용할 수 있다. 정운찬 전 총리가 지적한 대로 머니 게임 활성화는 열심히 일해 돈 버는 사회 풍조를 망가뜨린다. 머니 게임으로 일확천금을 거두는 상황에서 어느 누가 생산성 향상의 고달픔을 감내하겠는가?

이 모두는 청년 세대의 좌절이라는 치명적 현상을 일으키기에 이르렀다. 4차 산업혁명 시대 청년 세대는 혁신을 주도함으로써 성장의 엔진 구실을 해야 할 존재이다. 그런 청년 세대가 의기소침, 자포자기 상태에 빠져 있다. 청년 특유의 열정과 투지를 제대로 발휘하지 못하고 있다. 한국 경제가 치명적 엔진 고장으로 미래를 향해 질주하기 어려운 처지가 되었다.

전반적으로 볼 때 신자유주의 사상문화가 지배하는 환경에서 생산 활동 종사자들이 의욕과 열정을 불태우기는 여간해서 쉽지 않다. 4차 산업혁명 시대 필수적인 혁신 동력 확보가 쉽지 않다는 이야기다. 생산성 정체와 퇴보는 이를 집약적으로 보여 주는 징표일 수 있다. 오늘날의 한국을 있도록 한 근본인 사람의 힘, 민초의 힘이 짓뭉개졌음을 말해 준다.

공멸의 위기에서 탈출, 상생의 길로

그 누구도 과거 한국 경제가 자랑했던 고도성장의 재현을 꿈꾸지 않는다. 가능한 일도 아닐뿐더러 꼭 그럴 필요도 없다. 그렇더라도 저성장의 구조화 장기화는 심각한 문제가 있다.

저성장의 구조화 장기화는 두 가지 의미에서 미래의 꿈을 앗아갔다. 선성장 후분배 논리에 따른 분배의 가능성마저 사라졌다. 선성장이 없으니 후분배를 기대할 수 없다. 저성장 여파로 좋은 일자리가 줄고 중산층이 갈수록 감소하면서 계층 상승 사다리를 오르기도 어려워졌다. 이 모두는 새롭게 사회에 진입한 청년 세대에게는 치명적 현상이 아닐 수 없었다.

외환위기 이후 저성장의 구조화 장기화는 원인과 결과 모든 측면에서 정상적 현상이 아니었다. 한국 경제가 외부로부터 유입된 신자유주의 독소에 감염된 이후 장기 기저 질환을 앓으며 기초 체력이 심각히 저하한 결과였다. 반드시 치유해야 할 비정상적 증상이다.

무엇보다도 저성장이 임계점을 넘으면서 나라의 생존이 위협받기에 이르렀다. 저성장은 상당 정도 생산성 저하로 인한 수출 경쟁력 약화의 결과이다. 수출 경쟁력이 빨간불을 반짝거리고 있다. 강력한 경쟁 상대로 돌변한 중국이 거의 모든 분야에서 추월할 수도 있는 상황이다. 한국은 전형적인 수출주도형 국가이다. 자칫 한국 경제의 추락이 현실화할 수도 있다.

이 모두를 고려할 때 임계점을 넘은 저성장은 그 누구도 자유롭지 않은 전국민적 문제일 수 있다. 함께 망할 수도 있는 위태로운 상황이다. 문제의 근원은 97체제이다. 신자유주의 사상문화에 기반을 둔 97체제가 사회적 양극화를 심화시키면서 각종 문제를 파생했다. 마침내는 우리 모두의 생존을 위협할 수준의 저성장으로

귀결되었다. 97체제 종식이 더 이상 방치하거나 회피할 수 없는 국민 모두의 과제로 떠 올랐음을 알려 준다.

함께 망하는 공멸의 길에서 벗어나 함께 사는 상생의 길을 찾아야 한다. 계급 계층 진보 보수 진영의 차이를 넘어 국민 모두 힘을 합쳐 97체제 극복에 나서지 않으면 안 되는 상황이다.

2부

혼돈 속의 방황

9장

자취가 묘연해진 경제민주화운동

스스로 보수 우파에 속한다고 여기는 사람들은 대체로 신자유주의 사상문화를 내면화한 정도가 강한 편이다. 97체제에 대한 비판의식이 비교적 약하고 97체제를 정상 체제로 보는 경향이 강하다. 이런 이유로 보수 우파가 97체제 종식을 주도하기는 쉽지 않다.

스스로 진보적이라고 생각하는 사람들은 신자유주의 사상문화의 감염 정도가 상대적으로 덜하다. 설령 감염되었다 해도 스스로 치유할 자정 능력이 웬만큼 있다. 그런 점에서 진보 세력이 97체제 극복을 주도할 확률이 높은 게 사실이다. 하지만 그럴 능력을 충분히 지니고 있는가 여부는 전혀 다른 문제이다. 이 지점에서 지나온 과정에 대한 철저한 성찰이 요구된다.

그동안 진보 세력은 97체제를 극복하고자 나름 다양한 노력을 기울였다. 하지만 의미 있는 성공을 거둔 예는 거의 없다. 사회적 양극화 및 저성장을 해소해 주리라 믿었던 처방들이 기대했던 효과를 낳지 못했다. 진보 세력 역시 97체제 극복을 둘러싸고 방황을 거듭했다. 도대체 원인이 무엇이었던가? 경제민주화 운동, 복지국가 담론, 문재인 정부 경제정책 등을 둘러싸고 벌어졌던 현상을 잇달아 살펴보도록 하자.

1987년 민주화 성공과 외환위기 등을 거치며 가장 먼저 정착한 진보적 담론은 경제민주화였다. 경제민주화는 대기업에 쏠린 부의 편중 현상을 제도적으로 완화하자는 주장을 통칭하는 말이다. 문재인 정부 출범 초기 때 경제민주화운동 선봉장이라 말할 만한 김상조 전 청와대 정책실장이 공정관리위원장으로 취임하기만 하면 문재인 정부는 성공을 기약할 수 있다는 이야기가 나돌았다. 경제민주화를 제대로 추진하면 97체제의 각종 부작용을 치유할 수 있다는 낙관론이 은연중에 작용하고 있었다. 경제민주화에 대한 확신과 기대가 그만큼 컸다.

시중의 기대대로 김상조 전 청와대 정책실장은 공정관리위원장으로 취임됐다. 몇 년의 세월이 흘렀다. 하지만 결과는 이상했다. 시간이 흐를수록 경제민주화에 관심을 보이는 사람을 찾아보기 힘들어졌다. 경제민주화가 97체제 극복의 지름길이라고 말하는 사람은 더욱더 발견하기 힘들었다. 2023년 현재 경제민주화 담론은 어디에서 어떻게 움직이는지 자취조차 찾기 어렵다.

표적이 된 재벌의 독점 지배 체제

경제민주화 담론은 1987년 민주화 운동 승리의 여파로 자연스럽게 형성되었다. 정치를 민주화했으니 경제도 민주화해야 한다는 지극히 소박한 바람의 결과라고 할 수 있었다.

경제민주화 대상도 뚜렷해 보였다. 정치 분야에서 민주화 투쟁 대상이 군부독재였듯이 경제민주화 대상으로 재벌이 존재했다. 재벌은 경제 분야에서의 독재 체제였다. 단지 독재를 독점이라는 용어로 표현해 왔을 뿐이었다. 경제민주화 담론은 재벌의 독점 지배 극복으로 모여졌다.

재벌은 '총수 일가가 소유 지배하는 다각화한 기업집단'이다. 그런 점에서 독립 경영을 하는 포스코나 국민은행, 총수가 지배하지 않았던 외환위기 이전의 기아 그룹은 재벌이라고 볼 수 없다.

재벌 그룹을 실질적으로 지배해 온 총수는 황제나 다름없는 존재였다. 계열사 경영과 관련해 총수와 전문 경영인 사이에 의견이 엇갈리면 언제나 총수 의견을 우선했다. 재벌 총수들은 과거 황제들처럼 부와 지위, 권력을 고스란히 자녀들에게 세습하는 관행을 유지해 왔다.

재벌은 한국 경제를 쥐고 흔들어 왔다. 재벌로의 경제력 집중이 매우 심각했다. 단적으로 30대 재벌 그룹 자산·매출은 국가 경제의 3분의 1을 넘어서 있다. 범삼성가 5대 그룹의 비중만도 10% 가까이 된다. 제조업 매출에서 10대 재벌 그룹 매출이 차지하는 비중은 절반 가까이 이른다.

재벌은 막강한 경제력을 바탕으로 언론, 문화, 교육 등 사회 각 분야로 지배 영역을 넓혀 왔다. 마침내는 국가 기구의 심장부마저 자기 발아래 두기 시작했다. 관료 상층부는 정치권보다는 재벌 눈치를 먼저 살핀다. 재벌이 퇴임 이후 고액 연봉을 보장해 주는 점도 크게 작용한다. 재벌이 명실상부한 한국 사회의 실질적 최강자로 자리 잡은 셈이다.

그동안 재벌 기업들은 중소 협력 업체 납품 단가를 최대한 낮추어 왔다. 매년 단가를 깎아 온 경우가 허다했다. 아울러 문어발 확장으로 중소기업 영역을 거침없이 잠식했다. 계열사들끼리 일감 몰아주기식으로 다른 중소기업이 설 땅을 빼앗아 버리기도 했다. 기업형 슈퍼마켓을 앞세워 골목 상권까지 파고들어 영세 상인들마저 초토화시켜 왔다.

재벌 기업들의 기술 탈취는 악명이 높았다. 중소·벤처기업이 천신만고 끝에 새로운 제품 개발에 성공하면 개발팀을 통째로 빼간 뒤 자신들이 출시하기도 했다. 중소·벤처기업의 싹을 거침없이 잘라 온 셈이다. 창업주는 막대한 부채를 안은 채 일순간에 나락으로 굴러떨어져야 했다.

여러모로 재벌은 경제민주화의 대상이 될 수밖에 없기에 자연스럽게 경제민주화 담론은 재벌의 독점 지배를 극복하는 데 초점을 맞추었다. 시민단체와 정치권을 중심으로 재벌 지배를 극복하기 위한 다양한 노력을 전개하였다. 관련 제도를 개선하는 노력도 병행했다.

그로부터 상당한 시간이 흘렀다. 어느 순간부터 경제민주화 담론은 사람들의 관심사에 멀어지기 시작했다. 두 가지 측면에서 원인을 찾을 수 있다. 경제민주화가 상당한 성과를 거두면서 더 이상 절박한 과제로 여기지 않을 수 있다. 거꾸로 재벌이 적절한 대응으로 경제민주화 담론을 무력화시켰을 수도 있다. 두 측면 모두 존재했을지 모른다.

경제민주화의 성공 혹은 무력화

경제민주화론에 대한 가장 흔한 비판은 문제를 일국적 시각에서 접근한다는 점이었다. 비판론자는 재벌에 대한 정확한 평가는 세계 시장에서 재벌의 역할을 함께 볼 때 이루어진다고 본다.

한국은 세상에서 가장 가난한 나라에서 출발해 산업화를 일구었다. 한국은 기존 선진국과 달리 식민지 수탈을 통한 자본 축적의 역사가 전혀 없었다. 홍콩, 타이완과 같은 막강한 화교 네트워크도 없었다. 말 그대로 아무것도 없이 맨몸으로 출발해야 하는 처지였다. 한국은 최악의 조건에서도 다른 개발도상국과 사뭇 다른 길을 걸었다. 처음부터 철강, 조선, 자동차, 전자 등 선진국의 아성에 과감히 도전했다. 주어진 국제분업 체계에 안주하다 중진국 함정에 빠지는 길을 걷지 않았다. 처음부터 세계 시장을 무대로 선진국 기업들과 맞대결을 펼쳤다.

바로 여기서 재벌 체제가 상당한 기능을 발휘했다. 재벌은 계열사들끼리 서로 감싸 주고 밀어 주면서 국제 경쟁력을 키울 수 있었다. 힘을 집중하기도 하고 위험을 분산하기도 했다. 외환위기 이후에는 국제 투기 자본의 공격에 맞서 효과적인 방어 체제로 기능하기도 했다. 국민은행이나 포스코처럼 독립 기업들은 국제 투기 자본에 심하게 휘둘려야 했다.

　재벌 체제의 특징으로서 총수가 직접 진두지휘하는 오너 경영을 들 수 있다. 총수들은 절대 권력을 발휘하며 망해도 내가 망한다는 각오로 무서운 돌파력을 발휘했다. 전문 경영인은 엄두조차 못 낼 결단을 내렸으며, 임기가 없는 조건에서 유례를 찾아보기 힘든 장기전을 펼치기도 했다.

　삼성은 불황기를 맞이해 선진국 기업들이 몸을 움츠릴 때 정반대의 길을 걸었다. 세계 반도체 산업이 극심한 불황기에 시달리던 1987년 이후 삼성은 4년 연속 연평균 3억 9,600만 달러를 반도체 개발에 투자했다. 당시 일본 4대 반도체 회사 투자액을 합친 액수보다 2.8배나 많았다. 삼성은 반도체 개발에 착수한 지 17년 만에 메모리 반도체 세계 1위에 올라섰다. 그 사이 천문학적인 적자가 누적되었건만 그룹의 전폭적인 지원으로 버틸 수 있었다.

　현대중공업은 조선업 장기 불황이 시작하던 1970년대 중반 세계 최대 규모인 100만 DWT급(재화중량톤수) 조선소를 준공했다. 한국의 조선 산업이 일본을 제치고 세계 1위로 올라설 발판을 마련했다. LG화학은 2차 전지 분야에서 세계 최고 경쟁력을 갖추는 데 성공했다. 뚜렷한 성과가 없음에도 장기 비전을 갖고 지속적인 투자를 했기에 가능한 결과였다. 현대자동차는 수많은 실패와 좌절에도 굴하지 않고 30년간에 걸친 도전 끝에 세계 자동차 산업 선두 그룹에 진입했다. 2022년에 이르러서는 매출액 기준 글로벌 톱3에 올랐다. 과거 자신을 발끝의 때로도 여기지 않았던 미국의 GM과 포드마저 제쳤다. 이 모두는 재벌 총수의 결단과 지휘가 없었다면 도무지 불가능한 결과라고 할 수 있다.

오늘날 세계 각국은 반도체와 2차 전지(배터리)를 둘러싸고 전쟁을 벌이다시피 하고 있다. 국가의 명운이 이들 산업에 걸려 있다고 해도 과언이 아니다. 2023년 현재 반도체와 배터리 모두에서 선두 그룹을 형성하고 있는 나라는 한국뿐이다. 중국은 배터리는 강하나 반도체가 약하고 미국은 반도체는 강하나 배터리가 약하다. 한국이 독보적인 존재로 부각할 수 있는 상황이다. 과연 재벌 체제의 뒷받침이 없었다면 가능한 결과였을까?

재벌은 첨단 산업 개척을 주도함으로써 자신의 존재 이유를 입증함과 동시에 경제민주화 요구에 일정하게 순응하기도 했다. 대표적인 지점으로서 지배구조 개선을 들 수 있다.

재벌 총수는 순환출자 등에 의존해 실제 소유 지분보다 훨씬 많은 지배권을 행사해 왔다. 말 그대로 쥐꼬리 지분으로 황제 권력을 행사했다. 보수적인 자유주의자 시각으로 보더라도 시장 정의를 심각히 위반한 경우였다. 지배구조 개선을 집중적으로 제기해 온 이유였다. 결국 추가 순환출자는 금지되었고 기존 순환출자도 자발적으로 해소하도록 정리되었다.

대안으로서 지주회사 제도를 도입했다. 지주회사는 주식의 소유를 통해 자회사와 손회사 형태로 계열사를 지배하는 제도이다. 지주회사로의 전환은 상법 밖에 존재했던 재벌 체제의 합리화, 합법화였다. 지주회사로의 전환으로 재벌 지배구조는 한층 투명해질 수 있었다. 재벌들은 순차적으로 지주회사로 전환했다. 최대 재벌인 삼성과 현대자동차도 이 흐름에서 벗어날 수 없었다.

그동안 재벌 기업은 문어발 확장, 일감 몰아주기, 골목 상권 침투, 기술 탈취 등으로 중소·벤처기업과 자영업의 집중적인 성토 대상이 되어 왔다. 여전히 남아 있는 문제이나 변화의 조짐도 나타나고 있다. 재벌 기업은 '상생 경영'을 화두로 삼으면서 스타트업과 협력사를 집중적으로 지원하기 시작했다. 이유는 분명했다. 스타트업 등이 양산한 신기술과 비즈니스 모델을 흡수해 성장하기 위함이었다. 이른바 분수 효과를 노린 전략이었다.

노동계는 재벌 체제의 가장 강력한 비판 세력이 될 수도 있었다. 경제민주화운동의 심장부가 될 수도 있었다. 하지만 결과는 전혀 다르게 나타났다. 재벌은 소속 대기업 정규직 노동자를 고액 연봉을 받는 동반자로 만들었다. 대기업 정규직은 재벌 체제 아래에서 현상 유지에 집착하는 기득권 세력으로 변신했다. 이들은 노동 대중 사이에서 선망의 대상으로 떠올랐다.

2023년 현대자동차가 10년 만에 '킹산직'으로 불린 생산직 채용을 알렸다. 공기업 직원과 간호사 등을 포함한 20만 명 가까운 수가 노비도 대감집 노비가 좋다며 다투어 지원했다.

재벌은 세계적 경쟁력을 갖는 첨단 산업 개척을 주도함으로써 자신의 존재 이유를 입증하는 데 성공했다. 국민은 재벌 체제를 긍정하기 시작했다. 적어도 필요악으로 받아들이는 분위기가 강해졌다. 재벌은 경제민주화 요구도 일정한 수준에서 수용함으로써 경제민주화 담론이 작동할 공간을 축소해 갔다. 경제민주화 담론은 시간이 흐르면서 존재감을 잃어 갔다.

97체제 재생산의 심장부가 되다

재벌은 경제민주화의 표적에서 상당히 벗어나기에 이르렀다. 주요 이슈였던 재벌의 지배구조 개선은 더 이상 국민적 관심사가 못 되고 있다. 해석하기에 따라서는 경제민주화운동이 거둔 성취일 수도 있다. 우리는 여기서 이 책의 주제와 관련한 질문을 던지지 않을 수 없다. 과연 경제민주화운동은 97체제 극복에서 얼마나 의미 있는 성과를 거두었던가?

결론부터 이야기하면 경제민주화의 대상이었던 재벌은 일정한 변화를 겪었으나 97체제 극복과는 거리가 멀었다. 도리어 재벌은 일관되게 97체제 재생산의 심장부로 기능해 왔다.

1984년 6월 재벌 규제와 관련해 청와대 수석비서관회의를 주재하는 자리에서 전두환 전 대통령은 이렇게 말한 적이 있었다.

"우리 국민은 다른 나라와 달라서 부자들이 특별한 행동을 하면 못 참는다. 외국에서는 돈이 있으면 금 비행기를 타고 다녀도 말이 없다. 그러나 우리나라는 여자들이 좋은 차에 비스듬히 기대어 앉아 고속도로를 달리는 것만 봐도 농민들이 점심 먹은 게 올라온다고 한다. 이런 판에 몇몇 재벌들이 돈 좀 있다고 도시 하나를 분할하는 식으로 해서 되겠는가. 아마도 폭동이 일어날 것이다. 이런 점을 염두에 두고 입안해야 한다."

외환위기 이전 절대다수의 국민은 재벌 체제에 대해 상당한 정서적 거부감을 품고 있었다. 돈의 힘으로 제국을 지배하면서 스스로 특별한 신분이라 믿고 사람들을 차별하는 꼴이 영 마음에 들지 않았다. 오죽하면 재벌과 밀착해 있던 전두환 전 대통령조차 재벌 규제 필요성을 역설했겠는가?

외환위기를 거치며 분위기가 상당히 달라졌다. 팽배했던 재벌에 대한 정서적 거부감은 크게 약화했다. 나름대로 효율성을 자랑하는 경제 시스템의 하나로 자연스럽게 받아들이기도 했다. 도대체 어찌 된 영문인가? 해답은 신자유주의 사상문화의 지배에 있었다.

재벌은 돈(자본)의 지배를 극대화한 체제이다. 돈과 자본의 힘을 이보다 더 극적으로 보여 주는 예도 많지 않다. 돈을 중심으로 세상이 움직인다고 믿는 신자유주의 사상문화는 재벌 체제를 정당화하고 미화하는 기제로 기능하기 딱 좋았다. 실제로 사회 곳곳에서 재벌을 경외의 대상으로 보거나 재벌 총수를 찬양과 숭배의 대상으로 삼기도 했다. 삼성 이건희 회장은 가장 영향력 있는 인물로 등극했다. 한때 한국은 '이건희 제국'으로 불리기까지 했다.

재벌은 신자유주의 사상문화의 최대 수혜자가 되었다. 재벌이 신자유주의 사상문화를 확산하고 재생산하는 슈퍼 숙주가 될 수 있음을 말해 준다. 재벌 체제의 존재 자체만으로 능히 그럴 수 있었다. 재벌을 경외의 눈으로 보는 순간 신자유주의 사상문화를 더욱 깊이 내면화할 수 있었다.

　재벌은 머니 게임 판을 유지하는 핵심적 역할을 했다. 대표 기업인 삼성전자는 2018년 이후 주주환원 정책을 표방하며 매년 수익의 절반 정도를 자사주 매입 형태로 주주에게 안겼다. 그로 인해 발생한 주주 이익의 60% 가까이는 외국인 투자 몫이 되었다. 경영권 방어를 위한 불가피한 선택일 수는 있으나 객관적 기능에서는 본질적 차이가 없었다. 어쩌면 신자유주의 체제에 편입되면서 씌워진 숙명의 굴레일 수도 있었다.

　재벌 기업은 사람을 비용으로 간주하는 경영 기조를 앞장서 실천하는 곳이 되었다. 고액 연봉 보장으로 정규직과 공생 관계를 유지했지만 좀 더 넓게 보면 이 점은 매우 분명해 보였다. 재벌 계열사에 해당하는 대기업의 고용 양상을 살펴보면 문제가 쉽게 드러난다.

　1995년에서 2010년 사이 중소기업이 고용을 400만 명 늘리는 동안 대기업은 오히려 96만 명 줄였다. 이후에도 크게 달라지지 않았다. 단적으로 2016년 1년 동안 대기업 일자리는 9만 개 정도나 줄어들었다. 그 와중에 비정규직 비중이 크게 늘었다. 비정규직 비중은 5,000인 이상 대기업이 1,000인 이하 기업보다 2배 정도 더 높았다. 대우조선해양·포스코건설·현대건설·대림산업 등 유수 대기업들은 피고용자의 70% 정도를 비정규직으로 채우고 있었다.

　이 모두를 일괄하여 비난하기는 어려울 수 있다. 많은 부분 생존을 위한 불가피한 선택일 수도 있다. 그렇다 하더라도 대기업이 일관되게 사람을 비용을 보는 경영 관행을 유지한 점은 분명했다.

재벌은 97체제 최대 수혜자로서 97체제 재생산의 심장부로 기능해 왔다. 존재 그 자체만으로도 신자유주의 사상문화를 확산하는 숙주 역할을 했다. 사회적 양극화에 크게 일조하면서 그 자신 양극화 한쪽 편의 정점을 차지하기도 했다. 재벌은 부의 승자 독식에서 최고의 지위를 차지하면서 신분 세습의 전형을 가장 적나라하게 보여주기도 했다.

국민적 분위기는 재벌 체제를 긍정하는 방향으로 흐르고 있다. 그렇다고 재벌의 관행이나 행동 양식 모두를 긍정한다고 보기는 어렵다. 97체제 극복에서 재벌의 혁신은 피할 수 없는 과제다.

겉 다르고 속 달랐던 담론 구조

경제민주화 담론은 재벌의 지배구조 개선을 주요 목표로 삼았고 일정 정도 성과를 거두기도 했다. 하지만 결과를 놓고 보았을 때 97체제 극복에서는 극도의 무력함을 드러냈다. 이유가 무엇이었을까?

경제민주화는 표현만 놓고 보면 민주주의를 경제 영역으로 확장 적용하는 과정으로 이해할 수 있다. 하지만 실제 내용에서는 상당한 거리가 있었거나 거의 무관하게 진행되었다.

종종 민주주의와 자본주의를 일심동체로 오해하는 경우가 많다. 오해는 오해일 뿐이다. 민주주의와 자본주의는 전혀 다른 원리를 기초로 움직이는 완전히 다른 체제이다. 간단히 정리하면 이렇다. 민주주의는 모든 권리는 사람에서 나오며 사람은 누구나 동등하다는 사람 중심 원리를 기초로 한 체제이다. 1인 1표 원칙은 이를 압축적으로 표현하고 있다. 반면 자본주의는 모든 권리는 자본(돈)에서 나오며 자본 소유 규모에 따라 권리가 달라진다는 자본 중심 체제이다. 주식회사에서 작동하는 1주 1표 원칙은 이를 압축적으로 표현해 준다.

많은 나라에서 정치는 민주주의, 경제는 자본주의 틀 안에서 움직여 왔다. 민주주의와 자본주의는 작동 원리가 서로 다를 뿐만 아니라 충돌을 빚을 여지가 많다. 그런데도 두 체제는 오랫동안 동거를 유지할 수 있었다. 자본주의가 부의 민주화로 민주주의에 순응한 덕이었다.

이에 아랑곳없이 민주주의를 작동 원리가 사뭇 다른 자본주의 경제 영역에 적용하기는 매우 난해한 과정일 수밖에 없다. 경제민주화 담론은 이 어려운 문제를 어떻게 해결했을까? 답은 상당히 엉뚱하다. 경제민주화 담론이 경제 분야에 적용한 원리는 민주주의가 아니라 자유주의였다. 포장지는 경제민주화였지만 속에 담긴 실제 내용은 경제 자유화 담론이었다.

민주주의가 사람 중심의 원리를 기초로 다수의 지배를 추구하는 이념이라면 자유주의는 개인의 자유로운 이익 추구를 옹호하는 이념이다. 개인의 자유로운 이익 추구 연장에서 독점 지배를 반대하고 자유경쟁을 옹호하며 소유한 만큼 지배권을 행사하는 시장의 정의를 추구한다. 쥐꼬리 지분으로 황제 권력을 행사하면서 독점 지배를 구축해 온 재벌 체제와 충돌하기 쉽다. 경제민주화 담론은 이 충돌 지점에서 자유주의를 기반으로 사유하고 행동해 왔다.

　신자유주의는 자유주의를 한층 극단적으로 강화한 이념이다. 뿌리가 자유주의이다. 자유주의는 생래적으로 신자유주의 사상문화와 충돌하기보다 자연스럽게 화합할 가능성이 컸다.

　자유주의 원리에 의존했던 경제민주화 담론 역시 이 점에서 크게 다를 수 없었다. 경제민주화 담론은 재벌의 변신에 만족하면서 97체제의 근원에 전혀 눈을 돌리지 않았다. 도리어 97체제에 동화되는 모습마저 보이기도 했다. 이를 입증하는 사례로 경제민주화 운동의 하나로 추진했던 소액 주주 운동이 국제 투기자본 소버린과 긴밀하게 협력한 바 있었다. 경제민주화 진영은 이 문제를 심각하게 다루지 않고 가볍게 넘겼다.

　경제민주화 담론은 자취를 찾기 어려울 정도로 존재감이 흐릿해졌다. 재벌의 대응으로 무력화된 결과일 수도 있고 스스로 퇴장을 선택한 결과일 수도 있다. 더 중요하게는 민심의 외면 결과일 수 있다. 민심은 97체제 극복을 둘러싸고 경제민주화 담론에 대한 기대를 접은 듯하다.

　사려 깊은 사람이라면 이런 고민에 빠질 수 있다. 현실에서 경제민주화 담론은 잘못 내용이 채워졌다 하더라도 민주주의 본연의 원리에 맞게 재구성할 수 있지 않을까? 민주주의 가치와 원리를 경제 영역에 제대로 적용한다면 전혀 새로운 결과를 기대할 수 있지 않을까?

　다시 한번 이야기하자면 민주주의는 모든 권리는 사람에서 나오며 사람은 누구나 동등하다는 사람 중심의 가치와 원리를 품고 있다. 앞으로 우리는 4차 산업혁명 시대를 맞이해 사람 중심의 원리가 경제 영역에 광범위하면서도 깊이 있게 작동할 수 있음을 확인할 예정이다. 사람 중심의 원리를 경제 영역에 구현하는 과정은 내용상 경제민주화에 해당할 수 있다.

민주주의 가치와 원리를 제대로 이해하고 변화하는 현실에 올곧게 적용한다면 경제민주화는 희망의 좌표가 될 수 있다. 97체제의 완전한 종식은 아닐지라도 극복 과정에서 상당한 몫을 수행할 수도 있다.

안타깝게도 경제민주화 담론은 자유화 담론으로 상당 정도 변질하면서 이미지가 왜곡되어 있다. 아무리 새로운 내용을 담아 경제민주화를 제기해도 사람들은 과거의 이미지를 떠올릴 가능성이 크다. 현실을 고려하면 경제민주화 표현을 다시 사용하기는 쉽지 않아 보인다.

10장

신기루로 그친 복지국가 담론

2000년대 초 진보 정당을 표방한 민주노동당이 "부자에게 세금을, 서민에게 복지를!", "무상의료, 무상교육 실현!"을 슬로건으로 내걸었다. 상당한 반향이 일어났다. 97체제의 질곡에서 벗어날 지름길은 복지국가에 있다는 문제의식이 빠르게 확산했다. 복지국가 담론이 대세로 굳어지는 건 시간 문제로 보였다. 정작 시간이 흐르자 상황이 바뀌기 시작했다.

2011년 400여 개 시민단체가 참여한 가운데 '복지국가 실현을 위한 연석회의'(이하 연석회의)가 출범했다. 연석회의에는 복지는 물론이고 교육, 노동, 여성, 주거, 장애인, 의료 분야 등의 단체들이 총집결했다. 참가단체 면면으로만 보면 복지국가가 새로운 시대의 좌표로 자리 잡기에 충분했다.

연석회의는 '복지국가 실현을 위한 민생·복지 16대 입법 정책

과제'를 발표하며 복지국가 깃발을 치켜올렸다. 기세는 오래 가지 못했다. 연석회의는 2012년 대선 이후 개점휴업 상태로 연명하다 끝내 해산하기에 이르렀다. 결정적 요인은 민심의 호응과 동참이 미약한 데 있었다.

이에 아랑곳없이 민주노동당을 계승한 정의당은 일관되게 '정의로운 복지국가'를 미래 비전으로 내세웠다. 결과는 참혹했다. 정의당은 지지율 부진으로 고전해야 했다. 기대했던 새로운 비전을 제시 못했다는 게 주된 요인이었다. 정의로운 복지국가는 새로운 비전으로 인정받지 못했다.

민주당은 미래 비전을 제시하지 못하고 있다는 이유로 곳곳에서 비난과 힐난에 휩싸여 왔다. 민주당은 "우리의 비전은 복지국가입니다. 엉뚱한 소리 하지 마세요!"라고 잘라 말하지 않았다. 민주당은 왜 복지국가를 미래 비전으로 제시하지 않았을까? 민심은 복지국가를 새로운 시대의 좌표로 선뜻 받아들이지 않았다. 도대체 이유가 무엇일까? 민심이 복지국가에 무지했던 탓일까? 아니면 냉철한 집단 지성을 발휘한 결과일까?

복지국가 성립의 역사적 조건

복지국가 담론은 유럽 그중에서도 스웨덴 등 북유럽의 복지국가에 뿌리를 두고 있었다. 그런 만큼 유럽 복지국가 성립의 역사적 배경과 조건을 개략적으로 살펴볼 필요가 있다. 우리는 이를 통해 복지국가가 성공적으로 안착하기 위해 어떤 역사적 조건이 필요한 지를 파악할 수 있다.

유럽에서 복지국가 건설을 주도한 세력은 사회민주주의 계열 정당이었다. 사회민주주의는 사회주의의 별칭이었다. 시간이 흐르면서 사회민주주의는 사회주의와 확연히 구별되는 이념이 되었다. 사뭇 다른 사회정치적 환경에서 색다른 진화를 한 결과였다.

사회주의 사상의 대부 칼 마르크스Karl Marx는 기존 국가 기구의 접수로는 사회주의혁명이 불가능하다고 파악했다. 관료 집단이 이해관계에서 부르주아 계급과 일체화되어 있다고 보았기 때문이다.

마르크스는 1871년 파리 코뮌의 생생한 경험을 바탕으로 국가 권력에 관한 철의 원칙을 수립했다. 핵심 요지는 이러했다. 사회주의혁명은 기존 국가 기구를 철저히 분쇄한 조건에서 아래로부터의 새로운 권력을 창출할 때 가능하다. 새로운 권력 기구를 바탕으로 적대 세력을 완전히 제압 일소하는 프롤레타리아독재를 구축할 때만이 사회주의혁명을 성공시킬 수 있다.

러시아혁명의 최고 지도자 블라디미르 일리치 레닌Vladimir Ilyich Lenin은 마르크스의 입장을 충실히 계승했다. 국가 권력에 대한 마르크스레닌주의의 철의 원칙은 사회주의혁명 과정에서 액면 그대로 구현되었다.

사회주의혁명에 성공한 나라들은 예외 없이 기존 국가 기구를 분쇄한 조건에서 아래로부터 창출된 권력을 바탕으로 새로운 사회를 건설했다. 러시아혁명은 부르주아 임시 정부를 공중 분해한 뒤 아래로부터 형성된 소비에트를 기반으로 혁명을 추진했다. 북한은 해방 이후 일제 식민 통치 기구를 해체하고 아래로부터 형성된 인민위원회를 바탕으로 혁명을 추진했다. 사회주의혁명은 기존 국가 기구가 분쇄하기 쉬울 만큼 취약했던 곳에서 일어났다.

21세기 접어들어 베네수엘라의 우고 차베스^{Hugo Chávez}와 지지자들은 마르크스레닌주의 철의 원칙을 거역하는 실험에 착수했다. 자유 선거를 통해 국가 기구를 접수하고 적대 세력과의 공존 속에서 기존 국가 기구를 이용한 사회주의혁명을 추진했다. '21세기 사회주의'로 명명한 실험은 참담한 실패에 직면하고 말았다. 사회는 극심한 분열 대립 속에서 혼돈의 극치를 보였다. 경제는 미국의 봉쇄까지 더해져 최악의 수준으로 피폐해졌다. 견디다 못한 다수의 국민이 대탈출 행렬을 이어 갔다. 베네수엘라의 21세기 사회주의 실험은 사회주의혁명 성공 조건에 관한 마르크스레닌주의 철의 원칙의 유효성을 역설적으로 입증해 준 사례가 되었다.

국가 권력에 관한 마르크스레닌주의 철의 원칙은 왜 서유럽 나라들처럼 일반 민주주의가 확립된 곳에서 사회주의혁명이 단 한 건도 성공하지 못했는지를 함께 설명해 주었다.

자유 선거를 기반으로 일반 민주주의가 확립된 나라에서 국가 기구는 다수의 이익에 복무하는 공공기관으로서의 성격이 강해졌다. 공공기관으로서 국가 기구를 대중의 동의 아래 분쇄하기는 현실적으로 불가능했다. 허락된 경로는 자유 선거를 통한 국가 기구의 합법적 접수뿐이었다.

문제는 마르크스의 지적대로 국가 기구를 구성하고 있는 관료 집단이 변함없이 이해관계에서 부르주아 계급과 일체화해 있다는 데 있었다. 기존 국가 기구가 건재한 조건에서 부르주아 계급은 큰 어려움 없이 생존을 이어갈 수 있었다. 사회 구성원이 일반민주주의의 가치를 공유하고 있는 조건에서 사회주의혁명의 필수 조건인 프롤레타리아독재 또한 꿈도 꾸기 어려웠다. 기존 국가 기구를 접수해도 사회주의혁명을 추진할 수 없는 환경이었다.

서유럽에서 사회주의혁명을 예방한 최고의 방어벽은 자유 선거에 기반한 일반민주주의 확립이었다. 한국 역시 서유럽의 사회역사적 환경과 크게 다르지 않았다. 한국은 민주화가 정착하면서 국가 기구의 공공기관으로서 성격이 크게 강화되었다. 군부독재 시절 경찰 기관에 짱돌을 던지면 민주화 투쟁의 일환이 될 수 있었지만 오늘날에는 공공 기물을 파괴하는 반사회적 행위로 지탄받는다. 대중의 동의를 바탕으로 기존 국가 기구를 분쇄하기는 원천적으로 불가능해졌다. 관료 집단이 자본주의 체제 안에 깊숙이 포섭돼 있는 점 역시 마찬가지이다. 프롤레타리아독재 또한 입도 뻥긋하기 어려운 상황이다. 결론적으로 오늘날 한국에서 사회주의혁명은 적합성 여부와 관계없이 원천적으로 불가능해졌다.

사회민주주의자로 불린 서유럽 좌파 세력은 크게 달라진 환경에서 마르크스레닌주의와 작별하고 전혀 새로운 길을 모색해야 했다. 사회주의혁명이 불가능해진 조건에서 사회민주주의자들이 취할 수 있는 전략은 자본주의 안에서의 개혁뿐이었다. 복지국가는 그로부터 파생한 결과였다.

따지고 보면 복지국가는 사회민주주의자들이 처음부터 의도했던 결과가 아니었다. 복지국가는 사회민주주의자들이 주어진 환경에서 최선의 답을 찾다가 얻은 다분히 우연적 결과물이었다.

복지국가는 일정한 역사적 조건 위에서 성립했다. 복지국가 유지의 필수 조건이기도 했다. 유럽에서의 복지국가는 노동자는 생산성 향상을 위해 노력하고, 자본가는 복지 확대용 증세에 협력하는 계급대타협을 기초로 성립될 수 있었다. 계급대타협을 강제했던 세 가지 역사적 조건이 있었다.

첫째, 소련을 중심으로 한 사회주의 진영의 위협이 현존하고 있는 조건에서 혁명 예방을 위해서는 자본가 계급의 적극적인 양보가 꼭 필요했다. 둘째, 강력한 산별노조를 바탕으로 사회민주주의 계열 정당이 대거 집권에 성공하면서 계급대타협이 불가피해졌다. 셋째, 경제 활동이 기본적으로 국민경제 틀 안에서 이루어지고 있는 조건에서 계급대타협을 감수할 수밖에 없었다.

사회민주주의자들은 일련의 경험을 통해 경제 영역에서만큼은 자본가 계급의 헤게모니를 인정할 때 생산적 결과를 낳을 수 있음을 깨달았다. 대신 그들은 집권을 통해 정치 영역에서만큼은 노동자 계급의 헤게모니를 확립하기 위해 사력을 다했다. 자본가 계급과 노동자 계급이 경제와 정치 영역에서 지배 권력을 나누어 갖는 '지배 권력 균점'이 이루어졌다. 계급대타협을 성립시킨 가장 중요한 조건이자 사회민주주의를 특징짓는 요소였다. 공산당 조직이 지배 권력을 독점했던 사회주의 체제와 결정적으로 다른 지점이었다.

지배 권력을 균점한 조건에서 사회민주주의자들이 자신의 의도대로 사회를 이끌고 갈 수 있는 확실한 길은 시장에 대한 국가 우위의 확보였다. 사회민주주의자들은 이를 위해 전력을 기울였다.

복지국가가 안착하면서 국민소득에서 차지하는 정부 재정 비중이 50%를 넘어섰다. 1970년대 후반 스웨덴의 경우는 그 비율이 66%에 이르렀다. 관련 국가들 상당수가 공공지출의 60% 이상을 복지에 사용하였다. 사회복지 활동 종사자는 공공 부문 중 최대 고용 집단을 형성했다. 1970년대 중반 영국은 공공 부문의 40%, 스웨덴은 47% 정도가 사회복지 분야에 종사했다.

일련의 과정을 거쳐 국민경제는 정부 재정을 중심으로, 정부 재정은 복지를 중심으로 움직이는 복지국가가 성립했다. 국가를 중심으로 경제가 움직이는 '국가자본주의'의 탄생이었다.

유럽의 복지국가는 삶의 질을 보장하는 데서 사회주의 체제에 판정승을 거두었다. 복지국가를 경험한 나라들은 대체로 과거의 성과를 유지하는 데 강한 집착을 보여 왔다. 반면 소련과 동유럽 나라 중 체제 전환 이후 과거 사회주의 체제로 복귀하려는 움직임을 보인 예는 없었다. 직접 경험했던 당사자들에게 사회주의 체제는 그다지 대안적이지 않았다.

여러모로 복지국가는 20세기 이후 가장 성공적인 모델로 평가받았다. 복지국가는 자본주의의 높은 생산성과 삶의 질 개선을 조화시키는 데 성공했다. 여러 나라의 사람이 복지국가를 대안으로 받아들이기에 충분했다. 문제는 변화 앞에서 자유로운 존재는 세상 어디에도 없다는 데 있었다.

복지국가는 단순히 복지가 많은 나라라는 수사적 의미가 아니었다. 단적으로 복지의 양에서 앞섰던 소련 사회주의 체제를 두고 복지국가라고 부르지는 않았다. 복지국가는 일정한 역사적 조건에서 작동했던 특수한 '체제 개념'이었다. 역사적 조건과 무관하게 아무 곳에나 깃발만 꽂으면 성공할 수 있는 모델이 결코 아니었다. 역사적 조건이 바뀌면 유지되기 어려운 체제였다. 문제의 핵심은 바로 그 역사적 조건이 크게 바뀌었다는 데 있었다.

소련과 동유럽 사회주의 진영의 체제 붕괴로 자본가 계급이 혁명 예방을 위해 대담한 양보를 해야 할 이유가 사라졌다. 디지털 혁명의 본격화로 노동의 차별성이 심화하면서 산별노조의 토대도 뚜렷이 약해졌다. 계급대타협을 주도했던 노동자 계급의 정치적 영향력이 저하할 수밖에 없었다. 여기에 더해 경제적 의미의 국경선이 사라지는 세계화가 빠르게 진전되었다. 기업(혹은 자본)이 국민 경제의 속박에서 벗어나 세계 시장을 무대로 자유롭게 이동할 수 있는 환경이 마련되었다. 시장에 대한 국가 우위가 더 이상 유지되기 어려운 상황이었다. 복지국가 성립의 역사적 조건들이 일제히 사라져 갔다.

변화된 조건 중에서도 주목할 지점은 세계화였다. 한국은 전형적인 수출 주도형 국가로서 세계화에 노출된 정도가 어느 나라보다 강했기 때문이다. 세계화가 복지국가에 미친 영향에 관심이 집중될 수밖에 없는 처지이다. 과연 세계화가 복지국가에 어떤 영향을 미쳤을까?

먼저 세계화가 어떤 배경에서 이루어졌고 어떤 양상으로 진행되었는지 좀 더 면밀하게 파악할 필요가 있다.

벗어나기 어려운 굴레, 세계화

2017년 7월, 독일에서 G20 정상회의가 개최되었을 때 일이다. 회담장 주변에 좌파 시위대가 몰려들어 '세계화 반대'를 외치며 격렬한 시위를 벌였다. 유사한 국제회의가 있을 때마다 벌어졌던 현상이 어김없이 재현되었다. 얼추 이해가 되었다. 세계화로 발생한 고통이 여간 만만치 않았기 때문이다. 세계화는 현대 세계가 안고 있는 난제 중 난제였다. 많은 지식인이 너무 거창하고 심각하여 고민 자체를 포기했을 정도였다. 도대체 세계화는 왜 이토록 난해한 문제가 되었는가?

크게 봐서 두 가지 이유가 있었다. 세계화는 일부 집단의 야욕이나 지도자들의 어리석은 선택이 빚어낸 우발적 사태가 아니었다. 세계화는 상당 정도 필연적인 결과였다. 그러면서도 액면 그대로 인정하고 순응하기에는 너무 심각한 문제를 일으켜 왔다. 우발적 사태라면 원 상태로 되돌리면 되고, 큰 문제 없으면 순응하면 되는데 둘 다 답이 아니었다.

먼저 기업 생산력이 개별 국가 틀을 벗어날 수밖에 없을 만큼 크게 팽창했던 점을 주목할 필요가 있다. 매출액 기준 한국 최대 기업인 삼성전자를 갖고 이야기해 보자. 흔히 삼성전자를 글로벌 기업이라 부르는데 매출 현황을 보면 무슨 뜻인지 금방 알 수 있다. 2015년 기준 삼성전자 총매출액은 135.2조 원이었다. 그중 국내 매출은 14.6조 원으로서 11%도 채 되지 않았다.

만약 삼성전자가 국내 시장만 겨냥했다면 세계 최고 수준의 반도체를 개발할 만큼 높은 생산성을 과시할 수 있었을까? 생산성과 깊은 연관이 있는 요소로 연구개발 관련 투자와 인력 규모를 들 수 있다. 2016년 기준 삼성전자 연구개발 투자는 모두 15조 원 수준이었으며, 연구개발 인력은 국내외 합쳐 9만 3,200명이었다. 이 중 국내 연구 인력은 4만 4,300명으로 절반이 좀 안 되었다. 모두 글로벌 기업이기에 가능했다. 삼성전자가 국내 시장에 갇혀 있었다면 냉장고와 세탁기 등을 판매해 연명하는 삼류 가전업체에 머물렀을 게 틀림없다.

기업의 생산성과 규모, 시장의 대외 팽창 사이에는 불가분의 함수 관계가 존재했다. 기업의 성장과 국민경제 발전에서 무역 확대가 필수 불가결 요소임을 말해 준다. 1980년대 중반을 거치며 이 지점에서 심각한 문제가 발생했다. 세계 무역 시장이 균열을 일으키기 시작했다.

문제의 출발은 미국이었다. 당시 미국은 일본과 함께 한국 등 신흥공업국의 수출 공세로 무역적자가 큰 폭으로 확대되는 등 시종 고전을 면치 못하고 있었다. 궁지에 몰린 미국은 보호무역주의 장벽을 높이는 등 무역적자 탈피를 위한 각종 조치를 남발했다.

세계 시장은 혼란 속으로 빠져들었다. 강제적인 환율 조정, 보호무역주의 장벽과 수입 개방 확대 요구가 엇갈리는 불공정 무역 강화, 북미자유무역협정 NAFTA과 같은 지역 블록 확대 등이 갈수록 난무했다. 자칫 세계 시장이 붕괴할 수도 있는 위험스러운 상황이었다.

우여곡절을 거친 끝에 국제 사회는 우루과이라운드를 바탕으로 세계 시장의 붕괴를 방지하는 방안을 모색하기에 이르렀다. 논의는 각국 시장을 공평하게 개방하자는 쪽으로 흘렀다. 최종적으로 도달한 결론은 단일한 세계 시장의 창출로서 '세계화'였다. 1995년 WTO 출범과 함께 명실상부한 의미에서 단일한 세계 시장이 창출되기에 이르렀다. 세계화는 좋든 싫든 인류 사회로서는 달리 선택의 여지가 없었던 필연적 과정이었다.

단일한 세계 시장의 출현으로 한국은 무역 확대에서만큼은 상당한 득을 볼 수 있었다. 한국은 지구 모든 영역을 누비며 시장을 개척했다. 특정 지역이나 국가에 편중되지 않고 고른 무역 분포를 보이는 데 성공했다. 결과는 세계 8대 무역 대국으로의 등극이었다. 한국은 어느 나라보다도 세계화 영향을 강하게 받을 수밖에 없는 처지가 되었다.

세계화와 함께 기업은 국민경제의 속박에서 벗어나 자유롭게 이동할 수 있었다. 기업은 조세 부담을 덜어 주지 않으면 언제든지 다른 나라로 이동했다. 각국 정부는 기업의 해외 탈주를 막음과 동시에 해외 기업을 유치하기 위해 경쟁적으로 기업의 조세 부담을 낮추었다. 기업 법인세는 종전의 절반 밑으로 내려갔다. 이는 고스란히 복지 재원의 축소로 이어질 수밖에 없었다. 기업의 탐욕스러운 행태를 비난할 수도 있다. 하지만 기업 처지에서는 상당 정도 불가피한 선택이기도 하다.

세계화로 기업은 전 세계 시장을 무대로 마케팅을 전개할 수 있었다. 동시에 기업은 전 세계 기업들과 피 말리는 경쟁을 해야 하는 처지가 되었다. 경기도 소재 한국의 모 자동차 부품업체의 최대 경쟁 상대는 인건비가 10분 1 수준인 인도의 모 업체이다. 한국의 대표 기업 삼성전자는 미국의 애플, 중국의 거대 IT 기업들과 생사를 건 전쟁을 벌이고 있다.

기업 처지에서는 약간의 비용 증가만으로도 경쟁력을 잃고 도태하기 쉬운 위태롭기 짝이 없는 상황이다. 조세 부담 증가는 곧바로 치명적인 결과를 초래할 수 있다. 최근에 와서는 각국 정부가 반도체, 2차 전지, 바이오 등 미래 산업 육성을 위해 기업의 조세 부담 경감과 보조금 지급을 경쟁적으로 확대하고 있다. 정부가 기업으로부터 복지 재원을 조달할 여지가 더욱 줄고 있다.

부자들 또한 조세 굴레에서 벗어나려는 양상을 보였다. 정부가 부자 증세를 시도하면 다투어서 국적을 바꾸었다. 때로 그 파장은 엄청났다. 극적인 사태가 프랑스 프랑수아 올랑드François Hollande 정부 시기에 벌어졌다.

올랑드 대통령이 이끄는 사회당 정부는 복지 재원 확보를 목표로 연소득 100만 유로(약 15억 원) 고소득자의 소득세율을 75%로 올리는 부자 증세를 추진했다. 부자 증세는 의도하지 않았던 결과를 초래했다. 증세 대상 부자들이 다투어서 국적을 바꾸어 버렸기 때문이다. 사태는 금융 엘리트 5만여 명이 영국 국적을 획득해 런던으로 향했을 만큼 심각했다.

당황한 올랑드 정부는 부자 증세를 포기하고 대신 30조 원 규모에 이르는 법인세 감세에 나섰다. 이번에는 지지자들 사이에서 격렬한 반발이 일어났다. 좌우 사이를 정신없이 오락가락했던 올랑드 정부의 지지율은 4% 수준으로 곤두박질쳤다. 가히 '폭망' 지경에 이른 셈이다. 이를 기회로 의석 제로였던 앙마르셰의 에마뉘엘 마크롱Emmanuel Macron이 일거에 대권을 거머쥘 수 있었다.

한국은 어떠한가. 진보 인사들은 기회가 있으면 부자 증세를 이야기해 왔다. 어느 정도 필요하고 또한 가능할 수 있다. 일차적인 문제는 증세 대상이 될 부자가 많지 않다는 데 있다. 문재인 정부 초기 집권 여당에서 대상을 정확히 겨냥한 핀셋 부자 증세를 검토했는데 예상되는 세수는 7조 원 정도였다.

세계화 영향도 만만치 않다. 많은 나라가 일정 액수 이상 재산을 동반하면 이민을 무조건 받아 준다. 한국 사회에서도 이른바 투자 이민이 꾸준히 증가해 왔다. 부자 증세는 투자 이민을 촉진할 수 있다. 사치를 부리더라도 국내에서 쓰는 게 차라리 낫다는 이야기가 나올 수 있다.

복지국가의 요체는 기업과 부자들로부터 더 많은 세금을 걷어 복지 지출을 확대함으로써 소득 격차를 완화하는 데 있다. 세계화는 그 가능성을 원천적으로 제약했다. 복지국가 성립 조건의 해체나 다름이 없었다. 누구보다도 복지 선진국들이 이 사실을 처절하게 경험해야 했다.

빛바랜 추억이 된 복지 천국

2010년대에 접어들어서면서 스웨덴을 중심으로 한 북유럽 복지국가 모델이 크게 주목받기 시작했다. 북유럽 복지국가는 복지

천국으로 알려지면서 부러움과 동경의 대상이 되었고 일상적인 삶에까지 영향을 미치기 시작했다. 진보정당 일각에서는 북유럽 복지국가 벤치마킹에 열을 올리기도 했다. 문제는 북유럽 복지국가의 실상은 전혀 달랐다는 데 있었다.

대표적인 복지국가로 알려진 스웨덴 역시 세계화의 파고를 피해 갈 수 없었다. 결과는 매우 극적이었다. 세계화의 풍랑은 복지국가의 근간을 밑바탕에서부터 허물어 버렸다.

세계화 이후 스웨덴의 실상에 관해서는 박지우의 《행복한 나라의 불행한 사람들》이 비교적 정확히 기술하고 있다. 저자는 직접 현지에서 근무하면서 면밀한 관찰과 객관적 데이터를 바탕으로 스웨덴 복지국가의 실상을 냉철하게 파악했다. 그 내용 일부를 간략히 소개하면 이렇다.

세계화가 본격화하자 스웨덴의 자본 진영은 해외 이전을 압박하면서 정부를 향해 적극적 감세를 촉구했다. 가구 기업 이케아는 감세가 없으면 네덜란드로 본사를 옮기겠다고 위협했다. 사면체 우유팩 발명으로 유명해진 글로벌 포장 장비 제조기업 네트라팩은 아예 본사를 스위스로 옮기기도 했다. 일종의 '자본 파업' 위협을 가하거나 실행에 옮긴 셈이다. 이 와중에서 상당수 부자가 비슷한 문화권의 유럽 나라로 대거 국적을 옮기기도 했다.

방치하면 기업과 부자들의 해외 탈주가 이어지면서 일자리 감소는 물론이고 조세 수입마저 크게 줄 수 있는 상황이었다. 도리 없이 스웨덴 정부는 기업과 부자들의 조세 부담을 대폭 경감시키기 시작했다.

스웨덴은 대를 이어 운영하는 가족 기업이 주류를 이루고 있었다. 이들 기업의 이해관계가 걸린 상속세와 증여세는 1983년까지 최고 70%에 이르렀다. 그러던 스웨덴이 2004년 상속제와 증여세를 아예 폐지했다. 2007년에는 예금, 부동산, 주식 등 자산 총액이 약 2억 원(150만 크로나)을 넘는 경우 초과분에 1.5% 부과했던 부유세도 폐지했다.

1989년 52%에 이르렀던 법인세도 2021년 한국의 25%를 밑도는 20.6%로 낮추었다. 4개 구간으로 나누어 차등 적용하는 한국과 달리 기업 이익 규모와 관계없이 똑같이 적용했다. 전체 조세 수입에서 차지하는 법인세 비중도 2019년 기준 한국의 16%보다 낮은 6% 수준이었다.

세계화 이후 스웨덴의 기업과 부자들은 조세 부담에서 크게 자유로워졌다. 전체 조세 수입 중 부동산 보유세 등 자산세 비중도 한국이 12%인데 반해 스웨덴은 2%에 불과했다.

조세 부담을 집중적으로 떠안은 계층은 노동자들이었다. 스웨덴에서 근로 소득세 면세자는 6.6%에 불과했으며 소득세 비율은 32~52%에 이르렀다. 노동자에게 부과하는 근로소득세율은 세계 최고 수준에 이른다. 여기에 물건값의 25%에 이르는 부가가치세를 추가 부담해야 했다. 중상위 노동자들은 소득의 60% 정도를 세금으로 내야 한다.

공보험과 조세 부담을 아우르는 국민부담률은 2019년 기준 한국은 27.4%인데 비해 스웨덴은 42.9%로 훨씬 높았다. 문제는 높은 국민부담률을 기업과 부자가 아닌 노동 대중이 지탱하고 있다는 데 있었다.

조세 정의가 붕괴하면서 스웨덴은 부의 배분이 가장 왜곡된 나라의 하나가 되었다. 단적으로 상위 10%가 전체 자산의 75%를 차지하기 이르렀다. 부의 대물림 또한 매우 심각한 수준이다.

조세의 소득재분배 기능이 크게 후퇴한 조건에서도 스웨덴은 복지 체계를 유지하기 위해 사력을 다했다. 복지의 기본이라고 할 수 있는 의료와 교육 분야에서는 액면 그대로 무상 서비스를 제공했다. 각종 지원책으로 육아 부담을 덜었고, 초등학교에서 대학까지 학비를 면제해 왔다.

스웨덴 복지 체계는 장점도 있고 높이 평가할 부분 또한 많은 게 사실이다. 그렇더라도 반드시 긍정적이라고 볼 수는 없다. 단적으로 가장 기본적인 복지 영역인 의료에서 심각한 허점을 드러내 왔다. 스웨덴은 정부 재정을 기반으로 무상의료 체계를 유지해 왔다. 성인들은 연간 15만 원 이하만 본인이 부담하고 나머지 의료비는 국가가 전액 지원하는 구조이다. 문제는 절차가 복잡하고 대기 시간이 매우 길며 원하는 진료 및 치료 혜택을 받기 쉽지 않았다는 데 있다. 치료를 위해 1달 이상 기다려야 하는 경우도 많고 응급 치료도 제때 받기 어렵다. 장비 부족으로 고급 진료가 쉽지 않고, 병상 부족으로 수술 뒤 하루 만에 퇴원하기도 한다.

스웨덴의 병상 수는 인구 1천 명당 2.1개로 한국의 12.4개는 물론 OECD 평균 4.7개에도 크게 못 미친다. 지방에서는 가까이 산부인과 병원이 없어 자가용이나 앰뷸런스 안에서 출산하는 경우가 자주 있다. 열악한 의료 환경으로 스웨덴 국민 1인당 외래 진료

횟수는 연간 2.8회로 한국의 16.6회를 한참 밑돌았으며 OECD 국가 중에서도 최하위권에 속한다.

반면 GDP 대비 경상 의료비 지출은 2018년 기준 한국이 8% 수준인 데 반해 스웨덴은 11%에 이르렀다. 의료 서비스의 양과 질이 모두 떨어지는데 비용은 높게 먹히고 있었다. 비싼 인건비를 감안한다 해도 시스템의 효율성에 문제가 있음을 알 수 있다.

문제는 또 있었다. 부자들은 대기 시간이 짧고 원하는 서비스를 받을 수 있는 사보험에 가입해 있었다. 스웨덴 의료 체계는 높은 질의 서비스를 받는 소수와 그렇지 못한 다수로 뚜렷이 양극화되어 있다.

스웨덴 노동자들은 높은 세율로 인해 돈을 모아 개인적 꿈을 실현할 여지가 거의 없다. 그러다 보니 저축을 포기하고 복권과 도박에 집착해 왔다. 스웨덴 성인 3명 중 1명은 매주, 나머지 1명은 매달 복권을 사거나 도박에 매달리는 형편이다. 경마는 마권을 슈퍼마켓에서 판매할 정도로 일상화되어 있다. 수요가 많다 보니 TV에는 도박 광고가 넘쳐난다.

한때 많은 사람이 동경의 대상으로 삼았던 복지 천국 스웨덴은 실재하지 않는다. 세계화의 거센 풍랑이 복지국가의 근간을 처참하게 허물어버렸다. 복지국가의 근간인 조세 정책의 소득재분배 기능은 거의 사라진 상태이다. 내용상 복지국가의 해체와 크게 다르지 않았다.

스웨덴 사례는 세계화가 복지국가에 어느 정도 파괴적 영향을 미쳤는지를 적나라하게 보여 주었다. 안타깝게도 한국 사회는 세계화에 노출된 정도가 그 어느 나라보다 강했음에도 정작 세계화가 복지국가에 미친 영향을 충분히 감지하지 못했다. 이유는 간단했다. 복지국가의 근간이 미약했던 관계로 그의 파괴를 경험할 여지가 상대적으로 적었기 때문이었다.

도대체 그 돈이 어디서 나오는데?

민심은 복지국가 담론을 선뜻 지지하지 않았다. 어쩌면 이유는 하나일 수도 있다. 복지국가 담론은 민심이 던진 질문에 속 시원한 대답을 내놓지 못했다. "도대체 그 돈이 어디서 나오는데?"

노무현 정부 때 일이다. 2006년 기획예산처 주도 아래 경제성장과 복지의 선순환을 바탕으로 복지국가 비전을 담은 보고서 '국가비전 2030'을 만들었다. 개별 내용에서는 무상급식, 생애 주기별 맞춤형 복지 등 쓸만한 부분이 꽤 많았다. 문제는 1,100조 원에 이르는 재원 조달 방안을 제시하지 못했다는 데 있었다. 실현 가능성에서 치명적 허점이 있었다. 보수 언론은 "천국을 그렸지만 그곳으로 가는 방법과 길은 제시돼 있지 않다."라고 비판하기도 했다.

복지정책 입안자들은 종종 '전문가 함정'에 빠졌다. 각자가 자기 분야에 대해서만 예산 조달을 고민했다. 가령 1조 원 정도는 전체 정부 예산 규모에 비추어 볼 때 조달에 큰 어려움이 없으리라 판단하고 기획안을 제출했다. 문제는 그런 식으로 수백 종류가 모이면 사정이 달라지는 데 있었다. 소요 재정이 천문학적 규모에 이르면서 정부로서는 감당할 수 없는 수준이 된다.

세계화 시대 기업은 복지국가 전성기 때와 같은 조세 부담을 감당할 수 없다. 복지국가 담론은 시대 상황 변화에 대한 면밀한 검토 없는 다분히 관념적 접근이 빚어낸 허구였다. 복지 재정의 안정적 구조화 없는 복지국가 담론은 현실과 동떨어진 신기루에 불과할 뿐이었다.

현재의 조건에서 과거 유럽에서 꽃피웠던 체제 개념으로서 복지국가의 재현은 어느 모로 보나 불가능하다. 세금 더 걷어 복지 늘리는 방식은 때에 따라 유용할 수 있지만 일반 해법이 되기 어려워졌다. 민심은 집단 지성을 발휘해 복지국가를 둘러싼 시대 상황 변화를 정확히 꿰뚫어 보았다.

복지국가를 추구하면 97체제에서 벗어날 수 있다는 기대는 다분히 환상에 가까웠다. 복지 확대와 체계 혁신 노력은 지속해야 하겠지만 복지국가를 통한 97체제 종식은 더 이상 기대하기 어렵다.

11장

완패로 끝난 문재인 정부 경제정책

97체제는 신자유주의 사상문화가 기업을 숙주 삼아 시장을 지배하는 체제였다. 시장은 97체제가 작동하는 중심 무대였다. 97체제를 극복하자면 시장이 신자유주의 사상문화의 지배에서 벗어나 전혀 다르게 움직이도록 만들어야 했다. 그러자면 시장을 능숙하게 다룰 수 있어야 했다. 과연 김대중 정부 이후 진보 정부는 시장과의 관계에서 어떤 모습을 보였을까?

김대중 정부는 외환위기 직후인 1998년에 출범했다. 김대중 정부의 첫 번째 과제는 외환위기 수습이었다. 김대중 정부는 1999년 8월 15일 외환위기를 완전하게 극복했다고 선언했다. 위기로부터 2년도 채 되지 않은 시점이었다. 2배 이상 치솟았던 환율은 1달러당 1,207원으로 안정되었고, 외환 보유액도 647억 달러로 정상을 되찾았다. 2년 뒤인 2001년 8월 23일 김대중 정부는 IMF로부터 빌린 195억 달러를 모두 상환했다고 발표했다. 예정보다 3년 앞당겨 상환한 셈이었다.

김대중 정부는 새로운 미래산업으로 IT 산업과 문화콘텐츠 산업을 집중적으로 육성했다. 김대중 정부의 정책은 정확히 맞아떨어졌다. 한국은 이후 세계가 부러워하는 IT 강국, 문화 강국으로 부상했다.

김대중 정부는 외환위기 수습과 미래 산업 육성에서 상당한 성공을 거두었다. 하지만 김대중 정부 출범과 함께 97체제가 수립하면서 시장을 무대로 중산층 붕괴와 사회적 양극화가 심화하고 있었다. 김대중 전 대통령이 자서전에서 술회했듯이 김대중 정부는 사태를 수수방관할 수밖에 없었다. 김대중 정부는 시장 내부의 모순 심화에 대해서만큼은 상당한 무기력을 드러냈다.

이어서 노무현 정부가 출범했다. 노무현 정부는 시장에 대해 전혀 다르게 접근했다. 노무현 정부는 시장의 적극적인 협력을 끌어내기로 하고 파트너로서 최강의 재벌 삼성을 선택했다. 김용철 삼성 전법무팀장의 증언 등을 통해 드러났듯이 삼성은 노무현 정부의 국정 운영에 깊숙이 개입했다. 노무현 정부는 삼성에 대해 절대적 신뢰를 품고 의지했다.

노무현 정부가 삼성의 제안을 전격 수용한 대표적 사례로서 한미자유무역협정(한미FTA) 추진을 들 수 있다. 한미FTA에 대해서는 다양한 평가가 있을 수 있다. 문제는 노무현 정부가 삼성만 믿고 너무 급하게 서둘렀다는 점이었다. 한미FTA 추진을 둘러싸고 노무현 정부 지지 세력은 둘로 분열했다. 보수 세력이 노무현 정부를 아마추어 집단으로 규정하고 거세게 몰아치고 있던 상황에서 지지 세력의 분열은 치명적 결과를 초래했다. 노무현 정부는 국정 운영 동력을 잃고 말았다.

삼성과의 밀월은 삼성의 노무현 정부 농락으로 드러났다. 노무현의 오랜 후원자였던 강금원 회장은 한 언론 인터뷰에서 "삼성이 노무현 정부를 갖고 놀았는데 그 정도가 매우 심했다."라고 털어놓기도 했다.

노무현 정부는 초라한 경제정책 성적표를 건네받아야 했다. 민심 이반이 돌이킬 수 없을 만큼 뚜렷해졌다. 김대중·노무현 정부는 시장과의 관계에서 무기력한 모습을 보이거나 처참하게 농락당했다. 두 정부의 후계 세력은 절치부심의 세월을 보냈다. 그들에게 다시금 기회가 왔다. 촛불혁명의 승리로 문재인 정부가 출범했다. 문재인 정부 주축 세력은 시장에 대해 공세적 태도를 보였다. 김대중·노무현 정부의 아픈 기억을 되새기면서 이번에는 본때를 보이겠다는 결기를 보였다. 과연 문재인 정부는 의도했던 대로 시장을 요리할 수 있었을까?

소득주도 성장 정책의 실패

문재인 정부는 소득주도 성장 정책을 간판 경제정책으로 내세웠다. 문재인 정부가 의욕적으로 추진한 소득주도 성장 정책은 노동자 서민의 소득이 증가하면 소비지출 확대로 경제성장을 촉진할 수 있다는 이론에 기반을 두고 있다. 주요 근거로 부자와 기업은 소득 일부만을 소비에 지출하고 나머지를 재투자하는 데 반해 노동자 서민은 소득 대부분을 소비에 지출한다는 사실을 꼽고 있다. 노동자 서민은 소비 지수가 높다는 이야기다.

소득주도 성장 정책은 생산성 상승을 바탕으로 시장 주체의 지급 능력이 증대하는 조건에서는 확실하게 빛을 볼 수 있었다. 이를 입증하는 뚜렷한 사례도 있다. 외환위기 이전 10년 동안 노동 대중의 지속적인 임금 소득 증가는 소비의 폭발적 증가를 낳았고 이는 다시 '내수시장 확대 – 기업 매출 증가 – 임금 상승'으로 이어지는 선순환 관계를 형성했다. 노동자들이 다투어 자가용 승용차를 구매하면서 자동차 판매가 급증한 현상은 그 대표적 사례였다.

문재인 정부 때 소득주도 성장 정책을 주도했던 홍장표 교수는 1999년에서 2012년 실질임금 변화가 GDP와 노동생산성, 고용에 미치는 효과 등을 분석했다. 그 연구 결과에 따르면 우리나라 전체 노동자의 실질임금이 1% 증가할 때 GDP는 0.68~1.09%가 증가했다.

문제는 문재인 정부가 소득주도 성장 정책을 추진하던 시기 생산성 정체가 지속되고 있었다는 데 있었다. 2012~2017년 부가가치 증가율과 노동생산성은 마이너스 0.3%와 마이너스 0.9%를 기록했다. 생산성 정체로 기업 등 시장 주체들은 지급 능력이 취약해질 수밖에 없었다.

생산성이 정체된 조건에서 문재인 정부가 소득주도 성장 정책 추진 수단으로서 최저임금의 급격한 인상을 추진했다. 기업과 자영업자 등 시장 주체들은 이를 소화하기가 어려웠다. 정부의 급격한 최저임금 인상 조치는 시장 주체들의 다양한 저항을 초래했다. 예의 '시장의 역습'이 일어나면서 고용 축소, 자동화, 해외 이전 확대 등이 폭넓게 진행되었다.

자영업자들이 다투어 고용을 축소함에 따라 고용원 있는 자영업자 수는 2017년 158만 명에서 2021년 128만 명으로 감소했다. 사람을 기계로 대체하는 자동화 또한 산업용 로봇 사용 세계 최고 수준을 유지하면서 빠르게 가속화되었다. 상당한 수준에서 진행되어 온 기업의 해외 이전은 문재인 정부 들어 큰 폭으로 증가했다. 2019년 1분기 제조업 해외 직접투자는 57억 9,000만 달러로 전년 동기보다 140.2%나 늘었다.

시장의 역습은 주로 하위 계층 몫이었던 단순 반복 작업 일자리를 감소시켰다. 그로 인해 소득주도 성장 정책이 애초에 추구했던 바와는 정반대로 소득 불평등이 심화하는 결과가 나타났다.

통계청 자료에 따르면 하위 20% 저소득층의 월 실질가구소득은 2분기 기준 문재인 정부 출범 당시 139만 원에서 1년 후인 2018년 127만 원으로 줄었다. 반면 상위 20%는 806만 원에서 875만 원으로 급증했다.

비슷한 추세가 이어지면서 빈곤층이 늘고 중산층이 줄었다. 기획재정부 자료에 따르면 2분기 기준으로 빈곤층(중위소득 50% 미만)은 2015년 12.9%에서 2019년 17%로 증가했다. 중간층(중위소득 50~150%)은 2015년 69.5%에서 2019년 59.9%로 감소했다.

소득 불평등은 복지 지출 확대에 따른 이전소득 증가 덕에 가까스로 소폭 완화될 수 있었지만 문재인 정부의 소득주도 성장 정책은 사실상 실패로 끝났다. 일각의 이해와 달리 소득주도 성장 정책은 생산성 동향과 무관하게 성장을 끌어낼 수 있는 독립적인 수단이 아니었다. 소득주도 성장 정책은 생산성이 상승하는 조건에서 성장을 촉진할 수 있는 보조 수단이었다.

일자리 정책에서의 실패

문재인 정부는 출범과 함께 일자리 정부를 표방했다. 일자리 문제를 최우선의 과제로 삼겠다는 의지의 표현이었다. 이를 뒷받침하기 위해 청와대 안에 일자리 현황판을 설치하기도 했다.

일자리의 양과 질을 개선하기 위한 문재인 정부의 노력은 공공 부문을 중심으로 이루어졌다. 문재인 정부 일자리 창출 정책에 따라 공공 부문 인건비가 가파른 기울기로 늘어났다. 2016년에서 2020년에 이르는 문재인 정부 4년간 공공 부문 인건비는 18조 1천억 늘어났다. 한국상장사협의회 자료 분석에 따르면 2020년 공공 부문 총인건비는 89조 5,000억 원으로 나타났다. 처음으로 500대 기업 인건비를 상회한 수준이었다. 해당 기간 사이 증가한 공공 부문 인력은 22만 605명으로 같은 기간 500대 기업 증가 인력 3만 4,886명의 약 6.3배에 달했다. 30대 그룹 인력 증가(4만 8,685명)와 비교해도 4.5배 많았다.

이전 정부와 비교해 봐도 증가 추세는 뚜렷해 보였다. 공공 부문 인력은 이명박 정부 시기에는 5만 7,132명, 박근혜 정부 시기에는 10만 8,185명 증가했다. 문재인 정부에 이르러 공공 부문 인력이 이명박 정부 때보다 4배, 박근혜 정부 때보다 2배 이상 늘어난 셈이었다.

문재인 정부는 일자리 질 개선의 하나로 공공 부문 비정규직의 정규직 전환을 전격 추진했다. 이를 뒷받침하고자 문재인이 취임 3일 만에 인천국제공항공사를 직접 방문해 '비정규직 제로'를 선언했다.

결과는 어떻게 나타났을까? 고용노동부 2020년 8월 27일 보도 자료에 따르면 문재인 정부 출범 3년 만에 공공 부문에서 18만 5,000명이 정규직으로 전환했다. 정규직 전환율은 90%에 이르렀다. 기존 정규직과의 충돌, 자회사를 통한 전환과 전환 후 실질적인 처우 개선 등을 둘러싸고 시비가 끊이지 않았으나 적어도 수치상으로는 목표에 상당히 접근한 셈이었다.

과연 어떻게 평가해야 할까. 평가는 전체 일자리 상황 변화에 비추어 이루어질 수밖에 없다. 박영범 교수가 통계청과 OECD 자료를 근거로 분석한 바에 따르면 문재인 정부 시기인 2017~2019년 만들어진 일자리 수는 박근혜 정부 시기인 2014~2016년 때보다 40만 개 적었다. 공공 부문에서의 일자리 증가보다 훨씬 큰 폭으로 민간 부문 일자리 증가가 둔화하거나 줄었다는 이야기이다.

일자리 질도 함께 떨어졌다. 무엇보다도 문재인 정부 출범 이후 비정규직이 크게 늘었다. 문재인 정부 출범 이후 비정규직의 정규직 전환율은 10.7%에 그쳤다. 공공 부문의 정규직화를 포함한 평균치다. 이명박 정부 시기 정규직 전환율은 16.3%였고, 박근혜 정부 때는 13.1%였다. 지난 두 정부 때 500만~600만 명대에 머물던 비정규직 규모는 문재인 정부 5년 동안 계속 늘면서 2021년에는 806만 명 수준이 되었다. 통계를 작성한 2003년 이후 최대치였다.

고용 관련 중요한 지표인 20~29세 청년 고용율 또한 지속해서 하락했다. 2분기 기준으로 문재인 정부가 출범한 2017년 해당 수치는 58.2%였는데 2018년(57.9%), 2019년(57.7%), 2020년(55.2%) 등 매해 감소했다. 청년들의 취업 관문이 갈수록 좁아진 셈이다.

종합적으로 볼 때 공공 부문과 민간 부문 일자리 상황은 극단적인 양극화 현상을 보였다. 전체적으로는 일자리 상황이 악화한 결과로 나타났다. 공공 부문에서의 개선 효과조차도 민간 부문에 종사하는 다수의 위치에서 보면 소수를 향한 특혜로 비칠 가능성이 컸다.

문재인 정부는 노인 알바 유형의 정부 재정을 동원한 공공 일자리를 확대하거나 공기업에서 인턴을 늘리는 등의 방법으로 일자리 상황이 개선된 것처럼 보이게 하는 숫자 놀음에 집착했다.

기획재정부 자료에 따르면 박근혜 정부 시절인 2016년 한 해 채용된 공공기관 인턴은 1만 5,500여 명이었는데, 문재인 정부 2년 차인 2018년에는 2만 3,000명으로 증가했다. 상당 정도는 정부 요청에 따라 업무 필요성과 무관하게 채용한 것으로 알려졌다.

2020년 정부가 고용주가 되는 '직접 일자리'는 94만 5,500명이었는데 그중 76%가 노인 일자리였다. 모두 공식 고용 통계에 반영되었다. 국회입법조사처는 노인용 일자리는 그 자체로는 의미가 있지만 복지 사업 측면이 강하기에 고용으로 간주하는 시각은 재검토해야 한다고 지적했다.

일자리 정책과 관련된 정부의 임무는 가능한 모든 국민에게 그 효과가 골고루 돌아가도록 하는 데 있다. 일자리 중 절대적으로 많은 부분은 민간 부문에서 만들어진다. 그중에서도 고용의 80% 이상을 차지하는 중소·벤처기업의 역할이 매우 막중했다. 이들 분야에서 일자리 양이 늘고 질이 개선되지 않는 한 일자리 문제는 온전히 해결될 수 없었다.

문재인 정부는 공공 부문에서 일자리의 양과 질을 개선하면 그 효과가 민간 부문으로 확산할 수 있다고 공언했으나 결과는 완전히 어긋났다. 문재인 정부의 일자리 정책 추진 과정에서 민간 부문은 사실상 방치 상태에 놓여 있으면서 전체적인 상황 악화로 이어지고 말았다.

부동산 정책에서의 실패

문재인 정부는 전국 주택보급률이 100%를 넘어선 조건에서 투기만 억제하면 주택 문제는 자연스럽게 해결되리라고 내다보았다. 문재인 정부는 부동산 투기로 떼돈을 버는 세상에 종지부를 찍겠다며 부동산 투기와의 전쟁을 선포했다. 모두 25차례에 걸쳐 내놓은 부동산 정책은 대부분 투기 억제에 초점을 맞추고 있었다. 투기 유발의 여지가 있으면 모두 규제 대상으로 삼았다. 재건축 재개발도 투기 유발 요소가 있다고 여기고 억제했다.

결과는 정부의 의도와 전혀 다르게 나타났다. 주택 가격은 폭등했고 민심은 폭발했다. 특히 재건축 재개발 없이는 부지확보가 쉽지 않았던 서울 지역이 심각한 양상을 보였다.

규제 중심의 부동산 정책은 주택 공급을 위축시켰다. 전국의 아파트 분양 수는 2015년 51.7만 가구, 2016년 45.3만 가구, 2017년 32.6만 가구, 2018년 29.7만 가구, 그리고 2019년 33.4만 가구로 감소했다. 수요에 못 미치는 공급은 분양가 상승으로 이어졌다. 서울의 경우 아파트 평당 평균 분양 가격은 2015년 1,836만 원, 2016년 2,070만 원, 2017년 2,115만 원, 2018년 2,287만 원, 2019년 2,573만 원으로 갈수록 꾸준히 뛰었다.

한국부동산원 통계를 보면 2014년에서 2017년 11월까지 5억 원대를 유지했던 서울 아파트 평균 매매가격은 이후 가파르게 상승해 2021년 5월 기준 9억 원대에 이르렀다. 경제정의실천연합(경실련)은 KB국민은행 자료를 근거로 문재인 정부 출범 이후 4년 동안 서울 집값이 93% 상승했다고 파악했다. 역대 정부 중 가장 높은 수준의 집값 상승에 해당한다.

주택 가격 폭등 덕분에 다수의 물량을 확보하고 있던 소수 투기꾼은 마음껏 폭리를 취할 수 있었다. 결과적으로 문재인 정부 부동산 정책은 투기꾼들의 배만 불려 준 채 실수요자들을 울린 꼴이 되었다.

25전 25패를 기록한 문재인 정부 부동산 정책 실패 원인은 무엇일까? 문재인 정부가 부동산 정책에서 극도의 무능을 드러낸 근원은 무엇이었을까? 크게 세 가지 요인을 꼽을 수 있다.

먼저 국가의 힘에 대한 과신과 부동산 시장을 지배하는 '돈의 힘'에 대한 과소평가가 문제의 근원으로 작용했다. 2000년대 이전에는 두 자릿수 대출금리가 일반적이었다. 이자 부담으로 돈을 빌릴 엄두를 내기 어려웠다. 그러던 금리가 내리 하락했다. 한국은행 기준 금리는 2000년 5.25%에서 10년 뒤 10분의 1인 0.5%로 떨어졌다. 저금리가 지속하는 조건에서 1,200조 원이 넘는 시중 부동자금이 대거 부동산으로 몰렸다. 정부 예산 2배 정도의 돈이 부동산 시장을 덮친 셈이었다. 막대한 규모의 돈은 끊임없이 새로운 수법을 개발하는 식으로 정부 정책을 가볍게 무력화시켰다. 문재인 정부는 막강한 돈의 힘에 맞서 섣부른 속전속결을 꾀하다가 연전연패의 수모를 겪어야 했다.

다음으로 선악 이분법에 입각한 이념적 접근 또한 문재인 정부의 발목을 잡은 중요한 요인이 되었다. 문재인 정부 주축인 민주화 세대는 과거 독재정권에 맞서 싸우면서 선악 이분법이 몸에 배어 있었다. 좌파 사고도 가세하면서 문재인 정부는 도시재생은 선이고 재개발은 악이며, 공공 개발은 선이고 민간 개발은 악이라는 이분법적 사고를 바탕으로 부동산 정책을 펼치는 경우가 많았다. 이념을 앞세운 교조적 접근은 곳곳에서 문제를 일으켰다. 지나친 공공 개발 중시 정책은 민간 개발이 지닌 잠재력을 억제하는 결과를 초래했다. 일률적인 도시재생 정책은 실수요자들의 이해와 충돌을 빚을 여지가 많았다. 지역 사정에 따라 도시재생이 부합하는 곳이 있고 재개발이 절실한 곳이 있기 마련이었다. 도시재생으로 선회하는 과정에서 다수의 재개발 계획을 백지화시킨 결과 주택 공급 확대의 여지를 제거하는 사례도 상당히 많았다. 앞뒤 안 가린 맹목적 재개발도 문제였지만 일률적인 도시재생 또한 문제였다.

이창무 교수는 서울시 의회에 제출한 〈서울 정비사업 출구 전략의 한계 및 개선 방안〉 보고서에서 2012년부터 2018년까지 재개발·재건축을 추진하다 취소된 지역이 총 393곳에 이른다고 밝혔다. 이 교수는 "박원순 시장 취임 직후 뉴타운 출구 전략으로 정비사업 지구 지정을 무더기로 취소하면서 착공하지 못한 아파트가 총 24만 8,889가구로 추정된다."라고 언급했다.

마지막으로 기득권 세력의 일부인 관료 집단에 지나치게 의존하면서 관련 정책 추진이 왜곡 변질할 소지도 매우 많았다. 문재인 정부 정책 입안자들은 국가의 힘을 지나치게 믿었으나 국가 힘에 대한 맹신은 국가 기구를 구성하고 있는 관료 집단에 대한 지나친 의존으로 나타났다. 문제는 관료 집단의 이해관계였다.

2018년 공직자윤리위원회가 공개한 자료에 따르면 청와대 14명, 장관급 14명 등 정권 수뇌부를 구성하는 고위 공직자 상당수가 다주택자임이 드러났다. 또한 차관급 이상 행정부 인사 34%도 다주택자로 확인되었다. 경실련 조사에 따르면 부동산 정책 관련 고위공직자의 부동산 재산이 국민 평균보다 4배 많았고, 36%가 다주택자임이 드러났다.

부동산 부자가 주축인 고위 공직자들이 자기 재산 가치를 떨어뜨리는 정책을 추진할 수 있었을까? 관료들은 영악했다. 관료들이 보기에 문재인 정부 부동산 정책은 국민으로부터 신뢰를 얻지 못하고 있었다. 관료들이 자기들 입맛대로 부동산 정책을 주무르기에 딱 좋았다. 관료의 농간은 문재인 정부 부동산 정책이 실패에 이른 주요 요인의 하나일 가능성이 컸다.

국가와 시장 관계에 대한 오판

문재인 정부는 대체로 좋은 의도를 갖고 출발했다. 소득 주도 성장 정책으로 양극화 완화와 성장이라는 2마리 토끼를 잡으려 했다. 공공 부문 비정규직 제로 정책을 필두로 일자리 상황을 획기적으로 개선하고자 했다. 부동산 투기 근절로 주거 정의를 실현하고자 했다.

모든 정책은 의도가 아닌 결과로 평가받는다. 아무리 의도가 좋아도 결과가 나쁘면 좋은 평가를 받기 어렵다. 소득주도 성장 정책, 일자리 정책, 부동산 정책의 실패는 문재인 정부에 대한 평가에서 결정적 근거로 작용했다. 특히 부동산 정책 실패는 치명상을 안겨다 주었다. 2022년 대선에서 문재인 정부는 혹독한 심판을 받았다. 문재인 정부는 1987년 이후 처음으로 5년 만에 정권을 내준 단명 정권이 되었다.

문재인 정부 정책 실패 원인의 하나로 현장성 결핍을 들 수 있다. 현장과 유리된 책상머리 정책이 빚어낸 비극이었다. 시장 상황에 대해 최소한의 현장 감각이 있는 사람이라면 소득주도 성장 정책에 대한 시장의 역습은 너무도 쉽게 예상할 수 있는 현상이었다.

출발 단계에서부터 소득주도 성장 정책의 실패를 예견하기에 조금도 어려움이 없었다. 공공 부문에서의 일자리 개선 효과가 민간 부문으로 확산할지는 단 하나의 중소기업을 방문해 의견을 나누었어도 금방 알 수 있는 일이었다. 동네 부동산 중개업자들은 문재인 정부 부동산 정책이 결과적으로 소수 투기꾼 배만 불려 주는데 그치리라는 사실을 일찍부터 예견하고 있었다.

현장과의 괴리로 빚어진 가장 심각한 문제는 국가와 시장 관계에 대한 오판이었다. 문재인 정부는 국가의 힘을 과신하고 시장의 힘을 과소평가하면서 거듭 패착을 범했다. 결과적으로 문재인 정부는 본인들의 생각과 무관하게 보수 세력의 비판대로 좌파 시각에 경도되어 있었다.

일반적으로 좌파는 시장을 불신하고 경계하면서 국가의 개입 통제 대상으로 보았다. 국가가 주도하는 공공 부문은 선인 반면 시장이 주도하는 민간 부문은 악이었다. 시장 통제의 무기로서 국가를 전가의 보도처럼 여겼다. 궁극적 문제 해결의 주체는 언제나 국가였다.

과연 좌파의 생각처럼 국가가 시장을 자유자재로 통제할 수 있을 정도의 능력이 있을까? 좌파의 치명적 문제는 국가와 시장 관계에서 일어난 변화를 충분히 주목하지 않았다는 데 있다.

한국 사회의 경우 대략 1980년대까지 국가가 시장에 대해 절대 우위를 유지했다고 볼 수 있다. 청와대를 정점으로 한 국가 기구가 사회 전반을 장악하고 통제했다. 시장 역시 그 범위에서 벗어나지 못했다. 국가는 기업의 생명선인 돈줄을 장악하고 있었다. 대부분의 은행은 국가가 직접 소유하거나 통제하고 있었고 차관 도입 역시 정부의 승인과 지급보증이 필수적이었다. 재벌 기업을 포함해 모든 시장 주체는 국가 권력 앞에서 무조건 고개를 숙일 수밖에 없었다. 국가 권력의 눈에 벗어나는 순간 기업은 일순간에 파리목숨으로 전락해야 했다. 전두환 정권 시절 국제그룹의 해체는 단적인 예였다.

1990년대에 접어들면서 상황이 크게 달라지기 시작했다. 1992년 그동안 고도성장을 총괄 기획하고 지휘했던 경제기획원이 재무부와 통합하면서 사실상 역사의 뒤안길로 사라졌다. 국가 주도의 경제개발 시대가 막을 내렸음을 보여 주는 상징적 사건에 다름 아니었다. 1993년에 출범한 김영삼 정부는 국가의 개입을 축소하고 민간의 자율성을 강화한다는 목표 아래 각종 정부 규제를 폐지했고, 대부분의 시중은행을 민영화했다.

기업은 변화하는 상황에 발맞추어 독자적인 물적, 인적 기반을 꾸준히 강화해 나갔다. 마침내 정보와 인재 확보, 네트워크 측면에서 기업이 관료 사회를 압도하기 시작했다. 막강한 자금력까지 더해지면서 재벌 기업들은 경제부처 상층부를 자신들의 통제 아래두기에 이르렀다. 일련의 과정을 거치며 총량적 관점에서 시장의 힘이 국가를 능가하기에 이르렀다. 권력이 시장으로 넘어갔다고 한 노무현 전 대통령의 발언은 이런 상황 변화를 반영한 표현이었다.

시장에 대한 국가 우위 시대는 확실하게 막을 내렸다. 국가가 시장을 임의로 조절하고 통제하기는 무척 어렵게 되었다. 시장 주체들은 국가의 통제에 저항하거나 무력화시킬 다양한 수단을 갖추기에 이르렀다.

노무현 정부 때의 일이다. 비정규직 문제가 심각한 사회적 이슈로 떠오르자 국회에서 문제 해결을 위한 관련법을 제정했다. 고용 후 2년이 지나면 비정규직을 정규직으로 전환하도록 의무화했다. 하지만 고용주들은 2년이 차기 전에 계약을 해지하는 방식으로 대응했다. 고용 불안정은 더욱 심화했다. 관련법은 아무도 기억하지 않는 휴지 조각이 되고 말았다.

세계화는 기업에 결정적 날개를 달아 주었다. 기업은 세계화를 계기로 국가의 통제를 벗어날 드넓은 무대를 확보할 수 있었다. 기업은 정부의 간섭과 사회적 압력이 강해지면 해외 이전 카드로 맞섰다. 현대자동차는 노조의 힘이 세지고 고용 형태를 둘러싼 사회적 압력이 강해지자 오랫동안 신규 공장 국내 증설을 아예 중단하는 방식으로 응수했다. 일자리와 세수 감소를 우려한 정부와 사회는 기업의 해외 이전 압박에 속수무책으로 굴복해야 했다.

이 모두는 국가의 시장 통제에 의존하는 좌파적 접근은 실패에 직면할 확률이 매우 높음을 말해 준다. 문재인 정부는 일련의 정책 실패를 통해 이 사실을 혹독히 경험해야 했다. 문재인 정부는 국가와 시장의 관계에 대한 편향된 태도로 의도와는 정반대의 결과에 직면해야 했다.

김대중·노무현·문재인 정부 모두 시장의 문턱 앞에서 처참하게 무릎을 꿇어야 했다. 시장의 문턱을 넘지조차 못했다. 문제는 97체제가 시장을 중심 무대로 작동했다는 데 있었다. 김대중·노무현·문재인 정부 모두 97체제 극복을 향해 도전다운 도전을 제대로 하지 못했음을 말해 준다.

도대체 시장이 얼마나 난해하고 강력한 영역이길래 이런 비극적인 결과를 초래했단 말인가? 시장은 어떤 세계인가? 시장을 어떤 시각으로 봐야 하는가? 간단치 않은 질문이다. 진보와 보수 가릴 것 없이 한국 사회에서 빚어진 시행착오의 상당 부분은 시장에 대한 뒤틀린 시각에서 비롯되었다. 97체제 극복을 둘러싸고 방황을 거듭한 원인은 시장에 대한 혼란스러운 시각과 깊은 연관이 있었다. 경제민주화운동과 복지국가를 둘러싼 착오도 크게 다르지 않았다. 시장에 대한 정확한 시각 정립 없이는 시행착오를 반복할 수밖에 없다.

인류 사회 전체적으로도 시장에 대한 균형 잡힌 시각을 정립하기까지 숱한 시행착오를 겪어야 했다. 인류 사회는 시장에 대한 시각을 둘러싸고 혹독한 대가를 치르면서까지 지난한 방황을 거듭했다. 우리는 그 과정을 복기함으로써 시장에 대한 정확한 시각 정립에 다가설 수 있다.

12장

사회주의혁명의 증언, 시장경제의 보편성

좌파는 시장을 강자가 약자를 갈취하는 약육강식 무대로 보면서 원초적인 불신과 경계의 대상으로 삼았다. 좌파의 인식에 결정적 영향을 미쳤던 인물은 마르크스주의 창시자 칼 마르크스였다. 마르크스는 자본주의와 시장경제를 서로 분리할 수 없는 통합된 하나의 체제로 파악했다. 마르크스의 대표작인《자본론》이 상품 분석에서 출발하고 있는 점은 이를 입증하고 있다. 마르크스는 자본주의를 인간에 의한 인간의 착취 제도로 간주하고 타도해야 할 대상으로 보았다. 자본주의와 한 몸인 시장경제 역시 함께 폐기해야 할 대상일 수밖에 없었다. 마르크스의 생각은 상품 생산의 폐기라는 지극히 원초적 형태로 표현되었다.

마르크스주의의 인식 체계는 정통 계승자를 자임한 소련이 시장 자체를 전면 폐기하도록 만든 사상적 근원이 되었다. 결과는 지극히 역설적이었다. 마르크스주의에 기반을 두었던 사회주의혁명의 역사가 마르크스주의에 내포된 치명적 오류를 드러내는 계기로 작용했다.

개혁개방에 나선 동아시아 나라들

러시아혁명으로 촉발한 사회주의혁명은 생산수단에 대한 사적 소유와 시장경제를 함께 폐기했다. 국유기업과 협동농장이 일반화하면서 국가 중심의 계획경제가 자리 잡았다. 자본주의 흔적은 찾아보기 힘들어졌다. 소련식 국가사회주의는 사회주의혁명의 전형이 되었다. 뒤이은 사회주의 국가 모두 소련 모델을 따랐다. 사회주의 진영 한복판에서 전혀 새로운 움직임이 일어났다. 시장경제와의 재결합을 모색하는 개혁개방 움직임이었다.

사회주의 국가 중에서 개혁개방에 가장 먼저 나선 나라는 중국이었다. 그 중심에 덩샤오핑鄧小平이라는 인물이 있었다. 이야기는 1960년대 초부터 시작한다. 당시 중국은 무모하기 짝이 없는 대약진운동 실패로 심각한 후유증을 앓고 있었다. 최고 지도자 마오쩌둥毛澤東은 인민대중의 소자산가 습성을 제거하고 오직 공동체 이익에 헌신하도록 하면 생산력이 최대한 발전할 수 있다고 믿었다. 결과는 완전 허상으로 드러났다. 인민대중은 개인의 이익 추구 여지가 사라진 조건에서 의욕 상실에 빠져들었다. 수송망은 파괴되고 공업은 붕괴했다. 1960년 국민총생산은 대약진운동 출발 때의

3분의 1로 줄어들었다. 마오쩌둥은 대약진 실패 책임을 지고 2선으로 물러났다.

당 총서기를 맡은 덩샤오핑은 대약진운동 실패를 되새기면서 인민대중이 자유롭게 이익을 추구할 때 경제 발전을 기반으로 절대 빈곤에서 탈출할 수 있다고 판단했다. 덩샤오핑은 개인의 자유로운 이익 추구를 뒷받침하고자 개인 경작지를 허용했고, 자유시장을 활성화했으며, 독립채산제를 새롭게 도입했다. 시장경제와의 전격적인 재결합이었다.

문제가 있었다. 덩샤오핑은 인민을 차분히 준비시키지 못한 상태에서 모든 일을 국가 행정 기구 중심으로 추진했을 뿐만 아니라 너무 성급하게 서둘렀다. 부작용으로 당 간부들이 특권을 탐하면서 불평등이 심화하는 등 갖가지 문제가 불거지기 시작했다. 청년들을 중심으로 불만이 폭발했다. 기회를 놓치지 않고 마오쩌둥은 청년들의 불만을 등에 업고 문화대혁명을 일으켰다. 극단주의가 기승을 부리면서 중국은 10년간 대혼란을 겪어야 했다.

문화대혁명 기간에 덩샤오핑은 자본주의파의 수괴로 내몰리면서 목숨마저 위태로운 지경에 놓였다. 그 와중에서도 덩샤오핑은 실패의 원인을 거듭 곱씹었다. 1970년대 후반 마오쩌둥 사망과 함께 기회가 찾아왔다. 덩샤오핑은 재차 개혁개방을 추진하면서 이전과는 사뭇 다르게 접근했다.

덩샤오핑이 우선 착수한 분야는 인구의 절대다수를 점하고 있는 농업 분야 개혁이었다. 덩샤오핑은 안휘성 농촌 마을로 내려가 농민들과 동고동락하면서 함께 해법을 찾았다. '포산도호 包産到戶'

즉 토지에 대한 소유는 기존 공유제를 유지하되 가족 단위로 생산하는 방식을 실험했다. 결과는 놀라울 정도의 생산량 증가로 나타났다. 덩샤오핑은 즉시 새로운 방식을 일반화시켰다. 농민들은 자신들이 함께 찾아낸 해법을 전폭적으로 지지했다. 농민들은 가족 단위로 생산한 농산물의 상당 부분을 시장에 판매해 이익을 얻을 수 있었다.

덩샤오핑은 똑같은 방식으로 해안가 도시를 찾아가 상공업 개혁 방안을 찾아냈다. 핵심은 대외 개방을 조건으로 시장경제와 재결합하는 데 있었다. 실험 적용 후 성과가 나타나자 유사 모델을 해안 도시로 확산시킨 뒤 대륙 전체로 퍼트렸다. 유명한 '점 선 면 전략'을 구사한 것이었다.

일련의 과정을 거쳐 거대한 중국은 큰 혼란 없이 개혁개방에 성공할 수 있었다. 시장경제는 빠르게 발전했다. 화교 자본을 중심으로 해외의 자본이 대거 유입되면서 시장경제 활성화를 촉진했다. 중국은 국가의 적극적 역할을 바탕으로 그들 고유의 방식으로 시장 효율성을 극대화했다. 무엇보다 현장 수준에서 정부와 기업의 협력을 고도화했다.

중국은 개혁개방 성공을 바탕으로 장기간에 걸쳐 초고속 성장을 이어갔다. 마침내 GDP 규모에서 세계 1위 자리를 넘보면서 미국과 자웅을 겨루는 G2 반열에 올랐다. 공식적으로 사회주의 국가임을 표방하면서도 국가 차원의 자본 동원력에서 세계 최강을 자랑하기에 이르렀다.

시장경제로 이행하며 중국 사회 구조에서 커다란 변화가 일어났다. 무엇보다도 전체 국민자본 중 사적 자본이 70%로 압도적으로 높은 비중을 차지하기에 이르렀다. 비슷한 맥락에서 매출 기준 국민경제에서 차지하는 사영 기업의 비중이 80% 정도에 이르렀다. 대표적 생산수단이 된 자본의 소유관계에서 사적 소유가 절대적 비중을 차지하기에 이른 셈이다.

시장경제의 고질적 병폐로 불려 온 소득 불평등 또한 매우 심각한 수준에 이르렀다. 2013년 〈중국 가계 금융 조사〉 자료에 따르면 전체 자산 소유에서 소득 상위 10%가 차지하는 비중은 가계 자산 84.6%, 금융자산 61.0%, 비금융자산 88.7%에 이르렀다. 유엔개발계획 UNDP 자료를 보면 2019년 중국의 지니계수는 0.465로 미국 (0.480)에 근접해 있다.

중국은 불평등과 함께 부패가 심각한 나라로 알려져 있다. 중국 공산당 지도부는 종종 부패와의 전쟁을 선포해 왔는데 부패 정도가 그만큼 심각했음이 드러난다. 문제의 근원은 분명해 보였다. 공산당 절대 권력과 시장경제가 만나면서 탐욕의 독버섯이 무섭게 자라날 수밖에 없었다.

사회주의의 본령은 생산수단의 사회화(집단 소유)를 통해 평등의 가치를 구현하는 데 있다. 이를 기준으로 보면 개혁개방 이후 중국은 사회주의 본령에서 크게 벗어났다고 볼 수 있다. 하지만 중국 자신은 개혁개방 이후 새로운 체제를 '시장사회주의' 혹은 '사회주의 시장경제'로 불렀다. 관련해서 중국과 자본주의 사회 사이의 결정적 차이를 주목할 필요가 있다.

덩샤오핑은 시장경제로의 전환을 추진하면서 정치는 공산당 중심의 기존 체제를 그대로 유지했다. 천안문 사태에서 드러났듯이 민주화 요구도 강하게 억제했다. 당원 수가 1억 가까이 되는 공산당은 중국 사회 전반을 빈틈없이 장악 통제하고 있다. 2019년까지도 1,561만 개의 민간기업 75%에도 공산당 조직이 작동하고 있었다. 500인 이상 기업 대표의 70~80%도 공산당 당원이다. 붉은 자본가로 불리는 집단이다. '공회' 이외에 합법적인 노동조합을 허용하지 않는 조건에서 노동자의 복지 역시도 공산당 조직이 관장하고 있다.

공산당의 지배력은 사드 배치의 보복으로 실행한 한한령에서 드러나듯이 중국 소비자들의 선택을 좌우할 만큼 막강하다. 시장경제와 자본 활동 모두 공산당의 지배를 받아들이는 조건에서 가능하다. 중국에서는 누가 무얼 하든 공산당의 눈치를 봐야 하고 공산당의 비위를 맞출 수밖에 없다. 자본주의 사회에서는 결코 찾아볼 수 없는 양상으로서 매우 중요한 차이라고 할 수 있다. 중국 시장 사회주의의 핵심은 공산당의 지배 권력 독점과 시장경제의 결합에 있었다.

공식적으로 사회주의 체제를 표방하면서 시장경제로의 발전을 추구한 또 다른 동아시아 국가로 베트남이 있다. 베트남은 중국과 비슷하게 시장경제를 부활시켰고 외부 자본을 적극적으로 도입했다. 외부 자본 중에서 주축을 형성한 곳은 한국 자본이었다. 한때 한국계 기업은 베트남 수출의 절반 정도를 담당했을 만큼 절대적인 비중을 차지했다. 베트남은 개혁개방을 바탕으로 풍부한 활력을 자랑하면서 고속 성장을 이어갈 수 있었다.

베트남이 사회주의 체제를 고수하면서도 개혁개방에 나설 수 있었던 데는 나름대로 배경이 있었다. 베트남은 전 세계에서 유일하게 미국을 상대로 10년 전쟁을 치르면서 완승을 거둔 나라이다. 그 어떤 외부의 위협도 넘어설 자신감을 품고 있다. 통일된 나라로서 공산당의 헤게모니가 확고하게 구축되어 있다. 내부의 정치적 위협이 거의 존재하지 않는다. 시장경제를 부활하고 외부 자본을 도입하더라도 사회주의 체제를 유지할 조건을 갖추고 있다.

시장경제로의 발전을 추구한 또 다른 동아시아 사회주의 국가로서 북한을 꼽을 수 있다. 북한은 체제 유지 측면에서 중국이나 베트남과는 상당히 다른 조건을 지닌 나라이다. 북한은 분단국가 처지에다 미국과의 대치가 지속하면서 체제 안전을 보장받지 못하고 있다. 시장경제와의 재결합이 자칫 체제 위협으로 다가갈 여지가 큰 나라이다. 중국식 개혁개방이 쉽지 않은 조건이다. 그런데도 시장경제 발전은 되돌릴 수 없는 흐름이 되었다.

북한은 1990년대 중반 체제를 위협할 수준의 경제 위기를 겪은 바 있다. 국가 공급 체계가 마비되면서 인민은 스스로 생필품을 조달해야 했다. 그 과정에서 장마당이라 부른 시장이 빠르게 확산했다. 북한은 2001년 7.1 경제개선조치를 발표하면서 시장경제로의 발전을 대세로 인정했다. 오늘날에는 인민의 삶 70% 정도가 시장과의 연관 속에서 이루어지고 있다.

소련 국가사회주의의 극적인 몰락

중국을 위시한 동아시아 사회주의 국가들의 개혁개방을 둘러싸고 다양한 평가가 있을 수 있다. 불평등이 심각한 수준에 이르고 있는 중국을 보면서 개혁개방을 사회주의 궤도로부터의 이탈이라고 볼 수도 있다. 시장경제와의 재결합을 악마와의 악수로 평가할 수 있다. 하지만 소련으로 시선을 돌리면 이야기는 완전히 달라질 수 있다. 소련은 일련의 역사적 경험을 통해 시장경제가 어떤 위상을 지니고 있는지를 한층 극적으로 입증했다.

20세기를 통틀어 가장 충격적인 사건 두 가지를 꼽는다면 1917년 러시아혁명과 1991년 소련 붕괴를 꼽을 수 있다. 둘은 소련이라는 한 나라의 처음과 끝을 이루는 사건이었다.

오랫동안 자본주의는 인간의 의지와 무관하게 그 자체로 존재하는 자연 질서처럼 여겨지고 있었다. 러시아혁명은 사상 최초로 자본주의 질서를 전복하고 상상 속에서만 존재했던 사회주의 사회를 현실 세계로 만들었다. 인류사에 커다란 충격이 아닐 수 없었다.

소련의 붕괴는 인류사에 보기 드문 해괴한 장면이었다. 소련은 외부의 공격이나 뚜렷한 내부 반란을 겪은 게 아니었다. 자연사에 이를 정도로 노쇠함이 극에 달해 있지도 않았다. 불과 얼마 전까지만 해도 미국과 맞먹을 정도의 초강력 힘을 자랑했던 나라였다. 그런 소련이 스스로 무너져 내렸다.

소련 붕괴의 근원은 소련 사회를 특징지었던 '국가사회주의 체제'에 내재돼 있었다. 체제 문제와 연관이 있었다. 문제의 본질이 무엇이었는지 파악하기 위해 소련의 역사를 복기해 보자.

소련 사회는 국가가 모든 것을 책임지고 인민은 전적으로 국가에 의존하는 전형적인 국가사회주의 체제였다. 거의 모든 기업은 국가 기구 일부로 존속했으며 경제는 중앙집권적인 국가 계획 아래 움직였다. 자본 축적과 시장은 전면 폐기되었고, 배급제가 그 자리를 대신했다.

사회주의 공업화 초기 단계에서 국가사회주의 체제는 강력한 힘을 발휘했다. 두 가지 요인이 작용한 결과였다. 먼저 절대 빈곤으로부터 탈출하고자 하는 인민의 열망을 경제 활동 동기로 이용할 수 있었다. 국가는 절대 빈곤에서 벗어나기를 갈망하는 인민을 조직적으로 동원해 생산 현장에 투입했고 인민은 적극적으로 호응했다. 처칠의 표현대로 호각소리 하나에 모든 일이 일사천리로 진행되었다.

국가는 생존에 필요한 최소 수준 소비재만 공급하고 나머지 자원 모두를 공업화를 촉진하는 데 전격 투입할 수 있었다. 사회주의 공업화 시기 인민에게 지급한 운동화는 1년에 1켤레 정도에 불과했다.

두 가지 요인 덕분에 소련은 자본주의 사회에서는 도무지 상상조차 하기 힘든 연간 수십 퍼센트 수준의 초고속 경제성장을 이어갈 수 있었다. 공업화 성공은 소련이 2차 세계대전에서 독일과의 전쟁을 승리로 이끄는 밑천이 되었다. 소련은 미국과 맞서는 초강대국으로 부상했다. 하지만 소련이 성공 문턱을 막 넘어서는 순간부터 상황이 반전되기 시작했다.

절대 빈곤에서 벗어나면서 경제 활동 동기 유발이 쉽지 않아졌다. 사회주의 공업화 초기 단계가 성공적으로 마무리되자 과거처럼 절대 빈곤에서 벗어나고자 기꺼이 고난을 감수하는 모습은 사라졌다. 욕망의 불꽃을 태울 새로운 동기 유발이 절실했으나 쉽게 답을 찾지 못했다.

자본주의 사회는 엄격한 노동 통제 시스템을 구축함으로써 노동생산성을 지속해서 끌어올릴 수 있었다. 자본주의가 높은 생산력을 발휘할 수 있는 원천이었다. 노동자들은 지루하고 힘든 노동을 참고 견딜 수밖에 없었다. 그렇지 않으면 해고 등 각종 불이익을 받아야 했다.

노동자 사회를 표방했던 소련에서는 강제적인 노동 통제 시스템 구축이 여간해서 쉽지 않았다. 노동 통제의 최후 수단인 해고도 원천적으로 불가능하게끔 되어 있었다. 기대할 수 있는 요소는 오직 노동자의 자발적 노력뿐이었다. 하지만 기계적 평등주의가 작동함에 따라 열심히 일하든 하지 않든 돌아오는 결과가 크게 다르지 않은 상황에서 노동자들은 굳이 힘들게 일하려 하지 않았다. 놀고먹으려는 풍조가 암암리에 퍼져 나갔다. 소련 사회에서 노동자가 누릴 수 있는 최고의 호사는 '게으를 수 있는 권리'였다.

국가사회주의의 고질적 문제가 상황을 더욱 악화시켰다. 중앙집권적 계획경제 아래서 모든 결정은 국가계획위원회 중심의 상층부에서 이루어졌다. 관료 조직은 결정을 아래로 전달하고, 인민은 이를 이의 없이 수행했다. 그러한 과정을 반복하면서 소련 사회 전체가 위는 지침을 내리고 아래는 위의 결정만을 기다리는 데 익숙해져 버렸다.

　노동자들은 상부 명령을 기다리고 있다가 주어진 할당량을 채우는 수동적 존재로 전락해 갔다. 할당량 기준이 톤이면 무게가 많이 나가는 물건을 만들었고, 총가치 기준이 루블이면 비싼 자재를 이용해 만들었다. 공장 노동자는 어떻게 하면 좀 더 좋은 품질의 제품을 생산할지, 국영식당 노동자는 어떻게 하면 좀 더 맛있는 음식을 만들지 고민하지 않았다.

　국가사회주의의 명운을 좌우하는 중앙집권적 계획 기능 자체에서도 문제가 불거지기 시작했다. 사회주의 공업화 초기 단계에서 국가가 강제적인 자원 배분을 통해 초고속 성장을 이루어 낼 수 있었던 데는 그만한 이유가 있었다. 당시 생산 품목 가지 수는 많지 않았고 대부분 질 고려 없이 양만 따지면 되었다. 운동화 몇 켤레, 옷감 몇 미터, 철강 몇 톤 하는 식이었다. 소품종 대량생산 단계로서 국가가 계획을 세우고 집행하기가 그만큼 쉬웠다.

　제품 가지 수가 끝없이 다양해지고 기능과 디자인이 차별화되는 다품종 소량생산 단계에 접어들면서 국가 계획은 갈수록 어려워졌다. 운동화 하나만 보더라도 생활용, 스포츠용, 작업용이 다르고 나이와 성별에 따라 디자인과 기능이 제각각 다를 수 있다. 이를 일일이 국가 계획에 반영하기는 거의 불가능에 가까웠다. 계획경제 비효율성이 갈수록 심화할 수밖에 없었다.

　1960년대까지 소련 인민은 자신의 체제에 상당한 신뢰를 품고 있었다. 소련 체제는 비록 소비 수준은 서방 세계보다 낮은 수준이었지만 기본적인 의식주를 보장하면서 무상에 가까운 다양한 복지를 제공했었다. 1970년대에 접어들자 상황이 달라지기 시작했다.

경제 활동 동기 유발이 제대로 되지 않으면서 노동생산성이 정체되고 있었다. 국가 계획의 비효율성도 나날이 심화하고 있었다. 소련 사회 전체가 정체 늪에 빠져들면서 갈수록 무기력해졌다. 갖가지 경제 지표들은 이 모든 게 의심할 여지 없는 현상임을 입증해 주었다.

GDP, 공업생산고, 노동생산성, 1인당 국민소득 등 모든 경제 지표에서 소련의 발전 속도는 현저히 떨어지고 있었다. 특히 1950년대까지 서방 세계에 우위를 지켰던 연간 경제성장률이 연거푸 떨어졌다. 1950년대에 연간 5.7%를 기록했던 소련 국민총생산 증가율은 1960년대에 5.2%, 1970년대 전반에 3.7%, 1970년대 후반에는 2.6%, 1980년대 전반에는 2%로 계속 떨어졌다.

종합적 결과로서 인민 삶의 질을 개선하는 능력이 갈수록 떨어지기 시작했다. 단적으로 인민 삶의 질을 나타내는 지표의 하나인 평균 수명에서 소련이 서방 세계에 뒤지고 있었다.

소련 사회는 누가 봐도 계속 방치했다가는 매우 위태로워질 수 있는 상태에 놓여 있었다. 중앙집권적인 계획경제로는 더 이상의 문제 해결 능력을 발휘하기 어려운 상황이었다. 시장경제와 재결합하지 않고는 소련 경제의 병폐를 치유할 수 없음이 갈수록 분명해졌다.

가까운 장래에 소련 사회에 커다란 변화가 일어나리라는 안팎의 관측이 우세한 가운데 1985년 3월 15일 미하일 세르게예비치 고르바초프Mikhail Sergeyevich Gorbachev가 새로운 지도자로 등극했다. 고르바초프는 소련 사회의 고질적인 병폐를 전격적으로 치유하기 위해 페레스트로이카(개혁)와 글라스노스트(개방)을 내걸었다. 그 핵심은 시장경제와의 재결합을 통한 경제체제의 전면적 전환이었다.

문제가 불거졌다. 고르바초프는 너무 급하게 서둘렀고 주도면밀함을 발휘하지 못했다. 시장경제로의 전환 지름길은 '정치의 자유화'라고 보고 이를 우선했으나 결과는 치명적이었다.

고르바초프는 자유 선거를 도입했고 이를 뒷받침하기 위해 매체와 문화, 학술 분야에서 광범위한 개방을 추진했다. 그간 금기시했던 활동들이 폭발적으로 전개되기 시작했다. 저널리스트들은 1920년대 이후 소련의 실상을 폭로했다. 상층 관료들의 도를 넘는 부패, 심각한 환경오염, 건강 서비스 악화, 널려 있는 빈곤과 미신 등 온갖 문제들을 거침없이 제기했다. 그동안 욕구를 억제하는 데 익숙해진 인민들은 자신들이 기만당했다고 느끼기 시작했다. 인민들이 억눌린 욕구를 분출하면서 곳곳에서 허가받지 않은 집회와 시위, 파업 투쟁이 빈번해졌다.

고르바초프는 거침없는 인민들을 불온시했고 급기야 인민을 멀리하면서 당내 다수파를 구성하고 있는 보수파에 기대기 시작했다. 보수파가 요구한 무허가 시위 금지 법령에 서명하기도 했다.

인민과 급진개혁파는 고르바초프를 향해 격렬한 공격을 퍼붓기 시작했다. 소련 사회는 보수파와 급진개혁파로 갈라져 대립했다. 고르바초프는 둘 사이를 오락가락하며 갈피를 잡지 못했다. 고르바초프는 모든 상황을 주도하던 위치에서 아무것도 통제할 수 없는 인물로 전락했다.

소련 사회는 걷잡을 수 없는 혼란 속으로 빠져들어 갔다. 최소한의 조절과 통제 기능조차 작동을 멈추었다. 1989년부터는 소련 경제정책 골간인 5개년 계획조차 수립하지 못했다.

결국 소련은 스스로 붕괴하고 말았다. 연방을 구성했던 15개 공화국은 각기 독립했다. 소연방의 해체였다. 세계 최초 사회주의 국가 소련은 허망하게 사라져 갔다. 2차 세계대전 이후 소련 주도로 세워졌던 동유럽 일원 사회주의 국가들 역시 연이어 체제 붕괴에 직면했다.

소련 붕괴의 요인에 대해서는 다양한 시각이 있을 수 있다. 사회주의의 근본적 결함으로 인한 필연적 결과로 볼 수도 있고, 고르바초프의 실책이 빚어낸 우발적 사태로 볼 수도 있다. 이와 무관하게 소련 붕괴 과정에서 드러난 분명한 사실이 하나 있었다.

소련의 붕괴는 시장을 국가의 기능으로 전면 대체하고자 했던 국가사회주의는 결코 최종 답이 아님을 입증했다. 중앙집권적 계획경제에 의존했던 국가사회주의는 산업화 초기 상품 가지 수가 매우 단순했던 소품종 대량생산 단계에서만 작동이 가능한 시스템이었다. 상품의 가지 수와 품질이 무한히 다양해지는 다품종 소량생산 단계에서 국가사회주의는 제대로 기능할 수 없었다. 이 단계에서 다양한 경제활동 주체를 통합해 줄 수 있는 기제는 오직 시장뿐이었다.

국가사회주의는 절대 빈곤으로부터 탈출 욕망이 지배하던 산업화 초기에는 나름 효율성을 발휘할 수 있었다. 하지만 절대 빈곤에서 벗어난 이후 새로운 동기를 유발해야 하는 상황에서는 제 기능을 하기 어려웠다. 개인 이익 추구를 허용하는 시장경제만이 해답을 줄 수 있었다.

붕괴에 직면했던 소련 국가사회주의 체제의 경험이 인류에게 던진 메시지는 매우 분명했다. 시장경제는 일시적인 폐기는 가능할지 모르겠지만 궁극적 폐기는 불가능했다. 근대 이후 시장경제는 모든 유형의 경제가 작동하는 보편 기제에 해당했다. 시장경제를 자본주의와 한 몸으로 보고 전면 폐기 대상으로 간주했던 마르크스주의의 치명적 오류가 드러나는 지점이다.

시장경제가 보편 기제라는 사실은 자본주의 또한 시장경제 위에서 작동하는 여러 유형 중의 하나임을 말해 준다. 이는 자본주의와 다른 시장경제의 태동 가능성이 얼마든지 존재함을 암시한다.

유효성을 상실한 좌파 시각

일정한 조건에서 사람을 움직이는 결정적 요소는 사상문화이다. 근대 이후 사상문화의 무서운 힘을 실천적으로 입증한 대표적인 세력은 좌파 마르크스주의자들이었다. 소련과 중국을 중심으로 지구의 3분의 1에 마르크스주의를 공식 교의로 삼는 사회주의 나라가 세워졌다. 서구 사회와 수많은 제3세계 좌파가 마르크스주의의 가르침에 따라 움직였다.

마르크스주의는 철학, 역사관, 사회 이론, 전략 전술 등을 망라하는 전일적인 사상이론 체계였다. 좌파에게 마르크스주의는 세상을 얻을 수 있는 강력하면서도 영험하기 짝이 없는 최고의 무기였다. 비록 교의로 받아들이지 않았더라도 좌파 지식인이라면 누구나 현실을 비판적으로 해부하고 대안을 찾는 데서 많든 적든 마르크스주의에 의존해 왔다.

중국의 개혁개방과 소련의 붕괴를 거치면서 마르크스주의의 치명적 오류가 드러났다. 사회주의혁명의 역사는 한 때 시장경제의 전면 폐기를 추구했으나 결과적으로 시장경제가 보편 기제임을 입증했다.

마르크스주의가 시장과 국가의 기능을 둘러싸고 인식의 오류를 범하게 된 원천 지점이 있었다. 마르크스주의는 자본주의 근본 모순으로서 '사적 소유와 생산의 사회적 성격 사이 모순'을 꼽았다. 요지는 이렇다. 생산력이 발전함에 따라 분업이 고도화하면서 생산의 사회적 성격이 강화되었다. 생산의 사회적 성격 강화는 자본의 사적 소유와 충돌하면서 생산의 무정부성을 키웠다. 생산 과정이 사적 자본의 지배를 받는 조건에서 전체적인 조절 통제가 어려워졌다. 공황은 이 같은 모순이 누적해 폭발하며 빚어진 현상이었다. 실제 공황이 발생함에 따라 마르크스주의 분석은 강력한 호소력을 획득할 수 있었다.

자본주의의 근본 모순에 대한 마르크스주의 이론은 사회주의혁명 필연성을 입증하는 확고한 근거로 작용했다. 마르크스주의는 자본주의의 근본 모순을 해결하려면 생산수단의 사회화, 즉 집단 소유로 전환하면서 시장 기능을 국가 계획으로 대체해야 한다고 보았다.

장하준 교수가 적절하게 지적했듯이 마르크스주의는 바로 여기서 결정적 판단 착오를 일으켰다. 분업이 고도화하고 복잡해지면 국가 계획 역시도 그만큼 힘들어질 수 있다는 사실을 놓쳤다. 판단 착오는 소련 사회주의 체제를 존립 위기에 빠트렸을 만큼 치명적이었다.

　　마르크스주의는 녹슬면서 제 기능을 하기 힘들어졌다. 마르크스주의가 거대한 세력을 형성하기는 더 이상 가능하지 않다. 하지만 마르크스주의는 여전히 만만치 않은 그림자를 드리우고 있다. 한국 사회에서는 마르크스주의의 영향을 받은 '좌파 시각'이 계속 작동하고 있다. 좌파 시각은 시장을 불신하고 자본을 혐오한다. 좌파 시각에서 시장은 강자가 약자를 갈취하는 야만의 무대고 자본은 노동을 착취하는 악마의 도구다. 기업도 자본의 이윤 추구 기구라는 점에서 불신과 혐오의 대상이다. 완강하게 '반시장 반기업' 태도를 견지한다. 좌파 시각은 시장을 불신하고 경계하면서 국가가 나서서 통제해야 할 대상으로 봤지만 국가 우위 시대는 막을 내렸다. 국가는 시장을 임의로 통제할 수 있는 위치에 있지 않다.

　　'반시장 반기업' 시각을 고수하는 좌파 시각이 현실성을 가지려면 소련식 국가사회주의가 대안으로서 유효하던가 적어도 국가가 시장에 개입해 단단히 재갈을 물릴 수 있어야 한다. 두 가지 모두 현실성 없는 해법이 되었다. 좌파 시각으로 시장의 문제를 해결하기가 매우 어려워졌다. 시대는 시장에 대한 좌파 시각에서 서둘러 벗어나기를 요구하고 있다.

13장

방만의 비극, 시장 자유방임주의

    좌파 시각의 반대편에 시장의 자율 기능을 맹신하면서 시장 자유방임주의를 추구해 온 우파 시각이 있다. 우파 시각은 별다른 하자가 없는가? 인류 역사는 이 역시 치명적 결함을 지니고 있음을 입증해 왔다.

    20세기 초반까지 자본주의 세계를 지배해 온 기조는 시장 자유방임주의였다. 국가의 개입을 최소화하고 시장의 자율 기능을 강화할 때 경제는 최상의 성적을 낸다는 믿음이었다. 하지만 1929년 대공황이 엄습하면서 시장 자유방임주의는 침몰하고 말았다.

    1929년 대공황은 번영의 시대를 구가하던 신흥 강국 미국에서 발생해 일거에 자본주의 세계를 파국으로 몰고 갔다. 대공황 발생 다음 해인 1930년 7월 월가의 주가는 1929년 9월 1일의 8분 1의 밖에 되지 않았다. 미국의 공업생산액은 1929~1931년 기간 동안

약 3분의 1로 줄어들었다. 그 여파로 세계 공업생산액은 1925～
1929년 평균을 100으로 할 때, 1929년 2분기에는 113.1이었으나
1932년 3분기에는 65.9에 불과했다. 1929～1932년 사이에 세계 무
역량은 70.8%나 감소했으며 전 세계적으로 5,000만 명이 넘는 실
업자가 발생했다. 실로 상상할 수조차 없었던 대재앙이 발생한 셈
이었다.

대공황은 시장이 보이지 않는 손의 오작동으로 심각한 '시장
실패'에 직면할 수 있음을 입증해 주었다. 대공황의 여파로 시장 자
유방임주의는 국가의 개입과 통제를 옹호하는 케인스주의에 자리
를 내주었다. 오랫동안 숨을 죽이고 지내던 시장 자유방임주의는
1990년대 이후 다시금 날개를 달았다. 소련 사회주의권의 몰락과
함께 신자유주의가 대세를 이루며 일어난 현상이었다. 하지만 시장
자유방임주의의 부활과 함께 시장 실패 또한 재현되었다. 한국이
먼저 경험하고 미국이 그 뒤를 따랐다.

외환위기를 부른 성급한 자유화

시장 자유방임주의의 부활과 실패는 1990년대 김영삼 정부 경
제정책으로부터 시작한다. 김영삼 정부는 미국으로부터 고강도 금
융시장 개방 압력을 받고 있었는데 치밀하게 대처하지 못하고 시
종 끌려다니는 모습을 보였다. 여기에 덧붙여 쓸데없는 과욕이 문
제를 더욱 어렵게 만들었다.

김영삼 정부는 임기 내에 한국을 선진국으로 진입시킨다는 야심 찬 계획을 품고 있었다. 이를 가시적으로 입증할 수 있는 조치의 하나로서 선진국 클럽이라고 할 수 있는 OECD 가입을 추진했다. 그 전제 조건은 금융시장의 전면 개방이었다.

김영삼 정부는 1996년 9월에 금융시장 개방을 마무리하는 상징적 조치로서 한국은행이 국제결제은행에 가입하도록 한 뒤 한 달 후인 10월에 29번째 회원국으로 OECD에 가입했다.

문제는 김영삼 정부가 OECD 가입 일정에 맞추어 금융시장 개방화·자유화를 급하게 서둘렀다는 데 있었다. 김영삼 정부는 관련 정책이 어떤 결과로 이어질지 치밀하게 계산하지 않았다.

김영삼 정부는 1993년 금융 산업의 진입 규제를 완화하고 금융기관의 대형화, 전문화를 적극적으로 유도하면서 종래 분업주의에서 선진국형 겸업주의로의 전환을 함께 추진했다. 금융시장을 개방하더라도 국내 금융기관이 충분한 경쟁력을 갖고 대처할 수 있도록 만들겠다는 취지였다.

그 과정에서 1994년 9개 투자금융사가, 1996년에는 15개 투자금융사가 종합금융사로 전환했다. 종합금융사는 어음 할인 업무 외에도 해외증권 투자 및 외환 운용을 할 수 있게 되었다.

변화된 환경에서 재벌은 막강한 자금력을 바탕으로 보험, 증권, 신용카드, 할부금융, 상호신용금고, 국민투자신탁 등 제2금융권의 대부분을 손쉽게 손에 넣을 수 있었다. 뿐만이 아니라 재벌은 시중은행의 민영화, 대형화 과정에서 대주주로 변신함으로써 사실상 금융 산업 전반을 자신의 지배 아래 둘 수 있었다. 금융 산업 개방화·자유화 추진은 금융 산업에 대한 재벌의 확고한 지배로 이어졌다. 금융기관은 재벌의 사금고로 전락했다.

재벌은 금융 산업을 지배함으로써 자금 동원력이 한층 풍부해졌다. 더욱이 금융 산업 개방화·자유화를 추진하면서 1990년대 중반부터 해외 차입이 자유로워졌다. 차관 도입 시 정부의 승인과 보증을 받아야 했던 과거의 관행도 함께 사라졌다. 외국의 금융기관 또한 한국 경제의 신인도가 높아짐에 따라 정부 보증 없이도 쉽게 자금을 제공했다.

당시 국제금리는 국내에 비해 매우 낮았다. 1990년 초중반 국내 시중 금리는 13%를 넘은 데 반해 국제우대금리는 보통 4~5% 수준이었다. 금융기관 위치에서 볼 때 해외로부터 자금을 도입해 국내에 풀면 상당한 차익을 거둘 수 있는 호조건이었다.

분위기를 타면서 재벌의 고질적인 병이 도지기 시작했다. 자금을 동원하기가 전례 없이 좋아진 상태에서 재벌들은 업종을 가리지 않고 미친 듯이 투자를 확대하기 시작했다.

상위권 재벌들은 원세트one set주의에 입각해 스스로 취약하다고 여긴 곳에 진출해 모든 업종을 평정하겠다는 강한 의욕을 드러냈다. 삼성그룹의 자동차 산업 진출과 현대그룹의 전자 산업 진출은 대표적인 경우라고 할 수 있다. 중하위권 재벌들은 풍부한 자금 공급에 의존해 일거에 상위권 재벌로의 도약을 목표로 모험적인 투자에 나섰다. 한보그룹은 무려 5조 원의 은행 대출을 바탕으로 대규모 철강 회사를 세우기도 했다.

재벌들의 정도를 넘는 과잉 중복 투자는 정부의 변화된 산업

정책과도 밀접한 연관이 있었다. 김영삼 정부는 시장의 자율성 강화를 목표로 그간 진행되어 온 각종 정부 규제와 개입 장치를 하나 둘씩 제거해 나갔다. 그중 하나로 1961년 이래로 30년간 유지해 온 경제개발오개년계획 수립을 1993년에 종식했으며, 투자 조정 정책 또한 폐기했다. 재벌들의 과잉 중복 투자를 억제하고 조정할 정부 기능이 사라져 버리고 말았다.

재벌들의 무모한 투자는 해외로까지 확대하였다. 이른바 '글로벌 경영' 바람이 거세게 불었다. 1989년 삼미그룹은 캐나다의 특수강 업체 아틀라스를 1,800억 원 상당인 2억 2,000만 달러에 인수했다. 1993년 현대전자는 세계 굴지의 HDD(하드디스크 드라이브) 생산업체인 맥스터사의 주식 지분 40%를 1억 5,000만 달러에 인수했다. 1989년 대우그룹은 인도의 DCM과 도요타 자동차가 인도 뉴델리 부근에 합작 설립한 DCM-도요타 사의 주식 51%를 3,780만 달러에 인수했다. 1995년 LG전자는 최초 TV 생산업체로서 미국의 자존심이라 불렸던 제니스사를 3억 5천만 달러에 인수했다. 1995년 삼성전자는 당시 세계 6위 컴퓨터 생산업체인 미국의 AST 사의 지분 40.25%를 3억 7,750만 달러에 인수했다.

문제는 해외투자의 경우 국내 투자와 달리 전액 외화로 결제해야 한다는 데 있었다. 해외투자 확대는 해외로부터의 차입을 급증하게 만드는 요소가 될 수밖에 없었다.

김영삼 정부는 무분별한 해외투자가 초래할 부정적 결과를 예감하고 사전심의제 도입을 통해 이를 억제하고자 했다. 김영삼 정부의 시도는 곧바로 세계 각국으로부터 격렬한 반발을 초래했다.

김영삼 정부는 사전심의제 도입을 포기했고, 해외 투자에 대해 전혀 손을 쓸 수 없었다.

재벌의 해외 투자가 상당한 무리가 따른 선택이었음은 얼마 안가 드러났고, 그 후과가 국내에까지 미쳤다. 밖에서 튄 불꽃이 안으로까지 번지면서 대참사의 도화선으로 작용했다.

삼미는 아틀라스 특수강을 인수했지만 세계 특수강 경기가 침체하면서 경영 부실화를 피할 수 없었다. 끝내 그룹 전체가 도산하고 말았다. LG전자가 인수한 제니스사는 1995년 인수하던 당시 주가가 주당 10달러였으나 1998년에는 3.17달러로 하락하는 등 경영 상태가 계속 악화 일로를 걸었다. 삼성전자는 AST사를 인수한 후 소액주주들의 간섭을 배제하고자 주식을 100% 인수하면서 15억 달러 이상을 투자했다. 막대한 자금을 투입했지만 기대와 달리 경영 부실 상태가 계속되면서 그룹 전체가 곤경에 빠져들고 말았다.

현대전자가 인수한 맥스터사 역시 경영부실로 매년 1~2억 달러의 적자를 냈다. 1989년 현대자동차가 북미 시장 진출을 목적으로 캐나다 브르몽에 설립한 소나타 생산 공장은 적자 누적으로 4년 만에 폐쇄되었다. 그로 인해 4억 3,000만 달러 상당의 손실이 발생했다.

재벌들이 무리한 해외투자로 고전을 면치 못하고 있던 와중에 국내 상황 또한 극도로 악화하고 있었다. 무모하기 짝이 없는 과잉 중복 투자가 끝내 연쇄 부도 사태를 초래하기에 이르렀다. 1997년 1월 한보, 3월 삼미, 4월 진로, 6월 기아차 부도를 거쳐 대기업들이 연쇄적인 부도 사태에 휘말렸다. 사태는 수년간 계속되었고 그 과정에서 대부분의 재벌이 직격탄을 맞았다. 현대그룹의 모기업인 현대건설이 부도를 맞았고, 삼성그룹 전체가 힘을 쏟아부으면서 야심차게 추진했던 삼성자동차 역시 부도에 쓰러지고 말았다. 한때 세계경영으로 찬사를 받았던 대우그룹은 그룹 자체가 해체되는 수모를 겪어야 했다.

재벌 기업들의 부도로 부실채권이 증가하자 은행들은 BIS 조건을 충족시키기 위해 신규 대출을 줄임과 동시에 여신을 회수하기 시작했다. 자금난에 직면한 기업들은 앞다투어 종합금융사로 몰려갔고 종합금융사는 급전을 조달하기 위하여 콜머니뿐만 아니라 국제 자본시장에서 금리가 높은 단기자금을 대거 차입하기 시작했다. 외채가 눈덩이처럼 불어났다.

재벌 기업에 과다하게 대출해 준 종합금융사들마저 부실채권을 우려해 1997년 6월부터 자금회수를 본격화하면서 상황은 최악을 향해 치달았다. 재벌 기업들의 부도 사태가 급속히 확산했다. 그 파장은 점차 중소기업으로 퍼지면서 견실한 중견기업들까지 부도 도미노 사태에 휘말려 들었다. 기업들의 연쇄적인 부도는 부실채권을 급격히 증가시키면서 금융권 전체를 동반 부실의 늪으로 빠뜨리고 말았다. 한보그룹과 기아그룹의 주거래은행이었던 제일은행은 폭격을 맞은 듯이 폭삭 주저앉아야 했다.

금융권 부실화 과정에서 드러난 심각한 문제 중의 하나는 금융권이 대출해 준 자금 중 상당 정도를 해외로부터 차입했다는 사실이었다. 외채가 대폭 늘어날 수밖에 없는 구조였다.

1994~96년 사이 연간 외채 증가율은 33.6%에 이르렀는데 이

는 외채위기가 거론되었던 1979~85년 기간의 17.8%보다 두 배 정도 높은 수치였다. 1993년 440억 달러 수준이었던 외채 규모는 1997년 최고 1,280억 달러까지 늘어났다. 더욱 심각한 문제는 단기 외채 비율이 1996년 말 이미 58.3%에 이르고 있었는데 이는 지나치게 높은 수준이었다.

결국 한국은 외환위기에 봉착했다. 한국 정부는 외환위기에서 벗어나려 몸부림쳤으나 미국이 허락하지 않았다. 외환위기를 겪으면서 한국 경제는 파국적인 상황으로 내몰렸다. 1996년 말 1달러에 844원이었던 환율은 외환위기 직후인 1997년 12월 24일 1달러당 1,965원 수준으로 2배 이상 치솟아 올랐다. 1996년 1000을 넘었던 종합주가지수는 1997년 12월 350.7로 곤두박질쳤다.

1998년 한국 경제의 성장률은 마이너스 6.7%라는 사상 최악의 수치를 기록했다. 1996년 50만 명 수준이었던 실업자 수는 1998년에 이르러 최대 170만 명까지 늘어났다. 실업률은 1996년의 2.3%에서 1998년 8.0%로 치솟았다. 어디까지나 공식 통계에 불과한 수치로서 추산에 따르면 1998년도 실질적인 실업자 수는 400만 명에 이르렀다.

노숙자 수가 급증했고 이른바 IMF형 범죄가 크게 늘었다. 1998년 9월 생활고를 견디지 못한 한 아버지가 보험금을 타내기 위해 10살짜리 아들의 새끼손가락을 자른 사건이 일어났다. 12월에는 보험금을 노리고 자기 발목을 절단한 사건이 일어나기도 했다. 상상조차 할 수 없었던 충격적인 상황이 연거푸 벌어지자 한국인들은 너나 할 것 없이 공황 상태에 빠져들었다.

일련의 과정은 시장이 급격히 고삐가 풀리면서 무분별한 탐욕 추구의 무대가 될 때 어떤 끔찍한 혼란이 일어나는지를 생생하게 입증했다. 자유방임주의 상태에서 시장은 제어 능력을 상실한 채 자신의 무덤을 팠다. 외환위기로 치닫는 과정은 명백한 시장 실패의 전형이었다.

위험스러운 거품 위의 항해

1950~60년대에 걸친 자본주의 황금기 동안 선진국에서는 장기 호황이 오랫동안 지속했다. 분배도 전례 없이 원활하게 진행되었다. 노동자들을 포함해 사회 구성원 대부분 소득이 꾸준히 증가했다. 소비 수준이 향상했을 뿐만 아니라 여윳돈도 생겼다. 이 돈들이 모여 거대한 금융자본을 형성했다. 금융자본은 실물경제보다 몇 배 빠르게 증가했다. 미국의 경우 1960년 GDP의 200% 수준이었던 금융자본이 2000년대 접어들어서는 400%에 육박했다. 결국 금융자본이 자본 세계의 중심축으로 자리 잡기에 이르렀다.

금융자본 규모가 커지자 실물경제와의 불균형이 커지면서 이윤 획득 기회를 얻지 못한 경우가 갈수록 늘었다. 돈이 돌지 않으면서 덩달아 상품이 팔리지 않을 가능성도 커졌다. 실물경제와 금융자본 사이 불균형이 심화하면서 불황이 더욱더 깊어질 수밖에 없었다. 1970년대 이후 북미 지역과 서유럽은 석유 위기까지 가세하면서 장기 스태그플레이션 늪 속에 빠져들었다.

미국의 레이건 정부와 영국 마거릿 힐더 대처^{Margaret Hilda Thatcher} 정부는 신자유주의로 불린 급진적인 해결책을 모색했다. 신자유주의는 금융자본 이익 극대화에 모든 초점을 맞추었다. 과잉 축적된 금융자본이 독립적으로 이윤을 창출할 수 있도록 함으로써 실물경제와의 불균형을 해소하고 실물경제 회복도 함께 꾀한다는 전략이었다. 개방화, 자유화, 민영화, 노동시장 유연화 등은 이를 뒷받침하기 위한 정책이었다.

신자유주의로의 전환이 본격화하면서 금융자본에 가해졌던 온갖 규제들이 잇달아 철폐되기 시작했다. 오랫동안 금기시되었던 적대적 인수합병도 아무런 문제 없이 추진할 수 있게 되었다. 금융자본은 기업에서 자유롭게 이윤을 추출할 위치를 확보했다. 막강한 자금 동원력을 바탕으로 적대적 인수합병 위협을 가해 기업을 굴복시킬 수 있었다. 주주총회를 장악해 자신들이 원하는 이사회를 구성하거나 경영진을 교체할 수도 있었다.

액면 그대로 주주가 왕인 시대가 열렸다. 기업은 절대 군주 주주가 지배하는 영지로 전락했다. 기업 경영자들은 주주에게 충성을 다 바쳤고, 주주가치 극대화라는 이름 아래 모든 초점을 주가 상승에 맞추었다. 이른바 '주주자본주의'가 본격 작동하기 시작했다.

이윤 획득 기회가 크게 늘면서 금융자본이 활발히 움직이기 시작했다. 1990년대 이후 막대한 규모의 금융자본이 주식시장으로 진입하면서 미국 주가는 꾸준히 상승했다. 모든 게 잘 돌아가는 듯한 양상이었다. 지속적인 주가 상승으로 미국인의 금융소득이 상당한 수준으로 증가했다. 한때 미국인은 소득의 3분의 2 정도를 주가 상승에서 얻을 정도였다. 신자유주의 시대에 이르러 미국은 액면 그대로 금융으로 먹고사는 금융국가로 자리 잡았다.

금융자본 이익 극대화에 모든 초점을 맞춘 신자유주의 전략이 대성공을 거둔 듯이 보였다. 돈이 돈을 버는 마법이 세상을 홀렸다. 여기저기서 환호 소리가 터져 나왔다. 흥분한 일부 논자들은 미국 경제가 완전 새롭게 작동하기 시작했다며 '신경제'라는 칭호를 부여하기도 했다.

신자유주의 체제는 겉으로는 마냥 잘 나가는 듯이 보였지만 이면에는 심각한 문제가 도사리고 있었다. 미국의 경우 배당과 시세차익을 포함한 주주들 총지분수익률은 1973~1982년간 6.6%였으나 1983~1992년에는 16.2%로 그리고 1993~2003년 21.0%로 가파르게 증가했다.

높은 수익 증가 상당 부분은 주주들이 기업 자금을 빼내 자신들 호주머니를 채운 덕이었다. 1981년 이후에는 주식시장에서 기업에 더 많은 자금이 흘러 들어간 예가 거의 없었다. 일부 통계에 따르면 1981년 이후 기업과 주주 사이 자금 흐름에서 기업에서 주주로 흘러간 돈이 5,400억 달러 더 많았다. 배당과 자사주 매입 등 합법적 형태로 주주들이 기업을 갈취한 결과였다. 주주의 이익이 증가할수록 기업은 위축될 가능성이 컸다.

주가 상승을 위해 동원한 수단들이 실물경제에 미친 영향을 따져보면 문제는 한층 명확해진다. 미국 기업 경영자들이 주가 상승을 위해 동원한 대표적인 수단은 인건비 절감을 통해 주가 상승을 유도하기 위한 지속적인 구조조정, 초고배당, 기업이 자사주를 매입해 소각함으로써 주가 상승을 유도하는 자사주매입, 주주 이익을 잠식할 장기기술개발의 억제 등 모두 네 가지였다.

지속적인 구조조정은 종업원 충성심과 작업 집중도를 떨어뜨림으로써 생산성 저하를 초래할 가능성이 컸다. 초고배당과 자사주매입은 기업의 투자 능력을 약화시켰다. 장기기술개발 억제는 기업 경쟁력 약화를 초래했다. 모두 실물경제 기반을 침식하는 결과로 이어졌다.

주가는 기본적으로 기업 가치에 의해 좌우된다. 앞서 소개했던 주가 상승 수단들은 장기적으로 기업 가치를 잠식할 가능성이 컸다. 시간이 흐르면서 기업 가치는 상대적으로 하락하기 쉬웠다. 반면 주가는 계속 올랐다. 기업 가치와 주가 사이 괴리가 갈수록 커진 셈이다.

과연 이 괴리를 매운 요소는 무엇이었을까? 바로 여기서 신자유주의 체제의 본질적 지점이 드러났다. 괴리를 메운 요소는 다름 아닌 거품이었다. 막대한 규모의 금융자본이 계속해서 주식시장으로 몰리며 인위적으로 거품을 키웠다. 지속적 주가 상승이 다분히 거품에 의존했음을 의미한다. 신자유주의 체제는 위험스럽기 짝이 없는 거품 위의 항해였다.

이 모두는 일련의 돌발적 사태를 통해 의심할 여지 없는 사실로 입증되었다. 거품경제를 둘러싼 불변의 공식은 거품은 때가 되면 반드시 붕괴한다는 사실이었다. 신자유주의 체제 또한 예외일 수 없었다. 결국 운명의 순간이 오고야 말았다. 2000년 4월 월가 주가대폭락이 일어났다. 단 하루 만에 1조 달러가 허공으로 사라질

만큼 대폭락 충격은 컸다.

사태 수습을 위해 연방준비은행FRB이 나섰다. 연방준비은행은 2000년 한 해 동안 무려 11차례나 금리를 인하함으로써 저금리 자금을 무제한으로 풀었다. 시중으로 풀려나간 막대한 자금이 돌고 돌아서 주식시장으로 흘러 들어갔다. 파국은 가까스로 수습되었다.

2008년 글로벌 금융 위기의 전말

2000년 주가 대폭락 사태를 겪으면서 미국 경제는 새로운 국면을 맞이했다. 거품에 의존하는 경제라는 점에서는 이전과 이후가 다름없었다. 다만 중심 무대가 주식에서 부동산으로 바뀌었을 뿐이었다.

미국 연방준비은행이 초저금리로 돈을 풀자 일반 시민을 대상으로 한 주택담보대출이 크게 인기를 끌었다. 자연스럽게 대출업체가 우후죽순으로 생겨났다. 대출업체들은 대출금 원리금을 직접 환수하지 않았다. 대출업체는 수수료만 챙기고 대출금 원리금 상환청구권을 투자회사에 팔아넘겼다. 대출업체 위치에서는 원리금 상환과 관계없이 대출을 많이 할수록 이익이 커지는 구조였다. 물불 안 가리고 대출해 줄 개연성이 매우 컸다. 대출업체는 시가의 100%까지 주택담보대출을 해 주었고 주택담보 능력이 충분하지 않은 시민들에게도 거리낌 없이 대출해 주었다. 심지어 신용불량자에게까지 대출해 주기까지 했다. 때맞추어 신용 등급을 조작해 주는 전문

회사까지 등장했다.

투자회사에는 각지에서 넘어온 대출금 원리금 상환청구권이 많이 쌓였다. 청구권은 대출자 신용 등급에 따라 종류가 달랐다. 신용이 높은 경우는 이자가 적었다. 반면 신용이 낮은 경우는 이자가 많았다. 서브프라임 Subprime 은 바로 후자를 가리키는 용어였다. 투자회사는 청구권을 대출자 신용을 기준으로 크게 상중하 세 등급으로 나눈 뒤 패키지로 묶어 파생금융상품을 만들었다. 신용 등급이 낮은 경우는 위험성은 높으나 수익률도 높은 이른바 고위험 고수익 정크 펀드에 해당했다. 투자회사는 파생금융상품을 여러 고객에게 판매했다. 고객 중에는 은행 등 일반 금융회사도 있었고 헤지펀드나 개인투자자도 있었다.

은행은 고객이 한꺼번에 몰릴 때를 대비해 예금의 일정 비율을 예치하게끔 되어 있다. 이를 지불준비금이라 한다. 은행들은 거액의 자금을 그냥 모셔 두기가 아까운 나머지 국채 등 안전한 금융상품으로 대체해 일정한 이자 수입을 거두어 왔다. 금융당국은 이를 묵인해 왔다. 그러던 중 훨씬 수익이 높은 파생금융상품이 돌아다니고 있음을 발견했다. 은행들은 파생금융상품을 매입한 대신 AIG와 같은 보험사에 위험 대비 보험을 들었다.

사태는 대출업체가 물불 안 가리고 대출을 확대하면서부터 불거지기 시작했다. 대출업체들이 원리금 상환이 쉽지 않은 신용불량자에게까지 대출해 주자 고위험 원리금 상환청구권의 비중이 너무 높아졌다. 투자회사는 서브프라임 등급에 해당하는 청구권만을 모아 다시 상중하로 나누어 패키지를 만들었다. 위험 분산책의 하나였지만 위험 증가를 막을 수는 없었다.

고위험 파생금융상품의 비중이 높아지자 덩달아 위험 대비 보험도 증가했다. 신바람이 난 AIG 관련 부서에서는 직원들에게 거액의 포상금을 주는 등 돈 잔치를 벌이기도 했다. 이성을 상실한 상태가 지속되면서 보험회사들은 담보 능력을 한참 초과해 보험을 받기에 이르렀다.

복잡한 먹이사슬로 얽혀 있는 금융 생태계 전체에 위험성이 증가하기 시작했다. 언제 어떻게 터질지 모르는 불안한 상황이 조성되었다. 마침내 거대한 폭발을 일으킬 도화선에 불이 붙기 시작했다.

시민들은 대출받아 새집을 샀다. 너도나도 집을 사니까 집값이 올랐고 주택 건설 붐이 일어나면서 미국 경제 전체가 흥청거렸다. 시민들은 값이 오른 집을 되팔아 대출금도 갚고 프리미엄도 챙길 수 있었다. 집값이 오르기만 하면 시민들도 득을 볼 수 있었고, 대출금 상환도 별 이상 없이 이루어지기 때문에 금융 생태계는 정상적으로 작동할 수 있었다.

문제는 집값이 영원히 오를 수 없었다는 데 있었다. 집값이 일정한 한도를 넘어서면 다른 사람이 더 이상 구매할 수 없는 상태가 된다. 그 순간부터 수요가 사라지면서 집값이 가파르게 하락한다. 실제로 그런 일이 일어나고 말았다. 부동산 시장에 형성되었던 거품이 꺼지기 시작한 것이다. 거품은 때가 되면 반드시 꺼진다는 법칙은 예외가 없었다.

집값이 하락하기 시작하자 신용 등급이 낮은 사람들은 직격탄을 맞았다. 집을 팔더라도 대출금을 상환할 수 없는 처지가 되었다. 결국 이들은 집은 집대로 날리고 파산자 신세가 되어 거리로 나앉아야 했다. 사태는 여기서 끝나지 않았다. 대출금 상환이 어려워지자 대출금 상환청구권을 바탕으로 만들어진 파생금융상품들은 일거에 휴지 조각으로 전락하고 말았다.

파생금융상품을 보유하고 있던 은행들은 다투어서 보험사로 몰려갔다. 담보 능력을 초과해서 보험을 받았던 보험사들은 제대로 응할 여력이 없었다. 금융 생태계 전체가 휘청거리기에 이르렀다. 급기야 세계를 떠들썩하게 했던 서브프라임 사태가 터지고 말았다.

서브프라임 사태가 발생하자 힘겹게 버티던 금융 생태계의 먹이사슬이 잇달아 파열하면서 위기의 쓰나미가 초거대 금융회사들을 덮치기 시작했다. 2008년 주가 대폭락과 함께 세계에 군림하던 월가의 초거대 금융회사들이 차례로 쓰러져 나갔다. 투자은행의 선두주자였던 리먼브라더스는 파산 보호를 신청했다. 세계 최대 보험사 AIG와 시티은행 또한 파산에 직면하면서 막대한 공적자금 투입을 바탕으로 국유화 절차를 밟기에 이르렀다.

초거대 금융회사들이 잇달아 무너져 내리면서 대규모 투자자뿐만 아니라 일반인까지도 함께 거덜이 났다. 2008년 한 해 동안 금융위기로 인한 미국 가정의 손실은 총 11조 달러에 이르렀다. 독일, 일본, 영국의 연간 국민총생산을 합친 수치와 맞먹는 액수였다. 실로 엄청난 규모의 돈이 미국인들의 호주머니에서 허망하게 사라져 버린 셈이었다.

금융위기의 파괴적 영향은 미국에 머물지 않고 전 세계로 퍼져 나갔다. 2008년 9월 미국발 금융위기로 인해 세계 주식시장은 대략 20조 달러 이상의 손실을 보았다. 2007년 전 세계 GDP 46조 달러의 거의 절반에 해당하며, 경제 대국인 미국과 EU의 1년 GDP 와 맞먹는 액수였다. 전 세계가 1년 동안 생산한 부의 절반 정도가 금융위기를 거치며 한 방에 날아갔다.

미국 정부는 무너진 금융권을 복원하기 위해 3조 달러가 넘는 천문학적인 자금을 투입해야 했다. 연방준비은행 또한 채권 매입 방식의 양적 완화 정책으로 2014년까지만 해도 4조 달러 이상을 풀었다. 이를 위해 1조 달러 규모에 이르던 연간 통화 발행을 3조 달러 이상으로 늘려야 했다.

신자유주의의 침몰, 좌우 시각의 종말

2008년 글로벌 금융위기와 함께 신자유주의 체제는 거품 위를 항해하는 안정성 없는 시스템임이 한층 명확해졌다. 좀 더 혹독하게 평가하자면 신자유주의 체제는 월가가 고등수학까지 동원해 사람들의 눈을 어지럽게 만들면서 전 세계를 대상으로 펼친 고도의 금융사기극이었다.

2009년 7월 영국의 엘리자베스 여왕이 런던정경대학을 방문했다. 여왕은 경제학자들을 앞에 두고 뼈 있는 한마디를 던졌다. "뛰어난 학자와 이론이 이렇게 많은데 왜 심각한 금융위기를 아무도 예측하지 못했는가?" 경제학자들은 아무런 대답도 하지 못했다.

경제학자들은 2008년 글로벌 금융위기를 치욕적인 사건으로 기억하고 있다. 경제학의 주요 기능인 예측에서 처참한 실패를 맛봤기 때문이다. 실패의 요인은 간단했다. 대부분 경제학자가 돈이 돈을 버는 마법 같은 신자유주의 금융 시스템에 도취해 분별력을 상실했기 때문이었다. 예외적으로 누리엘 루비니 ^{Nouriel Roubini} 뉴욕대학교 교수가 금융위기 도래를 정확히 예측하면서 주목받았는데 뚜렷한 비책이 있었던 게 아니었다. 루비니 교수는 미국 경제가 거품에 의존하고 있으며 거품은 반드시 붕괴한다는 사실을 꿰뚫고 있었을 뿐이었다.

미국은 신자유주의 체제를 통해 금융 강국의 이점을 극대화함으로써 전 세계 부를 자신에게 집중할 수 있었다. 덕분에 1인당 국민소득에서 다른 선진국들을 압도할 수 있었다. 하지만 일련의 금융위기를 거치면서 신자유주의 체제의 두 가지 약점이 드러났다.

신자유주의 옹호론자들이 트리클다운 ^{trickle-down economics, 낙수효과} 이론을 통해 피력했던 내용과 달리 금융자본 이익 극대화는 소수로의 부 집중을 극대화하는 결과만을 낳았다. 신자유주의 체제가 작동하면서 사회적 양극화와 불평등은 미국의 경우 상위 1%가 전체 자산의 70%를 차지할 정도로 극단적 수준에 이르렀다. 신자유주의는 결코 인류를 구제할 대안이 아니었다. 더불어 신자유주의는 거품경제에 의존하는 지속 가능성이 없는 체제임이 분명해졌다. 신자유주의는 극단적 수준에서 시장 자유방임주의를 추구하면서 극단적인 시장 실패에 직면했을 뿐이었다.

시장은 보이지 않는 손이 마냥 질서를 유지해 주는 곳이 결코 아니었다. 신자유주의의 몰락과 함께 시장의 자율적 기능을 중시하면서 자유방임을 추구해 온 우파의 믿음에 결정적 파열구가 났다. 시장에 대한 우파 시각 역시 좌파 시각과 마찬가지로 서둘러 벗어나야 할 족쇄일 뿐이다.

적어도 시장을 둘러싼 시각을 기준으로 본다면 좌우 이념 구도는 시대에 맞지 않은 낡은 유물임이 분명해지고 있다.

14장

보수 신화의 종말과 자본 위상의 변화

인류 역사는 시장을 불신과 경계의 대상으로 보는 좌파 시각이나 시장 자유방임주의를 추구하는 우파 시각 모두 더 이상 유효하지 않음을 입증했다. 97체제 극복은 좌우 시각 모두를 넘어서는 방향에서 시장경제 패러다임을 전환할 때 가능하다는 걸 알 수 있다. 이는 우리가 풀어야 할 과제다.

시장경제 패러다임 전환에서 반드시 규명해야 할 과제가 있다. 시장경제의 역동적 발전을 보장하는 핵심 동력의 변화를 밝혀야 한다. 시장경제의 핵심 동력이 어떤 변화를 겪고 있는가에 따라서 시장경제 패러다임 전환의 구체적 모습이 좌우될 수 있다.

스스로 보수 우파라고 생각하는 사람은 이와 관련해서 명확한 입장을 견지해 왔다. 보수 우파는 자본주의 시장경제를 활성화하는 핵심 동력은 의심할 여지 없이 자본 운동이라고 보았다. 자본이 이윤 추구를 위해 왕성한 운동을 전개할 때 시장경제가 활력을 유지할 수 있다고 믿었다. 이는 보수 우파가 시장경제 패러다임의 전환 가능성을 부정함을 말해 준다. 보수답게 자본 운동 중심의 기존 패러다임을 고수하고 있다.

보수 우파는 자본 운동을 효과적으로 관리할 수 있는 집단은 자신들이라고 믿었다. 이를 근거로 '경제는 보수가 강하다'는 보수 신화를 창조했다. 보수 신화는 한동안 보수 정치에 콘크리트 기반을 제공하기도 했다. 어느 순간부터 상황이 바뀌었다. 보수 신화는 더 이상 힘을 발휘하기 어려워졌다. 무엇보다 보수 우파는 경제 살리기에서 극도의 무기력을 드러냈다.

경제는 보수가 강하다는 보수 신화가 종말을 고한 이유가 무엇일까? 자본 운동이 시장경제의 핵심 동력이라는 그들의 믿음이 현실 변화와 어긋나고 있을 가능성이 있다. 우리는 이를 추적함으로써 시장경제의 핵심 동력에서 일어나고 있는 중대한 변화를 감지할 수 있다.

보수 우파는 97체제를 정상 체제로 보는 경향이 강했다. 97체제의 극복을 주도할 가능성이 애초부터 희박했다. 하지만 보수 우파는 자신의 한계를 드러냄으로써 97체제 극복의 바탕이 될 시장경제 패러다임 전환의 불가피성을 예고했다. 기묘한 역설이 아닐 수 없다.

보수 정부의 초라한 경제정책 성적표

보수 신화의 종말을 가장 먼저 드러낸 집단은 보수 정치 세력이었다. 그 과정을 개략적으로 복기해 보자. 외환위기 이후 첫 10년은 넓은 의미에서 진보 세력이라고 할 수 있는 김대중·노무현 정부가 담당했다. 이 시기 보수 정치 세력은 야권의 위치에서 절치부심의 시간을 보내고 있었다. 보수 정치 세력은 경쟁력 강화를 위해 산업화 세력으로서 정체성을 분명히 했다. 보수 정치 세력은 산업화 성공 신화를 소환하면서 자신들이 이를 재현할 주역임을 부각했다.

2000년대 초는 산업화 성공 신화가 박수갈채를 받기에 최적의 시기였다. 바로 그즈음 주력 산업 기술력이 세계 최고 수준에 올라서면서 산업화 성공을 확증해 주었기 때문이다. 보수 세력은 산업화 신화를 공유함으로써 굳건하게 대열을 형성할 수 있었다. 보수 세력에게 기회가 다가오고 있었다. 무엇보다도 노무현 정부의 경제정책 성적이 매우 저조했다. 반사이익을 얻은 보수 세력은 경제는 역시 보수임을 입증할 기회가 왔다고 확신했다.

중요한 순간 보수 세력 앞에 신화 속에서 걸어 나온 듯이 보이는 적임자가 나타났다. 다름 아닌 이명박 전 대통령이었다. 이명박 전 대통령은 1970년대 약관 30대 나이에 굴지의 기업 현대건설 회장이 된 인물이다. 산업화 성공 신화의 한 페이지를 장식하고 있었다. 이명박 전 대통령은 신화를 재현할 수 있음을 입증했다. 서울 시장 재직 중에 첨단 IT 기술을 활용해 세계에서 가장 혁신적이라고 평가받는 대중교통 시스템을 개발했다. 더불어 청계천 복원 사업을 통해 전통적인 토목공사를 혁신적으로 재구성하는 안목을 과시했다. 보수 세력은 이명박 전 대통령이야말로 산업화 성공 신화를 재현할 최적임자라고 보았다. 보수 세력은 이명박 전 대통령을 차기 대통령 후보로 선택했다.

이명박 전 대통령은 17대 대선에서 경쟁자를 여유 있게 따돌리고 승리했다. 보수 언론인이 꿈꾸었던 'CEO형 대통령'의 출현이었다. 비슷한 기대감으로 16대 대선에서 노무현 전 대통령을 지지했던 유권자 중 40% 정도가 이명박 전 대통령에게 표를 던졌다. 이들이 과거 노무현 전 대통령에게 표를 던진 이유는 오래전 민주화 투쟁에 동참하지 못한 것에 대한 부채 의식 때문이었다. 이들은 노무현의 당선으로 부채를 털어버렸다는 판단 아래 이번 대선에는 실리를 쫓는 듯 이명박 전 대통령을 선택했다. 유권자들이 이명박을 선택한 첫 번째 이유는 그가 한국 경제를 잘 살려내리라는 믿음에서였다.

성공 신화는 유권자의 선택을 지배했으나 거꾸로 이명박의 발목을 잡았다. 이명박은 시종 "내 식대로 해서 안 되는 일이 없었다."라며 과거의 연장선에서 문제를 해결하려고 했다. 이명박이 한국 경제 출구 전략으로 간주했던 '4대강 사업'은 이 모두를 압축적으로 보여 주었다.

이명박 전 대통령은 야당과 시민단체의 강한 반대에도 아랑곳없이 4대강 사업을 밀고 나갔다. 이명박 정부는 수질 개선, 가뭄·홍수 예방 등으로 4대강을 살리겠다며 22조 2,000억 원에 이르는 천문학적인 예산을 투입했다. 16개 보를 포함해 각종 주변 시설을 군사작전 전개하듯 신속하게 만들었다.

4대강 사업은 얼마 가지 않아 냉엄한 심판대 위에 올라섰다. 후임 박근혜 정부 출범 직후인 2013년 감사원은 4대강 사업이 설계 부실에 따른 보의 내구성 부족, 보강 공사 부실, 수질 악화 등을 수반한 총체적 부실 공사라는 결론을 내렸다. 수질 악화는 매우 심각한 문제로 대두했다. 물 흐름이 막히면서 녹조가 창궐해 '녹조라떼'라는 신조어까지 등장했다. 물고기 떼죽음이 빈번해졌고 큰빗이끼벌레까지 번져 나갔다. 일부 농업용수 확보와 홍수 예방에서 긍정적 효과를 봤음에도 불구하고 부정적 결과가 훨씬 커 보였다. 4대강 살리기 사업은 4대강 죽이기 사업이었다는 평가가 갈수록 우세해졌다.

경제적 관점에서 보더라도 이명박 정부 4대강 사업은 실패작임이 분명했다. 기대했던 만큼의 경기 부양 효과가 나타나지 않았다. 연쇄적 유발 효과가 없는 일시적 사업에 그쳤다.

이명박 전 대통령은 한국경제를 살리는 데 성공하지 못했다. 보수 세력의 기대를 모았던 그의 경륜과 안목은 별 도움이 되지 못했다. 도리어 과거 성공에 대한 병적 집착이 발상의 전환을 가로막았다. 이 모든 결과로 이명박 전 대통령은 4대강에서 삽질만 하다 시간을 다 까먹었다는 비웃음을 사야 했다.

보수 세력은 새로운 선택을 했다. 2012년 18대 대선을 앞두고 보수 세력 안에서 유일한 대안은 박근혜 전 대통령이었다. 보수 세력이 '박정희의 딸' 박근혜 전 대통령을 통해 얻고자 했던 점은 매우 분명해 보였다. 이미 신격화 수준에 이르러 있던 박정희 전 대통령의 재림을 통해 산업화 성공 신화가 온전히 재현되기를 기대했다. 가히 종교적 신앙에 가까운 맹목적 믿음이 박근혜 전 대통령에 대한 합리적 평가를 압도했다.

임기 초반 박근혜 전 대통령는 나름대로 분별력을 유지하고자 애쓰는 모습을 보였다. 박근혜 전 대통령은 전임자인 이명박 전 대통령의 실패를 곱씹으면서 교훈을 얻기 위해 노력했다. 박근혜 전 대통령은 과거의 연장이 아닌 새로운 시대에 맞는 경제 화두가 필요하다고 느꼈다. 해답으로 '창조경제'를 제시했다.

문제는 박근혜 전 대통령의 창조경제가 사전에 충분히 준비되고 공유된 개념이 아니라는 데 있었다. 시중에서 창조개념은 며느리도 모르는 그 무엇으로 통용되고 있었다. 정부 관계자들은 개념 파악을 전혀 못 한 상태에서 시종 우왕좌왕했다. 의미 있는 성과를 기대하기 힘든 상황이었다.

창조경제의 정체가 묘연해지자 임기 중반 이후 박근혜 전 대통령이 역점을 둔 경제정책은 그 자신의 표현을 빌리자면 '규제 대못 뽑기'였다. 불필요한 규제들이 경제 살리기를 가로막고 있다는 인식에서 출발한 결과였다. 뒤에서 살펴보겠지만 규제는 저마다 만들어진 배경이 있으며 사안에 따라 달리 판단해야 한다. 박근혜와 보수 정치 세력은 그러한 차이를 무시한 채 규제를 풀면 투자 활성화로 경제가 살아난다는 도그마의 포로가 되어 있었다. 결국 박근혜 전 대통령은 규제 타파만 외치다가 실질적인 문제 해결에서 아무런 진전을 이루지 못한 채 탄핵 국면을 맞이했다.

특정 정부의 경제정책 성적은 정치나 사회 등 다른 분야와 달리 수치를 통해 비교적 냉정히 평가받는다. 이명박 정부에서 박근혜 정부에 이르는 보수 세력 집권 시기 경제 성적은 형편없이 초라했다. 거의 모든 지표에서 보수 세력 스스로 '잃어버린 10년'으로 부른 김대중·노무현 정부 때보다 한참 못한 결과를 보여 주었다.

김대중·노무현 정부 10년 동안 누적 경제성장률은 60% 정도 된다. 이명박·박근혜 정부 8년 동안 누적 경제성장률은 그 절반에도 못 미치는 28%밖에 되지 않는다. 1인당 국민총생산은 김영삼 정부가 초래한 외환위기 여파로 1998년 4,000달러 이상 감소했음에도 김대중·노무현 정부 10년 동안 최종적으로 1만 1,000달러 늘어났다. 이명박·박근혜 정부 8년 동안 1인당 국민총생산은 4,100달러 증가하는 데 그쳤다. 비교가 무색할 수준이었다.

박근혜 대통령 탄핵으로부터 5년 뒤 윤석열 정부가 출범했다. 박근혜 대통령 탄핵으로 황폐화했던 보수 정치 세력이 기사회생해 5년 만에 정권을 되찾은 셈이다. 문재인 정부 실패에 따른 반사이익의 결과였다. 윤석열 정부는 준비되지 않은 정부의 한계를 여실히 드러냈다.

윤석열 정부 시기에 한국 경제는 그간 누적된 문제들이 임계점을 넘으면서 각종 위기로 폭발하고 있었다. 그 점에서 윤석열 정부는 불운했다고도 볼 수 있다. 문제는 위기 돌파 능력에 있었다. 윤석열 정부는 위기 진단에 기초한 새로운 좌표 제시에서 완전한 무능을 드러냈다. 수출 증감, 경제성장률, 소득 동향, 재정 수지 등 모든 지표가 최악의 수치를 보여 주었다. 윤석열 대통령 본인은 대한민국 영업 사원 1호를 자처했지만 말 그대로 CEO가 아닌 영업 사원 역할에 그쳤다. 정치적 지도력 붕괴나 다름없는 상황이었다.

지금까지 외환위기 이후 보수 정치 세력의 궤적을 간략히 살펴보았다. 몇 가지 특징을 발견할 수 있다. 보수 정치 세력은 97체제를 구조적으로 인식하고자 하는 노력을 등한시했다. 전후 맥락에서 비추어 볼 때 보수 정치 세력은 97체제가 서둘러 극복해야 할 비정상 체제라고 여기지 않았다. 한 걸음 더 나아가 보수 정치 세력은 신자유주의 사상문화를 내면화했고 이를 신념 체계로 간직했다. 97체제의 모순을 비판적으로 해부해야 할 필요성 자체를 느끼기 어려웠다.

보수 정치 세력이 주로 주목한 지점은 저성장이었다. 보수 정치 세력은 저성장의 원인을 앞선 진보 정부의 무능에서 찾았다. 박근혜 전 대통령은 야당 대표 시절부터 노무현 정부의 좌파 정책이 경제를 망치고 있다고 비난했다. 2004년 박근혜 전 대통령이 주창한 "좌파 정책, 투자 부진, 민생 파탄" 구호는 이를 대변해 준다. 윤석열 정부는 문제가 발생할 때마다 문재인 정부 탓으로 떠넘겼다.

보수 정치 세력은 경제의 양적 성장에 집착했고 성장의 회복은 낙수 효과를 통해 국민 삶의 개선으로 이어질 수 있다고 믿었다. 97체제가 파생한 각종 문제도 상당 정도 해소 혹은 완화할 수 있다고 보았다. 하지만 보수 정치 세력은 경제성장의 회복이라는 문턱마저 넘어서지 못했다. 경제의 양적 성장이 실제 97체제 극복으로 이어질 수 있었는지는 그다음 문제였다. 보수 정치 세력은 97체제 극복과 관련해서 무지에다 무능까지 드러내 보였다. 경제는 보수가 강하다는 보수 신화는 처참하게 종말을 고했다. 보수는 단순 경제성장에서조차 진보를 능가하지 못했다.

시장의 진화를 거역하는 무능력자들

보수 정치 세력은 왜 자신들이 그토록 중시했던 경제성장 회복에서조차 진보를 능가하지 못했을까? 보수 정치 세력이 경제 관리에서 상당한 무능을 드러낸 원인은 무엇일까? 우리는 여기서 보수 세계를 지배하고 있는 '우파 도그마'를 주목할 필요가 있다.

한국 경제 미래와 관련해서 미래 먹거리 확보, 신산업 육성, 혁신 성장 등은 누구나 말할 수 있고 하고 있는 이야기다. 결코 보수의 전유물이라고 할 수 없다. 보수 세력이 자신의 정체성과 연관해서 제시해 온 경제 발전 고유 대안은 '규제 완화'였다.

보수 세계를 지배하는 사유 체계는 자본의 힘에 대한 절대적인 믿음이다. 돈과 자본에 최고의 가치를 부여한 신자유주의 사상 문화를 내면화하면서 더욱 굳어진 믿음이라고 할 수 있다.

보수 세력은 시장경제 발전의 핵심 동력은 자본 운동인데 자본 운동 활성화가 제대로 못 이루어지는 원인은 규제에 있다고 파악했다. 자본 운동은 규제 완화로 이윤 획득이 쉬워질 때 활성화할 수 있다는 믿음을 간직하고 있다. 그로부터 늘 규제 완화에서 출구를 찾는 우파 도그마를 형성해 왔다. 우파 도그마는 기승전 규제 완화에서 조금도 벗어나지 못했다.

폐기하거나 고쳐야 할 불필요하거나 부적절한 규제는 분명 존재한다. 하지만 규제 완화 여지는 부분적이고 제한적일 수밖에 없다. 규제가 만들어진 역사를 되돌아보면 답이 명확해진다.

근대 이후 산업혁명이 진행되면서 시장이 모든 영역으로 확대됐다. 시장 확대와 함께 거래되는 상품 수도 끊임없이 증가했다. 인간이 생산한 물건만이 아니라 자연 상태에 존재하는 온갖 요소를 상품으로 거래했다. 건강과 생명을 위협할 수 있는 마약과 무기 등도 아무런 제재 없이 거래했다. 사회 질서 속에서 태동한 요소들 역시 상품화했다. 자격증, 관직, 선거권과 피선거권마저도 사고파는 상품의 하나가 되었다. 심지어 사람 자체도 사고팔았다. 1차 산업혁명 시기 자유방임 자본주의 시장은 야만으로 가득 차 있었다.

장하준 교수의 묘사대로 규제의 역사는 야만성을 극복하기 위한 과정이었다. 규제 도입 시도는 격렬한 반발을 불러일으켰다. 1830년 영국 정부가 9세 이하 아동 고용을 금지하고 14세 이하 아동의 노동을 하루 8시간으로 제한하려 하자 고용주는 자유의사에 따른 거래를 막으려 한다며 격렬하게 반발했다. 규제의 역사는 반발을 극복하며 한 걸음씩 앞으로 나아갔다.

규제는 많은 상품을 시장에서 퇴장시켰다. 사람을 사고파는 인신매매, 표를 돈으로 사는 매수 행위, 관직을 사고파는 매관매직 모두를 불법화했다. 마약, 신체 장기 등 상품 거래 금지 목록이 갈수록 늘어 갔다. 건강에 해로운 식품이나 제품 등도 금지 목록에 추가했다. 인류는 규제를 통해 보다 인간적이고 정의로우며 공정한 시장을 만들어 왔다. 시장은 규제 강화로 진화를 거듭할 수 있었다.

일반적 의미에서 규제 완화는 답이 될 수 없다. 이는 위험천만하기 그지없는 발상이다. 총기 규제를 풀면 총기 관련 산업이 활성화할 될수 있겠지만 결코 선택할 수 있는 카드가 아니다.

박근혜 전 대통령이 기회 있을 때마다 규제의 대못을 뽑자고 외치면서 규제 완화에서 출구를 찾으려 노력했으나 경제 회생에 성공하지 못했다. 규제 완화 여지가 지극히 제한적이기도 했으나 일부 규제 완화마저도 기대와 달리 효과가 미미했음을 입증한 사례라고 할 수 있다.

보수 우파는 규제 완화의 일환으로 노동 개혁을 줄기차게 주장해 왔다. 정리 해고와 비정규직 사용을 좀 더 자유롭게 함으로써 노동 비용을 줄일 수 있도록 하자는 취지였다. 외환위기 이후 정리 해고와 비정규직 증가로 일자리 질이 악화해 왔다. 이를 고려하면 우파는 문제를 더욱 악화시켜 문제를 해결하자는 주장을 쏟아 내고 있는 셈이다. 노동 개혁은 규제 완화가 더욱 해로운 결과를 만들어 낼 수도 있음을 입증하는 대표적 지점이다.

보수 세력이 경쟁적으로 집착해 온 규제 완화는 애초부터 잘못된 진단에 기초한 처방으로서 여지가 많지 않고 효과도 미미하며 자칫 해로운 결과를 만들어 낼 수 있다. 규제만 풀면 자본 운동 활성화로 경제가 발전할 수 있다고 믿으면 믿을수록 경제 회생과는 거리가 멀어질 따름이었다.

자본의 위상 변화, 우파 도그마의 위기

　보수 세력이 경제 관리에서 무능해진 데는 좀 더 근원적인 원인이 있다. 요컨대 규제 완화의 한계 이전에 자본 운동 효능에 대한 절대적인 믿음 자체에 문제가 있을 수 있다. 보수 세력의 믿음과 달리 시대 상황 변화로 자본의 위상이 바뀌고 있기 때문이다. 이에 관해서는 상당히 깊은 이론적 검토가 필요하나 여기서는 최소 수준에서 감만 잡도록 하자.

　본질적 변화를 드러내는 존재가 있다. 나날이 시장 지배력을 강화하고 있는 혁신 기업이다. 혁신 기업을 떠받치는 핵심 요소는 시장 변화를 관리하고 선도하는 혁신 역량이다. 혁신 역량 형성과 관련해서 주목해야 할 사실 하나가 있다. 혁신 역량이 튼튼한 기업에는 자본 투자가 몰리지만 자본 투자를 집중해도 혁신 역량이 구축된다는 보장이 없다.

　2022년 전기자동차 핵심 부품 배터리 생산업체인 LG에너지솔루션이 기업공개를 추진하자 440만 명이 청약에 응모했다. 혁신 기업에 어느 정도 자본 투자가 몰릴 수 있는지를 보여주는 사례였다.

　짐 콜린스Jim Collins의 《위대한 기업은 다 어디로 갔을까How the Mighty Fall》는 모토로라 등 한때 세계 시장을 호령했다가 사라지거나 왜소해진 기업의 사례를 소개한다. 이들 기업은 자본 능력도 충분했고 투자를 게을리하지도 않았다. 하지만 결정적으로 시대 변화를 선도할 혁신 역량 구축에 실패했다. 자본을 집중적으로 투자한다 해서 혁신 역량이 만들어지는 게 아님을 입증해 준다.

한국의 R&D 패러독스 역시 이를 입증해 주는 현상의 하나라고 할 수 있다. 한국은 GDP 대비 R&D 투자와 인구 대비 연구개발 인력 등에서 세계 최고 수준을 자랑해 왔다. 하지만 자본 투자에 상응하는 결과를 만들어 내지 못하면서 상당히 난감한 상황에 직면해야 했다. 기업의 처지에서 R&D는 혁신 역량을 구축하는 핵심 분야라고 할 수 있다. R&D 패러독스는 자본 투자 강화가 반드시 혁신 역량 구축으로 이어지는 게 아님을 입증해 준다.

《중앙일보》는 R&D 패러독스 극복 노력의 하나로 새로운 기술개발과 사업화에 성공한 사례를 꾸준히 발굴해 소개했다. 성공 사례들을 관통하는 공통점이 있다. 딱히 자본의 집중 투입 덕에 성공한 경우는 별로 없다. 성공의 중심에는 언제나 창의적 도전을 한 '사람'이 있었다.

결론은 어느 정도 분명해 보인다. 자본 투자는 혁신 기업이 되기 위한 필요조건일 수 있으나 충분조건은 아니다. 자본 투자는 혁신 기업이 될 때 뒤따르는 다분히 종속 변수일 뿐이다. 자본 운동이 시장경제 발전을 주도하는 핵심 동력이 아닐 수 있음을 의미한다. 적어도 그에서 멀어져 가고 있다. 다소 어렵게 표현하면 '자본의 한계 생산성'이 뚜렷이 떨어지고 있다.

왜 이 같은 현상이 나타나고 있을까? 뒤에서 자세히 살펴보겠지만 3차 산업혁명 이후 가치 창출의 주요 원천이 바뀜에 따라 혁신 역량 구축이 자본이 아닌 전혀 다른 요소에 의해 좌우되기 시작했다.

2차 산업혁명까지 가치 창출은 자본과 노동력의 결합으로 이루어졌다. 여기서 주도권을 행사한 쪽은 전적으로 자본이었다. 이유는 간단했다. 노동력은 자본이 시장에서 쉽게 구매할 수 있는 상품의 하나였다. 반면 노동력을 보유하고 있다고 해서 자본을 쉽게 손에 넣을 수는 없었다.

1990년대 이후 상황이 크게 달라지기 시작했다. 3차 산업혁명이 본격화됨에 따라 가치 창출 구성에서 지식 등 새로운 요소의 비중이 증가한 데 반해 자본의 역할은 빠르게 저하해 왔다.

가치 창출에서 자본의 역할 저하를 명료하게 보여 주는 새로운 유형의 기업은 바로 벤처기업이었다. 일반적으로 벤처기업에서 자본 투자자의 지분은 새로운 가치 창출의 원천을 지닌 창업자의 지분보다 적다. 구글을 예로 들어 보자. 1998년 창업한 구글은 이듬해 자본 유치에 나섰다. 투자에 응한 두 벤처캐피탈 회사는 구글의 가치를 1억 달러로 평가했다. 이는 1억 달러어치의 주식을 발행하기로 합의했음을 의미했다. 두 벤처캐피탈 회사는 합계 2,500만 달러를 투자하고 25%의 지분을 확보했다. 나머지 75%는 초고속 검색엔진을 개발한 두 창업자 래리 페이지^{Lawrence Edward Page}와 세르게이 브린^{Sergey Brin}의 몫이었다. 기업 가치 구성에서 창업자가 지닌 새로운 가치 창출 원천의 가치가 자본 가치를 압도했다.

한국에서도 비슷한 예를 다수 발견할 수 있다. 최근 몇 년 동안 한국에서 가장 빠른 속도로 성장한 기업으로 카카오그룹을 들수 있다. 카카오그룹의 출발은 무료 문자 서비스를 제공하는 소규모 기업이었다. 카카오그룹은 무료 문자 서비스 앱으로 수천만 명이 참여하는 강력한 플랫폼을 형성하였고 이 플랫폼을 기반으로 각종 사업 모델을 연거푸 성공시킬 수 있었다. 간단명료한 아이디어 하나를 원천으로 대박을 터트린 경우라고 할 수 있었다.

50년 넘는 긴 세월 동안 고도의 자본 축적을 이어 온 현대자동차와 비교해 보면 변화의 양상이 한층 명확하게 드러난다. 현대자동차는 자산 규모에서 카카오그룹보다 20배 이상 컸다. 2020년 5월 기준 기업 자산 규모는 현대자동차가 194조 원인 데 반해 카카오는 8조 원에 불과했다. 기업 가치를 반영한 시가 총액(해당 기업 주가 총액)은 정반대로 카카오가 21.5조 원으로서 현대자동차의 20.2조 원을 추월하기도 했다. 창업자는 2021년 7월 보유 주식 평가액이 15조 원을 넘어서면서 한때 주식 부자 1위에 등극하기도 했다. 상당 정도 거품이라고 인정한다 해도 의미심장한 현상임에 틀림이 없었다.

배달 앱 전문기업 '배달의 민족'은 독일 기업에 매각되었는데 매각 대금이 4조 8,000억 원 규모에 이르렀다. 거대 운송회사 아시아나항공의 매각 대금 1조 8,000억 원을 크게 능가했다.

또 2021년 연봉(상여금, 스톡옵션 포함) 순위를 살펴보면 1~3위는 모두 그룹 BTS 소속사인 하이브의 직원이었다. 1위는 작사 작곡을 담당한 프로듀서였다. 막강한 자본력을 지닌 재벌 총수들마저 재친 순위였다. 수십 년 전이라면 상상조차 할 수 없었던 전혀 새로운 현상이었다.

우리는 이러한 사례를 통해 무언가 중대한 전환이 일어나고 있음을 직감할 수 있다. 자본마저 지배하는 자본보다 강력한 그 무엇인가가 출현해 비중을 빠르게 키워 가고 있다. 다시 말해 자본이 모든 걸 지배하는 절대 권능의 위치에서 밀려나기 시작했다는 이야기다.

최대한 단순화시켜 접근해 보자. 여기 새로운 가치 창출의 원천을 보유하고 있으나 자본을 전혀 소유하고 있지 않은 A라는 사람과 자본만 소유하고 있는 B라는 사람이 있다고 가정해 보자. 과거에는 B가 주도적 위치를 차지했는데 이제는 관계가 완전히 바뀌어 A가 주도적 위치를 차지하기 시작했다. A가 자본마저 지배하면서 기업 세계를 주도하기 시작했다.

이렇게 접근할 수도 있다. 당신은 자본과 새로운 가치 창출의 원천 중 하나를 선택하라면 어느 쪽을 손에 넣고 싶은가? 분명 시대 변화는 새로운 선택 기준을 제시하고 있다. 아무리 많은 자본을 거머쥐고 있어도 제2의 카카오 창업자가 되기 어려울 수 있다. 반대로 무일푼이라도 해도 새로운 가치 창출의 원천을 보유하고 있다면 제2의 카카오 창업자가 될 수 있다.

시대 상황은 자본이 지배 권력을 행사했던 '지배의 주체'에서 '지배의 대상'으로 바뀌어 가고 있음을 알리고 있다. 아직은 그 비중이 미약할 수 있더라도 변화의 방향은 상당 정도 뚜렷해 보인다.

자본의 생산적 기능을 고려하면 자본은 시장경제 발전에서 매우 유용한 필수 요소임을 알 수 있다. 한때 자본을 폐기했던 사회주의 나라들이 자본 유치에 열을 올리는 현상은 이를 입증한다. 변화의 핵심은 사람과 자본의 관계에서 일어날 수 있다. 자본의 사람 지배에서 사람의 자본 지배로 양상이 크게 달라질 수 있다. 앞으로 우리가 탐구해야 할 주제다.

이 모두는 시장경제 발전을 보장하는 핵심 동력에 대해 전혀 새롭게 사고하도록 재촉한다. 자본 위상의 변화와 함께 자본 운동에 절대 권능을 부여한 우파 도그마는 위기에 봉착했다. 돈이며 다 된다는 신자유주의 사상문화가 더 이상 유효하지 않을 수 있음을 알리는 징표이기도 하다.

그래도 보수 세력의 협력이 절실한 이유

보수 우파는 신자유주의 사상문화의 내면화를 통해 자본 운동의 절대 권능을 믿고 전적으로 그에 의지하는 신념 체계를 더욱 굳혔다. 신자유주의 사상문화의 지배는 97체제의 출발점이다. 모든 문제 파생의 근원이다. 보수 세력이 97체제와 뿌리를 공유하고 있음을 말해 준다.

보수 우파의 불행은 신념 체계가 시대 변화와 괴리됨에 따라 문제 해결 능력이 갈수록 취약해지는 데 있다. 자본 운동의 절대 권능에 대한 믿음은 시대에 뒤처진 낡은 관념으로 전락하고 있다. 어쩌면 보수 우파는 97체제와 시대 변화 사이의 충돌이 빚어낸 미아일지도 모른다.

보수 우파가 97체제 극복을 주도할 가능성은 매우 희박하다. 그들에게는 의지와 능력 모두 없거나 부족하다. 그렇다고 97체제 극복 과정에서 보수 세력 일반을 무조건 배제해서는 안 된다.

비록 보수 세력이 97체제 극복을 주도하기는 어려워도 적지 않게 97체제 극복에 공감하고 협력할 수 있다. 97체제의 지속은 자칫 공멸로 이어질 확률이 매우 크기 때문이다. 보수 세력의 협력은 97체제 극복의 필수 조건이기도 하다. 97체제의 중심 무대는 시장이다. 97체제를 극복하자면 시장 운영의 기조를 바꿔야 하는데 보수 세력의 협력 없이는 불가능하다. 시장은 상당 부분 보수 세력의 아성으로 존재해 왔기 때문이다.

역사적으로 볼 때 기득권 세력 혹은 보수 세력이 급진적 변화마저 수용하는 특별한 상황이 있다. 공멸의 위기가 뚜렷해질 때다. 저성장이 임계점을 넘고 있는 지금이 바로 그 상황이다. 과연 보수 세력의 협력을 끌어낼 수 있을까? 가능하다면 어떤 조건에서 어떤 방법으로 이루어질 수 있을까?

3부

새로운 봄소식

15장

4차 산업혁명과 경제 패러다임의 전환

시장경제 핵심 동력의 변화는 97체제 극복을 위한 사회적 에너지의 원천이 될 수 있다. 그런 만큼 97체제 극복의 길을 찾는 작업은 시장경제 핵심 동력 변화를 추적하는 데서부터 시작할 필요가 있다.

그동안 많은 사람이 시장경제 핵심 동력의 변화를 감지해 왔다. 이를 바탕으로 한국 경제 패러다임 전환의 필요성을 다양하게 제기했다. 요컨대 시장경제의 운영 기조와 작동 방식을 바꾸어야 한다고 보았다. 역대 정부도 경제 패러다임의 전환을 시도해 왔다. 박근혜 정부가 '창조경제'를 앞세우고, 문재인 정부는 '사람 중심 경제'를 새로운 패러다임으로 제시한 바 있다.

문재인 정부의 사람 중심 경제는 대전환기를 맞이해 물적 자본 축적이 더 이상 경제 발전을 주도할 수 없다는 인식을 바탕에

깔고 있었다. 2017년 국무회의에 제출된 보고서 〈새정부 경제정책 방향〉은 이러한 인식을 바탕으로 경제정책 방향과 틀을 개진하고 있었다.

박근혜 정부의 창조경제와 문재인 정부의 사람 중심 경제 모두 맥은 정확히 짚었다고 평가할 수 있다. 적어도 표현에서만큼은 창조적인 사람이 경제 발전의 핵심 동력으로 떠오르고 있는 시대 상황을 잘 반영하고 있었다. 하지만 두 정부의 경제 패러다임 전환 시도 모두 개념 정립이 부실했고 혁신의 고리를 포착하고 실행 전략을 제대로 수립하는 데 이르지 못했다. 인식의 혼란을 극복하지 못한 채 두 정부의 시도는 모두 실패로 끝나고 말았다.

박근혜 정부와 문재인 정부가 경제 패러다임 전환에 성공하지 못한 근원적 이유는 무엇일까? 한 가지는 분명했다. 모두 사회경제적 환경 변화에 대한 과학적 분석을 기초로 접근하지 못했다. 무엇보다도 시장경제 핵심 동력 변화에 대해 정확히 규명하지 못했다.

지금부터 우리는 박근혜 정부와 문재인 정부의 한계를 넘어서는 전혀 새로운 차원에서 문제에 접근해 보고자 한다. 해답을 찾기 위해서는 4차 산업혁명에 대한 면밀한 분석이 필요하다.

디지털 경제로 직행한 한국

과거 한국의 산업화 지도자를 지배했던 공통적인 열망은 일본을 따라잡고 나아가 넘어서는 것이었다. 일본과 대등한 지위에 올라선 이후 어린 시절을 보낸 청년 세대에게는 시시껄렁한 이야기가 될 수 있지만 앞선 세대에게는 매우 절실한 지점이었다. 일본은 식민 지배의 치욕을 안겨 주었을 뿐만 아니라 산업화 착수 이후에도 한국을 발톱의 때로도 여기지 않을 만큼 노골적으로 멸시했다.

산업화 지도자들은 어떻게 해서든지 일본을 이겨 보겠다는 강한 의지를 가슴에 품었다. 미국 스탠포드대학교에서 수석연구원으로 있던 황창규 박사가 도무지 가망이 없어 보였던 삼성 반도체 사업에 합류하기로 결심한 이유 역시도 "일본을 한번 이겨 보고 싶어서"였다.

일본은 기술력이나 모든 점에서 넘어서기 어려운 '넘사벽' 같은 존재였다. 특히 전자 분야에서는 소니, 파나소닉 등 일본 업체들이 세계 시장을 한 손에 쥐고 흔드는 절대 지존의 위치에 있었다. 한국의 전자 업체가 머지않아 일본을 추월하리라고 상상하기란 도무지 가능하지 않은 일이었다. 한국의 전자 업체는 상상조차 불허했던 그 한계선에 도전했다. 결국 한국은 일본 전자 산업을 추월했다. 복합적인 결과였지만 빼놓을 수 없는 전략 선택이 존재했다.

1980년대 일본은 아날로그 시대 최고 정점을 찍으면서 세계 시장을 석권했다. 아날로그에서의 대성공은 일본을 아날로그 시대에 붙들어 매는 요소가 되었다. 대표적으로 소니를 꼽을 수 있다.

1960년대에 소니는 독자 개발한 브라운관을 내세워 컬러TV 시장을 석권했다. 1980년대에 와서는 이동하면서 들을 수 있는 휴대용 음향 기기 워크맨을 출시해 새로운 신화를 창조했다. 1983년 필립스와 공동으로 개발한 CD는 기존의 LP를 시장에서 퇴출시키면서 음향 매체의 새로운 표준으로 떠올랐다. 소니는 일본을 대표하는 자존심으로서 혁신의 대명사가 되었고 음향과 영상 분야의 절대 지존으로 자리 잡을 수 있었다.

소니는 아날로그에서의 성공에 도취한 나머지 아날로그 세계에서의 승부에 연신 집착했다. 소니는 1991년 CD마저 대체할 미니디스크MD를 출시했다. MD는 크기가 CD의 절반밖에 되지 않으면서 녹음 기능까지 갖추고 있었다. 제작 비용도 훨씬 저렴했다.

소니는 MD 출시 이후 기대했던 대박이 아닌 참담한 실패만을 경험해야만 했다. 디지털 시대로 빠르게 전환하면서 음악 소비 형태가 아날로그 매체의 재생에서 음악 파일 재생을 거쳐 네트워크 기반의 음원 재생으로 바뀌어 갔기 때문이었다. 변화된 시대 환경에서 가장 먼저 휴대용 음향 기기 시장을 석권한 곳은 2001년 MP3플레이어 아이팟을 출시한 애플이었다.

1990년대 접어들면서 3차 산업혁명의 개시와 함께 기술 환경은 빠르게 디지털 경제로 전환했다. 당시 세계 각국의 디지털 기술력은 너나없이 새롭게 출발해야 하는 처지에서 큰 차이가 없었다. '누가 신속하면서도 과감하게 디지털 경제로 직행하는가'가 운명을 가르기 쉬웠다.

일본은 아날로그 시대에 갇혀 우물쭈물했다. 그러는 사이 한국은 주저 없이 디지털 경제로 직행했다. 한국 기업들은 아날로그 세계에서의 기술 경쟁을 과감히 포기하고 디지털 제품에서의 경쟁력 확보에 사활을 걸었다. 대표적인 가전제품인 TV를 놓고도 LCD 등 디지털 기반 신제품 개발에 총력을 집중했다. 한국은 세계 최고

품질의 TV 생산국 반열에 올랐다.

정부의 적극적 지원 아래 디지털 경제를 이끌어 갈 벤처기업들이 우후죽순처럼 탄생했다. 벤처기업들이 주축이 되어 IT 등 신산업을 이끌어 갈 신기술을 연속적으로 선보였다. 1990년대 후반에 이르러서는 세계 IT 산업을 주도할 새로운 기술과 아이디어들을 거침없이 쏟아냈다. 무료 인터넷 전화 기술 다이얼패드, 채팅 문화를 선도했던 스카이러브, 소셜 네트워크의 선구자였던 아이러브스쿨, 싸이월드 등이 그 대표적인 경우였다.

전 사회적 차원에서 디지털 인프라를 구축하기 위한 노력이 빠르게 진행되었다. 그 하나로 공공 기관과 기업체는 물론이고 일반 가정에 이르기까지 초고속 인터넷이 빈틈없이 보급되었다. 좁은 국토 면적과 아파트 중심의 주거 형태가 대단한 강점으로 작용하기도 했다. 오늘날에는 스마트폰의 일반화로 그저 그런 일로 치부되고 있지만 1980년대까지만 해도 매우 특별한 기기였던 PC가 필수 가전제품의 하나가 된 점 역시 대단한 변화였다.

한국은 누구나 인터넷에 접속해서 자유자재로 정보를 다룰 수 있는 조건을 갖추었다. 덕분에 한국 사회는 디지털 문명에 매우 친숙해졌고 덩달아 기술력도 빠르게 향상할 수 있었다.

디지털 경제로의 직행이라는 전략 선택은 매우 성공적인 결과를 낳았다. 한국은 비교적 짧은 시간 안에 IT 강국, 디지털 선진국 위치에 올라설 수 있었다. 선진국의 뒤를 쫓는 추격자 위치에서 벗어나 선진국과 대등한 위치에서 경쟁하거나 선도할 수 있는 조건을 갖추었다.

오늘날 한국 사회는 디지털경제의 개화를 4차 산업혁명으로 부르고 있다. 전 세계적으로 볼 때 한국은 미국 등과 함께 4차 산업혁명의 선두 그룹을 형성하고 있다. 4차 산업혁명의 파급 효과가 매우 클 수 있는 환경이다. 4차 산업혁명의 강력한 파급 효과는 본질적 지점에서 거대한 변화의 소용돌이를 만들고 있다. 과연 본질적 변화의 정체는 무엇일까?

노동력에서 '창조력'으로의 전환

4차 산업혁명의 본질적 변화를 탐구하기에 앞서 4차 산업혁명 용어와 관련해 짚고 넘어갈 필요가 있다. 4차 산업혁명은 세계경제포럼WEF 회장 클라우스 슈밥Klaus Schwab이 마케팅 목적에서 처음 사용한 용어로 알려져 있다. 4차 산업혁명이라는 용어 사용에 대해서는 다양한 의견이 있었다. 전 세계적으로는 4차 산업혁명을 독립적 단계가 아닌 3차 산업혁명 2기로 보는 견해가 지배적이다.

1, 2, 3차 산업혁명 사이에는 불연속적인 비약이 존재했다. 1차 산업혁명은 증기기관을 기반으로 경제의 중심을 농업에서 공업으로 이동시켰다. 2차 산업혁명은 전기를 원동력으로 대량생산 체제를 확립했다. 노동자의 실질 소득이 큰 폭으로 증가하면서 자본주의 체제가 안정화될 수 있었다. 3차 산업혁명은 ICT를 기반 기술로 '경제의 지능화'가 이루어지면서 전혀 다른 기술적 환경을 만들어 냈다. 반면 3차 산업혁명과 4차 산업혁명 사이에는 불연속적인

비약이 뚜렷하지 않다. 4차 산업혁명을 독립적인 단계로 보기 어려운 이유다.

3차 산업혁명에 대한 본질적 이해 없이는 4차 산업혁명을 제대로 파악할 수 없는 구조다. 과거 한국 사회에서 3차 산업혁명의 의미와 맥락을 파악하기 위한 사회적 논의는 제대로 이루어지지 않았다. 그러다 어느 순간부터 4차 산업혁명 이야기가 유행병처럼 번졌다. 4차 산업혁명에 대한 인식이 기술 트렌드 위주의 피상적 수준에서 크게 벗어나지 못한 배경일 수 있다

우리는 이러한 사정을 충분히 고려하면서 4차 산업혁명 용어로 논의를 진행하고자 한다. 이유는 두 가지이다. 하나는 지극히 현실적인 이유다. 우리 사회는 이미 4차 산업혁명이라는 용어에 너무 익숙해져 있다. 3차 산업혁명이라는 용어를 사용하면 과거 현상을 다룬다고 오해하기 쉽다.

또 다른 이유는 4차 산업혁명이라는 용어가 지닌 나름대로 합리성 때문이다. 4차 산업혁명은 비록 3차 산업혁명의 연장이기는 하지만 단계 안에서의 중요한 질적 변화를 일정하게 반영하고 있다. 특히 산업 현장에서 경제 패러다임 전환을 구현하는 데 매우 유용하다.

4차 산업혁명은 새로운 기술 트렌드 이상의 본질적 변화를 내포하고 있다. 결론부터 이야기하면 3차 산업혁명과 그 연장으로써 4차 산업혁명의 핵심은 ICT를 기반 기술로 '경제의 지능화'가 이루어지면서 가치 창출의 주요 원천이 '노동력'에서 '창조력'으로 바뀐 데 있다.

경제의 지능화는 경제 활동이 기계를 닮았던 과거의 모습에서 벗어나 인간의 지능 활동과 유사해지는 현상을 가리킨다. 경제의 지능화는 필요한 주 객관적 조건이 함께 성숙하면서 이루어졌다. 요컨대 지식, 감성, 상상력을 생산 활동에 적용할 수 있는 사회적 능력이 크게 성숙했다.

20세기 후반에 일어난 가장 중요한 사회 변동의 하나로 대학 교육 일반화를 꼽을 수 있다. 상당수 선진국은 대학 졸업자가 해당 연령층에서 절반을 넘어서기에 이르렀다. 한국은 그중 선두 그룹에 속한다. 대학 교육의 일반화로 대중의 평균적 지적 능력이 비약적으로 상승했다.

사회적 환경 변화 또한 중요한 요소로 작용했다. 민주화의 진전으로 사회 구성원이 창의적 감성을 배양하기에 더없이 좋아졌다. 인터넷의 보급은 상상력의 시공간 한계를 제거하는 데 결정적인 도움을 주었다.

또 다른 변화로 지식, 감성, 상상력 등을 생산 활동에 적용해 가치를 창출할 수 있는 기술적 환경이 성숙했다. 무엇보다도 고성능 컴퓨터 덕분에 인간은 지식 등을 생산 활동에 자유로이 적용할 수 있었다. AI, 빅데이터, 가상현실 등은 대표적인 기술이라고 할 수 있다.

경제의 지능화는 이 모든 변화가 집약된 결과이다. 경제의 지능화가 일으킨 효과로 인간에 고유한 지식과 감성, 상상력이 새로운 가치 창출의 주요 원천으로 기능할 수 있었다.

인류 사회가 이 사실을 깨닫기까지는 적지 않은 시간이 필요했다. 인식의 첫 계기로서 경제학 이슈가 발생했다. 애덤 스미스 ^{Adam Smith}부터 칼 마르크스에 이르기까지 근대 경제학을 지배한 이론으로 '노동가치설'을 들 수 있다. 애덤 스미스는 부의 원천은 노동이라고 했다. 가치 창출의 원천이 노동력이라는 의미였다. 마르크스는 상품 가치는 투입된 노동의 양에 따라 결정된다고 파악했다.

문제는 시간이 흐르며 노동의 비중이 빠르게 줄기 시작했다는 데 있었다. 4차 산업혁명에 이르러서는 자동화를 통한 노동의 기술적 대체가 급속도로 진전되기 시작했다. 급기야 완전 자동화를 도입하면서 제품에 노동을 투입했는지 흔적조차 찾기 어려운 경우가 많아졌다. 일련의 과정을 거쳐 노동가치설로서는 설명하기 어려운 현상이 일반화되었다. TV를 예로 들어 보자.

지난 몇십 년 동안 TV는 놀라운 기술적 발전을 거듭해 왔다. 최신형 TV의 제품 사용 가치는 과거 브라운관 TV와 비교할 수 없을 만큼 비약적으로 커졌다. 그런데 자동화 진전으로 최신형 TV에 투입된 노동의 양은 구형 TV보다 적을 가능성이 매우 컸다. 제품의 가치와 투입된 노동의 양 사이에 반비례 관계가 성립했다. 명백히 노동가치설에 배치되는 현상이었다.

문제는 피터 드러커 등이 지식이 새로운 가치 창출의 원천으로 부상했음을 밝히면서 해결의 실마리가 풀렸다. 드러커 등은 지식으로부터 새로운 가치가 창출되어 제품의 가치를 키웠다고 보았다. 아울러 가치 창출에서 지식의 비중이 나날이 커지면서 주도적 위치에 이르렀다고 주장했다.

1990년대 이후 3차 산업혁명이 본격화하면서 경제의 지능화가 의심할 여지없는 대세로 굳어져 갔다. 그에 따라 지식이 새로운 가치 창출의 주요 원천으로 떠올랐음이 널리 인정받기에 이르렀다. OECD는 새로운 성격의 경제를 '지식기반경제'로 표현했다.

지식 중심의 사고가 확산하면서 한때 지식 사회, 지식 경제, 지식 경영, 지식 정부 등의 용어가 유행을 타기도 했다. 김대중 정부 때 경제를 총괄 관장하는 부처 이름도 지식경제부였다.

오래 가지 않아 양상이 바뀌었다. 경영 현장을 중심으로 지식만 강조하는 태도를 편향으로 취급하는 흐름이 나타났다. 지식 못지않게 제품 디자인과 스토리 등 감성적 요소가 중요한 비중을 차지하기 시작했다. 더욱 결정적 의미를 갖는 요소로 상상력이 빠르게 부각했다. 급기야 상상력을 4차 산업혁명 시대 가장 강력한 생산력이자 최고의 권력으로 간주하기에 이르렀다.

IT 역사를 새롭게 썼다고 평가받는 애플의 아이폰은 상상력의 가치를 입증하는 대표적인 하나의 사례였다. 아이폰에는 특별한 신기술이 들어 있지 않았다. 단지 상상력을 극대화해서 PC, 터치 스크린, 와이파이 등 기존 기술을 버무려 소비자들이 혹할 새로운 개념의 제품을 내놓았을 뿐이었다. 아이폰은 상상력이야말로 제품과 서비스의 운명을 좌우하는 결정적 요소임을 입증했다.

4차 산업혁명 시대 지식과 감성, 상상력은 하나의 요소로 어우러져 가치를 창출하는 주요 원천으로 부상했다. 우리는 이를 묶어 '창조력'이라는 하나의 단어로 표현하고자 한다. 새로운 가치 창출의 주요 원천으로 떠오른 창조력은 다음과 같이 간명하게 정식화할 수 있다.

창조력 = (지식 + 감성) × 상상력

가치 창출 주요 원천의 변화는 IT 등 신산업에서 먼저 나타났지만 궁극적으로 모든 산업에서 일어날 수밖에 없다. 전통적인 제조업조차도 연구개발, 디자인, 마케팅 등 창조력에 의존한 분야의 비중이 빠르게 커지고 있다. 제품 자체의 성격도 함께 변화하고 있다. 자동차와 항공기조차도 종전의 수송 기계제품에서 IT 제품으로 변하고 있다.

전기를 원동력으로 대량생산 체제가 수립되었다는 점에서 2차 산업혁명은 1차 산업혁명과 뚜렷한 질적 차이가 있다. 그렇더라도 노동력이 가치 창출의 주요 원천이었다는 점에서 1차 산업혁명과 2차 산업혁명은 연속성을 지니고 있다. 두 단계를 아울러 '산업사회'로 불렀던 이유이다.

노동력은 자본과 결합하지 않으면 가치 창출의 원천으로 기능할 수 없다. 노동자가 노동력을 판매해야만 생존할 수 있는 객관적 이유였다. 자본은 시장에서 노동력을 쉽게 확보할 수 있었지만 노동력을 지니고 있어도 자본을 확보하기는 매우 어려웠다. 자본이 노동에 대해 지배권을 행사하기 쉬운 구조였다. 노동력이 가치 창출의 주요 원천을 이루었던 1, 2차 산업혁명 시기 자본의 사람 지배가 구조화할 수 있었던 근거의 하나였다.

3차 산업혁명과 그 연장으로 4차 산업혁명에 이르러서는 가치 창출의 주요 원천이 노동력에서 창조력으로 바뀌었다. 2차 산업혁명에서 3차 산업혁명으로 넘어오면서 1차 산업혁명이 2차 산업혁명으로 전환하며 일어났던 변화 이상의 커다란 질적 변화가 일어날 수 있음을 암시해 준다.

무엇보다도 창조력이 가치 창출의 주요 원천으로 떠오르면서 사람이 경제 활동의 중심에 설 가능성이 열렸다. '사람과 자본의 관계'가 재정립될 수도 있는 새로운 환경이 만들어졌다. 이유가 무엇일까?

사람 중심의 새로운 패러다임 경제

우리는 창조력이 새로운 가치 창출의 원천임을 파악함으로써 자연스럽게 인간 안에는 노동력과 창조력이라는 서로 다른 두 종류의 가치 창출 원천이 내재해 있음을 알 수 있었다.

현실에서 노동력과 창조력은 지식 노동, 감정 노동 등의 표현에서 드러나듯이 함께 결합해 발산되는 경우가 매우 흔하다. 그렇더라도 노동력과 창조력 사이에는 본질적 차이가 존재한다.

먼저 노동력은 양적 규정을 강하게 받는 데 반해 창조력은 질적 규정을 강하게 받는다. 노동은 노동력을 발산하는 과정이다. 마르크스는 노동을 근육 에너지 지출 과정으로 파악했다. 다양한 형태의 노동이 존재할 수 있지만 그 중심은 육체노동이라고 보았다. 1, 2차 산업혁명 시기 생산 활동을 지배했던 노동이 육체노동임을 반영한 시각이라고 할 수 있다. 사회주의자는 말할 것도 없고 좌파 대부분 육체노동을 절대시하고 신성시했다.

노동은 노동시간과 강도 등을 기준으로 양적 판단이 이루어졌을 뿐만 아니라 양 자체가 중요한 의미를 지니고 있었다. 마르크스가 《자본론》에서 상품 교환은 투입된 노동의 양을 기준으로 이루어진다고 주장한 것 역시 노동의 양적 판단이 가능함을 전제로 한 시각이었다.

창조력을 발산하는 창조 작업은 양적 판단이 쉽지도 않고 부차적 의미 이상을 갖기 어렵다. 1시간 만에 엄청난 가치를 창출할 수도 있지만 10시간이 걸려도 전혀 가치를 창출하지 못할 수 있다. 창조력을 발산하는 창조 작업은 작업의 양이 아닌 결과의 질을 기준으로 평가받는다. 4차 산업혁명 시대 작업 방식과 근무 환경, 평가 기준 모두 새로워져야 함을 말해 준다.

노동력과 창조력 사이에 존재하는 또 다른 본질적 차이로서 '대체 가능성' 여부를 들 수 있다. 노동력의 특성은 '대체 가능성'이 매우 높다는 데 있다. 실제로 노동력은 기계나 타인에 의해 지속해서 대체되어 왔으며, 4차 산업혁명 시대에 이르러 노동의 기술적 대체 속도가 급속히 빨라지고 있다. 단순 반복 노동은 자동화 기기로 대부분 대체될 수 있다는 전망이 우세하다.

반면 창조력은 기계나 타인에 의해 '대체 불가능'한 오직 사람에게만 존재하는 고유한 요소이다. 기계나 타인에 의해 쉽게 대체될 수 있다면 창조력으로써 가치를 인정받을 수 없다. 4차 산업혁명 시대에 생존 기반은 대체 불가능한 창조력의 형성에 있음을 알려 준다.

노동력과 창조력의 가장 큰 본질적 차이로 노동력은 생산수단이 아니나 창조력은 생산수단임을 들 수 있다. 생산수단은 이를 지니면 다른 생산 요소를 확보해서 경제 활동을 전개할 수 있는 그 무엇이다. 중세 시대 토지와 자본주의 사회에서의 자본이 대표적인 경우라고 할 수 있다. 노동력은 생산수단이 될 수 없다. 노동력을 지니고 있다고 해서 다른 생산 요소를 확보할 수 없기 때문이다. 노동자가 노동력을 판매해 생존할 수밖에 없는 이유였다.

1, 2차 산업혁명 시대에 주도적인 생산수단은 자본이었다. 자본만 보유하면 생산 활동을 쉽게 조직할 수 있었다. 가치 창출의 주요 원천인 노동력도 시장에서 쉽게 구매할 수 있었다. 자본 운동이 경제 발전의 핵심 동력을 이루었고, 경제 발전은 자본 축적에 비례하다시피 했다. 가치 창출의 주요 원천은 노동력인데 시장경제를 움직이는 핵심 동력은 자본 운동이었다. 바로 여기서 자본주의 사회를 관통하는 모순 구조가 드러난다.

4차 산업혁명 시대를 대표하는 새로운 생산수단은 창조력이다. 지식, 아이디어, 신기술, 콘텐츠 등 시장 가치를 창출할 창조력을 확보하면 어렵지 않게 생산 활동을 조직할 수 있다. 창조력을 보유하면 컴퓨터 1대만 갖고도 전 세계 시장을 상대로 마케팅을 할 수도 있다.

벤처기업은 창조력이 새로운 생산수단임을 입증한다. 벤처기업의 본질은 창조력을 가치 창출의 주요 원천으로 삼는 데 있다. 벤처기업 창업자는 창조력을 기반으로 창업하고 자본을 유치해 성장한다. 창조력이 먼저고 자본은 다음이다. 창조력 형성이 기업 탄생의 원천을 이룬다. 자본 형성에서부터 시작했던 기존 자본주의 기업과의 질적 차이다.

벤처기업은 기존 기업들보다 훨씬 빠르게 성장하고 있으며 선도적 역할을 강화하면서 새로운 국민경제 기관차로 떠오르고 있다. 창조력이 지배적인 생산수단이 될 수 있음을 암시해 준다. 1, 2차 산업혁명 시대에 자본이 토지보다 우월한 생산수단이었듯이 창조력은 자본보다 우월한 생산수단이다.

4차 산업혁명 시대에 시장을 주도하고 있는 곳은 혁신 기업이다. 혁신 기업의 원동력은 혁신 역량이다. 혁신 역량은 포괄적 의미에서 고도의 창조력을 갖춘 사람들의 집합체다. 창조력을 체화한 사람을 충분히 보유하면 혁신 기업이 될 수 있음을 말해 준다. 반면 혁신 역량 구축 없이 자본 투자를 아무리 확대해도 혁신 기업이 된다는 보장이 없다.

혁신 역량의 위상은 시장경제의 핵심 동력이 자본 운동에서 창조력을 체화한 사람으로 이동하고 있음을 뚜렷이 알려 준다. 창조력이 자본보다 우월한 생산수단임을 입증하는 지점이다.

창조력이 자본보다 우월한 생산수단임은 벤처기업의 지분 구조에서도 드러난다. 구글 사례를 통해 알 수 있듯이 벤처기업에서는 창조력 가치를 높게 평가하면서 창조력을 보유한 창업자와 구성원들이 다수 지분을 확보한다. 반면 자본 가치는 창조력보다 낮게 평가되면서 자본 투자자는 소수 지분을 갖는다. 창조력을 체화한 사람이 자본을 지배하는 구조가 형성된다.

창조력이 자본을 대신해 새로운 시대를 이끌어 갈 지배적 생산수단으로 떠오르고 있다. 이로부터 일어날 변화는 궁극적으로 사회 체제를 바꿀 정도로 심오하고 원대할 수 있다.

무엇보다도 새로운 시대를 이끌 새로운 계급의 탄생을 예고한다. 마르크스는 계급은 생산수단의 소유관계를 둘러싸고 형성한다고 했다. 이는 여전히 유효한 이론이다. 토지 소유를 둘러싸고 지주와 소작농계급이 형성되었다. 자본 소유를 둘러싸고 자본가와 노동자 계급이 형성되었다. 마찬가지로 창조력이란 생산수단을 소유한 새로운 계급이 태동할 수밖에 없다.

중요한 차이가 있다. 창조력은 이전 시기 토지나 자본과 달리 일정한 노력을 기울이면 누구나 쉽게 체화할 수 있는 '개방적 생산수단'이다. 새로운 계급 또한 '개방적 계급'이 될 수 있다. 노동자라는 이름의 절대다수의 사람이 생산수단과 분리되었던 1, 2차 산업혁명 시대와는 다르게 창조력 체화를 통해 다수의 사람이 생산수단과의 분리를 극복할 수 있다. 과거가 창조적 소수의 시대였다면 미래는 '창조적 다수'의 시대가 될 수 있다.

가치 창출 주요 원천의 전환은 4차 산업혁명 시대 본질적 변화의 출발점이며, 창조력의 특성은 변화의 방향과 구조를 규정짓는 핵심 요소이다. 과연 변화의 방향은 무엇일까?

우리는 그간의 논의를 바탕으로 궁극적인 변화의 방향을 개략적으로 유추할 수 있다. 거시적이고 장기적 차원에서 볼 때 창조력을 체화한 사람이 경제활동의 중심에 서는 방향으로 변화가 이루어지고 있다. 혁신 기업에서 집약적으로 드러나듯이 시장경제를 움직이는 핵심 동력은 자본 운동에서 창조력을 체화한 사람으로 이동하고 있다. 이 모든 결과로 사람 중심의 새로운 패러다임 경제가 태동할 수 있다. 시작은 미약하더라도 변화의 방향은 분명해 보인다. 새로운 패러다임 경제는 이렇게 개념 정의할 수 있다.

"가치 창출의 주요 원천으로 등장한 창조력이 기업 가치 구성에서 자본을 능가하면서 창조력을 체화한 사람이 경제활동의 중심으로 자리 잡고 자본마저 지배하기 시작하는 경제"

사람 중심의 새로운 패러다임 경제가 성장하면서 '자본이 사람을 지배했던 시대에서 사람이 자본을 지배하는 시대'로 흐름이 크게 바뀔 수 있다. 자본은 시장경제의 유용한 요소로서 여전히 존재 가치를 유지하겠지만 사람과 자본의 관계가 크게 달라질 수 있다.

16장

대전환 필연의 고리 '사람 중심의 자동화'

    사람들은 패러다임 전환이 필요하다는 말을 의외로 쉽게 한다. 하지만 정작 실행에 옮겨야 하는 지점에서는 종종 머뭇거리거나 심지어 뒷걸음질 친다. "말은 맞는데 어디 말처럼 쉽습니까?"

    사람 중심 경제로 패러다임을 전환하는 일은 더욱더 쉽지 않다. 그동안 돈 중심 자본 중심 패러다임이 몸에 배어 있는 상태에서 절대 쉬운 일이 아니다. 익숙해진 관행과 해법 등이 발목을 잡은 채 좀처럼 놓아주지 않는다. 경제 패러다임의 전환은 이 모든 걸 뿌리치고 문제를 보는 시각, 경제 운영 기조, 문화와 시스템 등을 총체적으로 바꾸는 과정이다.

    경제 패러다임 전환은 매우 오랜 시간에 걸쳐 이루어질 수밖에 없다. 그럴수록 대전환을 향한 첫걸음이 더욱 중요해진다. 첫걸음은 오늘날의 상황에 비추어 공멸의 길을 가는가 상생의 길을 가는가를 가르는 분기점이 될 수 있다. 첫걸음을 불가피하게 만드는 필연의 고리가 있다.

자동화를 둘러싼 지배적 통념

자동화는 4차 산업혁명의 핵심 이슈에 속한다. 사람들이 4차 산업혁명을 이야기할 때 가장 먼저 떠올리는 장면도 AI와 로봇 등이 가세하는 자동화의 확산이다. 인류는 자동화의 확산 앞에서 자기 운명에 대해 불안한 시선을 거두지 못해 왔다. 자동화에 관한 통념 탓이었다.

그동안 자동화를 둘러싸고 강력한 통념이 지배해 왔다. 4차 산업혁명으로 자동화가 가속화되면서 대량 실업 사태가 불가피해지고 노동 조건이 악화하리라고 믿는 통념이었다.

세계 곳곳에서 자동화의 급격한 확산으로 일자리가 대폭 줄어들 수밖에 없다는 불길한 예언을 쏟아낸 바 있다. 옥스퍼드대학교의 칼 프레이 Carl Benedikt Frey 와 마이클 오즈번 Michael A. Osborne 은 2013년에 진행한 연구에서 4차 산업혁명 여파로 미국 직업 가운데 47%가 머지않아 사라질 위험에 처해 있다고 발표했다. 세계경제포럼 또한 새로운 기술의 부상으로 2020년까지 전 세계 일자리 가운데 510만 개가 감소한다고 전망했다. 한국의 고용정보원은 〈기술변화에 따른 일자리 영향 연구〉 보고서를 통해 2025년 무렵 기술 대체 효과로 전체의 약 70%에 이르는 1,800만 명 노동자들의 일자리가 위험에 처할 수 있다고 전망했다.

저명인사, 유력 정치인, 학자와 정책 입안자까지 가세해 자동화와 관련한 통념을 전파해 왔다. 일부 논자는 통념에 이의를 제기하는 사람은 거의 없다고 단언하기도 했다. 뒤이어 다양한 소득 보전 방안과 이를 뒷받침할 로봇세 신설 등을 제안하기도 했다.

4차 산업혁명이 자동화를 가속화하고 있는 점은 분명하다. 자동화와 무관해 보이는 영역 또한 거의 없어 보인다. AI를 장착한 신형 기계가 인간의 영역 모든 곳에 침투하고 있다. AI 로봇이 인간의 육체노동이 담당하던 작업 상당 부분을 대체할 전망이다. 소프트웨어2.0 도래와 함께 AI 컴퓨터가 빅데이터를 기반으로 스스로 알고리즘을 짤 가능성도 커지고 있다. 뿐만이 아니다. 챗GPT 등 생성형 AI 등장에서 확인되듯이 지식·창작 작업의 상당 정도도 AI가 대신할 전망이다. AI 비서, AI 의사, AI 변호사의 등장까지도 점쳐지고 있다.

자동화를 피해 갈 여지 또한 없어 보인다. 자동화를 회피하거나 소홀히 한 기업 혹은 개인은 경쟁력을 잃고 도태할 운명이기 때문이다. 자동화는 선택의 여지 없이 추진해야 할 그 무엇이 되었다. 그렇다면 인간에게 허락된 선택지는 기계 앞에 고개를 숙이고 자리를 내주는 일뿐인가?

지배적 통념은 사람을 밀어내고 그 자리를 기계가 차지하는 '기계 중심 자동화'를 자동화의 유일한 경우로 간주해 왔다. 성격을 달리하는 또 다른 형태의 자동화가 존재할 가능성을 배제했다. 과연 그럴까?

기업 현장에서 빚어진 현상은 '기계 중심 자동화'가 유일한 길인지 의문을 품도록 만들고 있다. 한국은 산업용 로봇 보급률에서 세계 수위를 달려온 나라이다. 국제로봇연맹이 발표한 '2022 세계 로봇 보고서'에 따르면 2021년 기준 제조업 노동자 1만 명당 산업용 로봇 대수에서 한국은 1,000대로 압도적 1위를 달렸다. 2위 싱가포르의 670대, 3위 일본의 399대, 4위 독일의 397대를 크게 앞질렀고 한국의 로봇 밀도는 세계 평균의 7배가 넘었다.

기업은 기계로 사람을 대체하는 기계 중심 자동화를 강도 높게 추진해 왔다. 그 출발 지점은 사람을 비용으로 보는 신자유주의 사상문화였다. 사람을 비용으로 간주하면서 관련 비용을 줄이는 방편으로 기계 중심 자동화에 광적인 집착을 보여 왔다고 볼 수 있다. 기업 관계자들은 기계 중심 자동화가 비용 절감에 따른 효과로 생산성 상승을 보장하리라고 확신했다.

결과는 어떻게 나타났을까? 기업 관계자들이 기대했던 대로 생산성이 큰 폭으로 상승했을까? 답은 "No"였다. 기계 중심 자동화를 강도 높게 추진했던 한국 기업들은 생산성 정체에 직면해야 했다. 앞서 살펴보았듯 생산성본부 자료에 따르면 자동화를 강도 높게 추진했던 2015년 이후 노동생산성은 상승하기보다 정체 혹은 퇴보를 반복했다.

왜 이런 결과가 나타났을까? 원인은 복잡하지 않았다. 기업 관계자들은 자동화에 따른 비용 절감에 집착하면서 생산성을 좌우하는 또 다른 요소들을 충분히 고려하지 못했다.

로봇 등 기계로 사람을 대체하는 기계 중심의 자동화는 단기적으로 생산성 상승효과를 안겨다 줄 수 있다. 하지만 기계의 고유한 특성으로 인해 지속적인 생산성 상승을 어렵게 만든다.

시장 수요는 시시각각 달라지고 있다. 수요 변화에 소홀히 대응하면 일순간에 외면당할 수 있는 세상이다. 고객은 갈수록 각자의 입맛에 맞는 특색 있는 제품과 서비스를 원하는 추세이다. 고객 맞춤형 제작 서비스가 대세가 될 수밖에 없는 상황이다. 심지어 자동차 산업조차도 때가 되면 세상에 하나밖에 없는 자동차를 만드는 방향으로 생태계 전반이 재편될지도 모른다. 독일 자동차기업 메르세데스 벤츠는 이미 그런 방향으로 움직이고 있다.

기계는 '기계적'이라는 표현에서 드러나듯이 똑같은 동작을 반복하는 경향이 있다. 기계의 고유한 특성으로 인해 기계 중심의 자동화는 급변하는 시장 수요와 특색 있는 고객 요구에 탄력적으로 대응하기 쉽지 않다. 장기적으로 생산성을 떨어뜨리는 요인이 될 수밖에 없다.

문제는 또 있다. 기계 중심 자동화를 지속해서 추진하면 작업자는 언제 밀려날지 모르는 불안에 시달린다. 심리적 불안은 작업 집중도를 떨어트릴 수밖에 없다. 업무 능력 향상을 위한 자기 계발 의지도 꺾어 버리기 쉽다. 4차 산업혁명 시대에는 심각한 결과를 낳는 요인일 수 있다.

기업 처지에서 자동화는 선택의 여지가 없다. 자동화를 회피하거나 소홀히 할 수 없다. 하지만 기계 중심 자동화는 장기적으로 기업을 생산성 정체에 직면하도록 만들 가능성이 크다. 기업을 '자동화의 함정'에 빠트린다. 현재 한국 기업 상당수가 직면해 있는 상황이다.

사회적 관점에서 보면 한층 심각한 문제가 대두될 수 있다. 기계 중심의 자동화 확산이 일으킬 가장 큰 사회적 문제는 실업자 증대이다. 많은 사람이 기계 중심 자동화를 숙명으로 받아들이면서 대량 실업 사태에 대한 대응 방안을 모색해 왔다. 과연 가능한 일일까?

일부 논자는 실업 대응책의 하나로 법인세 강화와 로봇세 신설 등을 꼽았다. 기업이 자동화로 떼돈을 번다는 인식이 바탕에 깔려 있다. 이는 현실과 완전히 어긋난 인식이다. 기계 중심 자동화는 실업 증대로 인한 시장 위축과 생산성 정체 등으로 기업의 납세 능력 약화를 동시에 초래할 공산이 크다. 기계 중심 자동화를 고수한다면 실업 증대 대응책 마련이 거의 불가능한 셈이다.

어느 모로 보나 기계 중심 자동화는 해답이 될 수 없다. 기계 중심 자동화 확산의 끝은 공멸일 뿐이다. 불가피하게 우리는 전혀 다른 방식의 자동화를 모색할 수밖에 없다.

자동화 대안과 높아지는 사람의 위상

기계 중심 자동화를 맹신토록 한 대표적 요인 중 하나는 AI에 대한 과대평가다. 상당 부분 AI가 인간보다 훨씬 우월한 작업 결과를 만들어 내리라는 맹목적 믿음이 작용한 결과다. 인간과 AI의 관계에 대해 생각을 바꾸도록 한 인물이 있다. 다름 아닌 일론 머스크^{Elon Musk}였다.

일론 머스크는 걸핏하면 사람들의 입방아에 오르내리며 다양한 얼굴을 보여 온 인물이다. 별명이 외계인일 만큼 괴짜 중의 괴짜로도 알려져 있다. 새로운 영역에 대한 도전과 실험에서 남다른 면모를 보여 왔다. 머스크는 자신이 설립한 전기차 생산업체 테슬라를 무대로 자동화에 관한 선구적인 실험에 착수했다. 머스크는 먼저 철저하게 AI와 로봇을 기반으로 사람 없는 완전 자동화 공장을 실험했다. 이를 위해 엄청난 노력을 투입했다.

실험은 머스크 스스로 인정했듯이 완벽한 실패로 끝났다. 머스크는 인간과 AI, 로봇 등이 공존하는 전혀 다른 모델을 실험했다. 머스크는 중요한 결론에 이를 수 있었다. 정리하면 이렇다.

아무리 뛰어난 AI일지라도 AI에 미션을 부과하고, 그 결과를 해석하며 이를 어떻게 활용할지 결정하는 주체는 인간이다. 인간이 AI를 어떻게 활용하는가에 따라 결과가 달라진다. 인간이 두려워해야 할 대상은 AI가 아니라 AI를 제대로 다루지 못하는 능력 부족이다. 인간에게 주어진 과제는 부단한 학습 훈련으로 AI를 자유자재로 다룰 수 있는 능력의 획득이다.

많은 사례가 뒷받침해 주었다. 대표적인 예로 IBM이 만든 인공지능인 왓슨을 들 수 있다. AI의 선구자로 불린 왓슨은 2011년 2월 미국 ABC방송 퀴즈쇼 '제퍼디'에 등장해 사상 최초로 사람이 아닌 우승자가 되면서 세계의 이목을 집중시켰다. 왓슨은 한때 무궁무진한 잠재력을 자랑했다. 그러던 왓슨이 2021년에 이르러 돈 못 버는 골칫덩이로 전락하면서 실패의 운명에 직면했다. 원인은

IBM 관계자들이 왓슨의 가능성을 지나치게 과대평가하면서 제대로 활용하지 못한 데 있었다.

AI 알파고는 이세돌 등 최고의 바둑 고수들을 상대로 완승하면서 큰 주목을 받았다. 세상은 바둑처럼 규칙이 단순한 게임 분야에서는 AI가 인간을 앞서고 있음을 인정해야 했다. 하지만 업그레이드된 알파고가 2023년 미국의 아마추어 6단에 15전 14패 참패를 겪었다. 학습한 패턴을 벗어난 꼼수에 멍청이로 전락했다. AI 역시 기계 일반의 한계를 넘어서지 못했다.

뛰어난 성능으로 큰 충격을 안겨다 주었던 생성형 AI를 둘러싼 전문가의 평가 또한 크게 다르지 않다. 잘 사용하면 훌륭한 작업 파트너가 될 수 있으나 잘못 사용하면 최첨단 표절 시스템으로 전락할 수 있다. 인간이 어떻게 사용하는가에 따라 그 가치가 완전히 달라질 수 있다.

그동안 많은 사람이 인간과 AI와 로봇 등의 기능을 단순 비교하면서 첨단 기계를 인간 위에 올려놓았다. 첨단 분야에 종사하는 고수들은 전혀 다른 사고를 했다. 그들은 고난도 첨단 기술에 도전하면서 거꾸로 인간의 놀라운 능력과 무한한 잠재력을 새롭게 깨달았다. 간단한 예를 들어 보자. 2족 보행 로봇이 넘어야 할 고난도 기술은 넘어지지 않고 계단을 오르는 공정이다. 인간은 자연스럽게 계단을 오른다. 자율주행차에서 고난도 기술은 사방의 센서를 통해 얻은 시각 정보를 합쳐 통합된 이미지를 만드는 작업이다. 인간은 태어날 때부터 그런 능력을 지니고 있다.

고수들은 AI에 대해서도 냉정한 평가를 한다. 고차원적 영역에서 AI는 아직 인간의 발끝도 따라오지 못하고 있다. 지능제어 분야 세계 톱 연구자로 꼽히는 안춘기 교수는 인간처럼 판단하고 행동하는 AI는 아직은 공상과학소설에 속하는 실현 불가능한 일이라고 잘라 말했다.

AI의 등장은 인간의 역할을 배제하거나 저하하기보다는 거꾸로 인간이 작업의 중심에서 창조적 역할을 한층 고도화해야 함을 입증해 주고 있다. AI는 오직 인간이 본연의 위치에서 역할을 제대로 수행할 때 제 기능을 할 수 있다. AI가 인간의 위상을 깨우쳐 준 셈이다. 자동화와 관련해 기계 중심 자동화에서 벗어나 전혀 다른 모색을 하도록 하는 단서다.

기계 중심 자동화를 대신하는 자동화의 유일하면서도 최종적인 해답은 '사람 중심의 자동화'이다. 사람 중심의 자동화는 자동화를 사람의 대체가 아닌 사람의 창조적 역할을 강화하는 수단으로 이용한다. 기계가 할 수 있는 작업은 과감하게 기계에 맡기고 사람은 한층 고차원적이고 창조적인 작업에 집중할 수 있도록 한다. 사람과 기계의 장점을 최대한 살리는 방향에서 둘 사이의 협력을 추구한다. 간단한 예로 치킨 튀기는 작업에 매여 있던 사람이 로봇에게 튀김 작업을 맡긴 뒤 자신은 새로운 제품 개발과 서비스 개선에 집중할 수 있다.

사람 중심의 자동화는 창조력이 가치 창출의 주요 원천으로 떠오른 4차 산업혁명 시대에 부합한 선택이다. 사람의 창조력 숙성을 고도화하면서 발산을 극대화할 조건을 마련해 준다.

기업은 사람 중심 자동화로 자동화의 함정에서 벗어나 지속적인 생산성 상승을 이루어 낼 수 있다. 사람 중심 자동화는 급변하는 시장 변화와 특색 있는 고객 요구를 향해 탄력적 대응을 할 수 있도록 해 준다. 사람은 변화를 설계하고 관리하는 '변화 관리자'로서 소임을 다한다.

사람 중심의 자동화는 사람이 기계에 밀려날 우려를 해소해 주면서 작업 집중도를 높일 수 있도록 해 준다. AI마저 자유자재로 다룰 정도의 능력을 획득하도록 부단한 자기 계발 노력을 자극한다. 사람의 창조적 능력이 강화하면서 생산성은 더욱 탄력을 받을 수 있다.

사람 중심의 자동화는 하이테크 산업만이 아니라 모든 분야에 두루 적용할 수 있다. 전통적인 제조업 역시 마찬가지다. 주위에 300인 넘는 자동차 부품업체 경영자로 일해 온 지인이 한 명 있었다. 수출이 70% 이상을 차지하고 있는 회사였다. 지인과 기업 경영 방향에 대해 자주 대화를 나누었고 직접 현장을 방문해 실태를 파악하기도 했다. 임직원 대상 현장 강의 기회도 마련했다. 회사 안에 사람 중심 자동화에 대한 공감대가 형성되었고 실행에 옮겨지기 시작했다. 마인드가 바뀌자 사람이 할 수 있는 일거리가 의외로 많이 발견되었다. 자동화를 더욱 고도화했으나 일자리도 함께 늘어났다. 덩달아 경영 실적이 개선되면서 주가도 함께 올랐다. 자동화는 사람 수를 줄이는 수단이며 그럴 때 주가가 오를 수 있다는 통념을 깨뜨렸다. 지인은 사장으로 승격했고, 회사는 2020년 말 일자리 창출 공로로 대통령상을 수상했다.

정리하면 그동안 자동화의 유일한 경우로 통용되어 온 기계 중심 자동화는 기업을 생산성 정체를 수반하는 자동화의 함정에 빠트린다. 해답은 사람의 창조적 역할 강화 수단으로 자동화를 활용하는 사람 중심의 자동화뿐이다. 사람 중심 자동화에서 생산성은 사람의 창조적 역할에 의해 좌우된다. 변화 관리자로서 사람의 역할이 중심을 이룬다.

사람 중심 자동화는 4차 산업혁명 시대 사람 중심 경제로의 패러다임 전환을 강제하는 필연의 고리다.

독일 인더스트리4.0 실험의 의미

사람 중심의 자동화는 선택의 여지가 없는 필연적 과정으로 더 높은 생산성과 경쟁력을 보장한다. 이를 국가 차원에서 입증한 곳이 있다. 인더스트리4.0 Industrie 4.0 정책을 성공적으로 추진한 독일이다.

2023년 독일 경제는 상당한 어려움에 직면했다. 관측자들은 전통적 제조업에서의 성공에 고무된 나머지 전기 자동차로의 전환과 IT 산업 육성을 소홀히 하고 중국과 러시아와의 무역에 지나치게 의존한 결과로 보고 있다. 그렇더라도 불과 얼마 전까지 독일은 유럽 최강의 경제력을 자랑한 나라였다. 도대체 독일은 어떻게 지난 10여 년간 막강한 경제력을 발휘할 수 있었던가? 그 비결은 여전히 주목할 가치가 있다.

탐구에 앞서 간단히 짚고 넘어가야 할 사실이 있다. 독일에서 인더스트리는 산업보다는 제조업의 의미가 강하다. 실제로 인더스트리4.0 정책은 제조업을 중심 무대로 펼쳐졌다. 그 과정에서 사람 중심의 자동화가 제조업에서 한층 창의적으로 구현될 수 있음을 입증했다.

한국은 세계 5~6위의 제조업 강국으로서 제조업을 근간으로 삼고 있는 나라이다. 제조업 혁신 없이 경제 재도약을 기대하기 힘든 처지이다. 여러모로 독일 인더스트리4.0을 참조할 필요가 있다.

독일 노동자는 세계에서 가장 적게 일하고 가장 높은 임금을 받아 왔다. 독일의 연평균 노동시간은 1,371시간으로 OECD 회원국 중 가장 적은 수준이다. 노동시간은 1995년 주 38시간 도입 이후 28시간에서 40시간 범위 안에서 탄력적으로 운용 중이다. 주 28시간 근무를 시행하는 기업이 갈수록 크게 늘고 있는 양상이다. 이러한 조건에서 독일 경제는 유럽 최강을 자랑해 왔다. 독일 경제의 생산성이 매우 높은 수준에 이르렀음을 의미한다.

독일 경제의 비밀을 제대로 이해하기 위해 반드시 염두에 두어야 할 사실이 있다. 독일이 인더스트리4.0이라는 선구적 실험에 착수할 수 있었던 밑바탕에는 특유의 노사 문화가 자리를 잡고 있다. 독일은 상호 신뢰에 기반을 둔 협력적 노사 관계가 잘 확립된 나라다.

협력적 노사 관계가 형성되기까지는 1929년 대공황 이후 양극단으로 치닫다가 히틀러 체제와 2차 세계대전을 거치며 함께 망해 본 쓰라린 역사적 경험이 있었다. 끔찍한 재앙을 경험한 노사 양측은 사고를 전환했다. 서로를 부정하는 극단주의를 지양하고 협력의 길을 걸었다. 신뢰 기반의 협력적 노사 관계는 굳건한 전통으로 자리 잡았다. 문제가 생기면 끈질긴 토론을 통해 합의점을 찾았다. 어떤 경우도 일방통행을 허용하지 않았다.

독일은 1976년 법제화를 바탕으로 노사가 서로를 대등한 주체로 존중하면서 기업 경영을 함께 책임지는 공동결정제를 운영해 왔다. 공동이사회 구성을 바탕으로 경영진은 노동자를 경영의 동반자로 간주했고, 노동자는 경영진을 기업의 책임 있는 당사자로 받아들였다.

협력적 노사 관계는 위기의 순간 빛을 발휘했다. 독일은 2008년 글로벌 금융위기 여파로 노동자를 30% 해고해야 할 위기에 봉착하자 사회적 합의로 돌파했다. 기업은 감원을 자제하는 대신 노동시간과 임금을 30% 줄였다. 정부가 임금 삭감액 중 3분의 2를 보조하면서, 실제 임금은 10%만 감소했다. 노동자는 일자리를 유지하면서 줄어든 노동시간에 학습으로 재충전했고, 가족과 시간을 보내며 건강을 되찾았다. 정부는 실업 수당 지급 부담에서 벗어나고 기업은 인건비의 30%를 절감하는 대타협이 이루어졌다.

2008년 글로벌 금융위기 이후 독일은 사회적 합의를 바탕으로 사람에 대한 투자를 우선함으로써 사람의 능력을 키워 경제를 발전시키는 전략을 구사했다. 결과는 독일 경제의 지속적인 성장 발전으로 나타났다. 2007년 63%였던 고용률도 7년 뒤 73%로 10%p 높아졌다. 독일 사회는 이 같은 성과를 바탕으로 새로운 도약을 위한 인더스트리4.0 프로젝트를 전격 추진했다.

인더스트리4.0은 민간이 주도하고 정부가 협력하는 형태로 이루어졌다. 2011년 비트콤(독일정보통신산업협회)이 '산업의 미래' 프로젝트 깃발을 들면서 출발을 알렸다. 연구소, 노조, 정부 기구 등이 합류하면서 인더스트리4.0은 본격 시동을 걸기 시작했다. 2015년에 이르러서는 각계 전문가들로 구성한 '플랫폼 인더스트리 4.0'이 다양한 사례 발굴을 바탕으로 모델화 표준화를 진행함으로써 중소기업이 폭넓게 참여할 수 있도록 유도했다.

독일은 한국과 마찬가지로 기계 중심 자동화를 집중적으로 강화했으나 생산성이 오르지 않거나 도리어 감소하는 상황에 직면해 있었다. 원인 또한 급변하는 시장 상황과 고객의 특색 있는 요구에 응하지 못한 데 있었다. 인더스트리4.0은 종전의 한계를 정면으로 돌파하기 위해 마련한 첨단 제조 프로젝트였다. 요체는 가내수공업과 같은 고객 맞춤형 제작 서비스를 제공하되 가격과 품질, 공급 시간에서는 대량생산 체제의 수준을 유지하는 데 있었다.

프로젝트의 하나로 종전의 기술적 환경을 뛰어넘는 사이버물리시스템CPS 중심의 최첨단 생산시스템을 구축했다. 사이버물리시스템은 가상 공간과 현실 공간의 상호 작용을 통해 기계와 부품, 부품과 부품 등 생산 요소들이 의사소통하면서 자유자재로 조합될 수 있도록 했다 이를 뒷받침하기 위해 다양한 첨단 IT와 로봇을 광범위하게 투입했다. 일련의 과정을 거쳐 인더스트리4.0을 구성하는 고유 명사로 '스마트 팩토리', '스마트 물류', '스마트 제품' 등이 나타났다.

새로운 환경에서 독일 기업들은 생산 요소 간 고도의 자율적 조합을 바탕으로 특색이 강해지고 수시로 바뀌는 고객의 요구에 탄력적으로 대응할 수 있었다. 고객 맞춤형 제품을 대량생산 체제 수준의 시간과 가격, 품질로 제공하고자 했던 애초의 목표에 빠르게 접근해 갔다.

독일 경제는 세계 최고 수준의 고임금에도 높은 생산성을 바탕으로 유럽 최강의 경쟁력을 과시하기에 이르렀다. 스마트 팩토리에 필요한 첨단 기기와 소프트웨어 등에서 추가 수요가 발생하면서 새로운 일자리도 함께 창출되었다. 높은 수준에서 자동화를 추진했음에도 개별 기업의 고용률이 꾸준히 상승했다. 인더스트리4.0 특성이 드러나는 지점이었다.

국내 논자들이 독일 인더스트리4.0과 관련해 주목한 부분은 주로 기술 환경 변화였다. 기술 환경 변화도 매우 중요하다. 하지만 인더스트리4.0에서 가장 중요한 지점은 사람의 역할 변화였다. 인더스트리4.0을 추진하면서 로봇 사용을 확대하는 등 자동화를 상당 수준으로 강화했다. 흥미롭게도 강력한 힘을 지닌 노조는 이를 반대하지 않았다. 이유가 무엇이었을까?

독일 인더스트리4.0을 이야기할 때 가장 흔히 나오는 표현은 '사람과 로봇의 협업'이다. 로봇이 할 수 있는 일은 과감히 로봇에게 맡기고 사람은 '변화 관리자'의 위치에서 창조적 작업에 집중하는 시스템이다. 기업은 기존 직원을 최대한 해고하지 않고 재교육을 거쳐 보다 창의적 업무에 집중하도록 했다. 메르세데스 벤츠는 이를 분명하게 뒷받침해 주었다.

메르세데스 벤츠는 완전 자동화한 대량생산 라인에서는 복잡한 고객 맞춤형 자동차를 만들기 불가능하다고 판단했다. 메르세데스 벤츠는 디지털 환경에서도 변화를 주도하는 핵심 자산은 직원 즉 사람이며, 오직 사람의 창조적 능력이 발전할 때 제품의 혁신이 일어날 수 있다고 보았다. 이를 뒷받침하기 위해 '턴투런 Turn2Learn' 이라는 전사적 직원 교육을 전개했다. 교육 예산으로 독일에서만 2030년까지 13억 유로를 투입할 계획이다.

독일 인더스트리4.0은 사람 중심의 자동화를 성공적으로 구현한 프로젝트였다. 독일 인터스트리4.0은 사람 중심의 자동화를 일반화시킴으로써 작업자들이 창조력을 원천으로 가치를 창출하는 데 집중할 수 있도록 뒷받침했다. 이를 바탕으로 세계에서 가장 적게 일하고도 가장 높은 임금을 받을 수 있을 정도로 높은 생산성을 발휘할 수 있었다. 노동 문제가 어떤 조건에서 근원적 해결로 나아갈 수 있는지를 시사하는 지점이기도 하다.

독일 인더스트리4.0은 전 세계적 범위에서 자동화에 대한 인식을 바꾸는 데 중요한 계기였다. 자동화에 대한 인식 전환은 곧바로 일자리 전망을 둘러싸고 의미심장한 변화를 일으켰다.

한동안 비관적 전망을 쏟아 냈던 세계경제포럼은 2018년 보고서를 통해 낙관적 전망과 비관적 전망 두 가지 시나리오가 동시에 가능하다고 내다보았다. 세계경제포럼은 한 걸음 더 나아가 2025년까지 8,500만 개 일자리가 사라질 수 있지만 그보다 더 많은 일자리가 새로 만들어질 수 있다고 전망했다. 그 근거로 2018년의 일자리 63% 정도는 1940년 이후 새로 만들어졌음을 제시했다. 즉 인간이 어떤 선택을 하는가에 따라 모든 결과가 달라질 수 있다.

17장

역동적 상생의 길, '좋은 일자리의 보편화'

늘 가슴을 짓누르는 중압감이 있다. 수많은 사람이 비슷한 심정에 사로잡혀 있으리라 믿는다. 길게 이야기할 필요 없이 한반도를 둘러싼 정세가 날로 험악해지고 있다. 미중 간 패권 전쟁이 날로 격화되고 있다. 신냉전 기류가 심상치가 않다. 이 와중에 중국은 최대 경쟁 상대로 부각해 우리를 압박하고 있다. 사력을 다해 위기를 헤쳐 나가야 할 상황임에도 국민경제 체력은 바닥을 드러내고 있다. 나라 전체가 생존의 벼랑 끝으로 내몰리고 있는 형국이다.

국민 모두의 마음을 모으고 힘을 합쳐도 부족하거늘 현실은 정반대로 흐르고 있는 듯하다. 온 나라가 진영과 세대, 젠더 이슈를 둘러싸고 갈가리 찢겨 있다. 너도나도 혐오의 대상을 찾아 이리저리 배회하고 있다. 우리보다 인구가 몇십 배 많은 중국은 공산당 중심으로 한 덩어리가 되어 움직이고 있는데 말이다. 이러고도 미래를 점칠 수 있을까?

고매한 원로들이 혐오와 불신, 대결을 접고 화합과 협력을 추구하라며 애절하게 호소해 왔다. 평론가들은 정치권을 향해 소모적 대결을 접고 미래지향적인 비전 경쟁에 돌입하라고 압박했다. 하지만 모두 공허한 메아리에 그치고 있다. 상황은 나날이 악화하고 있을 뿐이다.

각자의 이익을 포기하거나 양보하라는 요구는 쇠귀에 경 읽기에 불과하다. 오늘날 한국 사회의 구성원 대부분은 지독하리만치 이익에 충실하다. 손해 보는 일은 절대 하지 않으려 한다.

시장경제의 핵심 주체인 기업의 관점에서 보면 문제는 한층 명확하다. 기업은 수익을 추구하는 존재다. 수익을 창출하고 재투자함으로써 경쟁력을 강화하지 않으면 문을 닫을 수밖에 없다. 수익 창출은 기업으로서 한순간도 피할 수 없는 숙명의 굴레와 같다.

답은 모두에게 이익이 되는 조건에서만 찾을 수 있다. 시대는 공멸의 위기에서 벗어나 상생의 길을 찾도록 강하게 압박하고 있다. 상생은 개인과 기업, 국가 사회가 함께 발전하는 길이다. 기업을 둘러싼 다양한 이해관계자가 함께 이익을 키우는 길이다.

그동안 우리는 4차 산업혁명 분석을 통해 사람 중심의 새로운 패러다임 경제가 태동하고 있음을 확인했다. 아울러 사람 중심의 자동화가 패러다임 전환을 필연적 과정으로 만들고 있음을 함께 확인하고 있다. 과연 이 같은 대전환이 시대가 요구하는 상생의 길을 열어 줄 수 있을까?

사람은 비용이 아니라 자산이다

그동안 기업이 기계 중심 자동화에 광적으로 집착한 이유는 기본적으로 사람을 비용으로 보았기 때문이었다. 사람에 드는 비용을 절감하는 방편으로 기계 중심 자동화를 추진했다.

사람 중심 자동화는 사람을 보는 시각에서의 전면적인 변화를 불가피하게끔 만든다. 사람 중심 자동화에서 생산성을 좌우하는 요소는 사람의 창조적 역할이다. 최첨단 자동화 기기인 AI조차도 사람이 어떻게 활용하는가에 따라 결과가 달라진다. 메르세데스 벤츠가 피력했듯이 변화를 주도하는 핵심 자산은 사람이다. 사람 중심 자동화에서 사람은 비용이 아니라 자산이다.

사람을 비용으로 보는가 자산으로 보는가의 시각 차이는 사람에 대해 정반대의 접근을 하도록 만든다. 비용은 최대한 줄여야 할 요소이고 자산은 최대한 키워야 할 요소이다. 사람의 가치를 0에서 100까지의 숫자로 표시한다면 비용으로 볼 때 최적의 숫자는 0이다. 그 사람이 없어도 일이 되게끔 만들 때이다. 그 사람을 쓸모없는 존재로 만들 때 최적의 결과라고 평가한다. 자산으로 간주할 때 최적의 숫자는 100이다. 그 사람이 없으면 일이 안 되도록 만들 때이다. 그 사람을 반드시 있어야 하는 존재로 만들 때 최적의 결과로 평가한다.

최첨단 AI를 도입했을 때도 사람에 대한 방침이 정반대로 달라질 수 있다. 비용으로 보면 AI가 업무를 대신하도록 하면서 사람을 내치려고 한다. 반면 자산으로 보면 종전의 업무를 AI에게 맡기고 그 사람만이 할 수 있는 고유한 업무 능력을 개발하도록 한다.

과연 비용으로 보는 경우와 자산으로 보는 두 유형 중 궁극적으로 어느 쪽이 우세한 경쟁력을 보일까? 사람을 비용이 아닌 자산으로 간주하는 순간 사람을 대하는 시각이 완전히 달라진다. 경영철학과 기업문화 전체가 바뀐다. 인식의 전환을 시도했던 벤처 기업가들의 생생한 경험에 근거한 이야기다.

사람을 비용이 아닌 자산으로 간주해야 한다는 명제에 이의를 제기할 수 있는 지점이 있다. 단순 반복 육체노동이 위주인 전통산업은 사정이 완전히 다를 수 있다는 이야기이다. 제조업이 한국 경제의 근간임을 고려하면 매우 심각한 문제가 될 수 있다. 결론은 전혀 다르다. 단순 반복 육체노동에 의존했던 전통 산업조차도 사람을 자산으로 간주하고 키울 때 혁신적 발전을 기약할 수 있다.

좋은 사례로 포스코엠텍(구 삼정P&A)을 들 수 있다. 포스코엠텍은 포스코의 계열사로서 철강 제품 포장을 전문으로 하는 업체였다. 애초 작업의 주류는 철강 제품의 단순 포장이었다. 이곳에서 놀라운 혁신이 일어났다.

출발은 근무 형태 전환이었다. 2007년 3개 조가 돌아가면서 작업하던 3조 3교대 근무 형태가 2개 조가 번갈아 작업하고 나머지 2개 조는 휴무를 하는 4조 2교대로 전환했다. 근무 형태를 전환하면서 포스코엠텍 연간 근무일은 317일에서 174.5일로 줄고, 반대로 휴무일은 48일에서 190.5일로 크게 늘었다. 연간 근무시간 또한 2,324시간에서 1,920시간으로 줄었다.

변화된 환경에서 포스코엠텍은 연간 1인당 학습 시간을 300시간으로 대폭 늘렸다. 학습 효과가 가시화하면서 직원들의 자격증 취득 건수가 2010년 837개로 근무 형태 전환 이전에 비해 10배 정도로 늘었다.

직원들은 단순 포장공에서 고도의 창조력을 갖춘 엔지니어로 탈바꿈했다. 급기야 직원들은 자신들의 주도 아래 생산 공정 자동화를 전격 추진했다. 포스코엠텍은 2009년 세계 최초로 철강 제품을 자동으로 포장하는 로봇결속기를 개발했는데 바로 직원들이 일구어 낸 성과였다.

한 걸음 더 나아가 포스코엠텍은 자체 기술로 철강 포장 라인 전체를 자동화하는 데 성공했고 자동 포장 설비를 일괄 판매할 수 있는 수준에 이르렀다. 상당수 직원은 철강 포장 설비 전문 컨설턴트 지위를 갖기에 이르렀다. 포스코엠텍은 단순 포장 작업을 하던 업체에서 철강 제품 자동 포장 설비를 개발·판매·서비스하는 전문적인 엔지니어링 회사로 변신했다.

혁신 역량을 강화하면서 4년 만에 1인당 철강 포장량은 38% 늘었다. 생산성 상승은 지속적인 경영 실적 향상과 임금 상승으로 이어졌다. 이는 다시 혁신 역량을 더욱 강화하는 선순환 구조를 낳았다.

포스코엠텍은 단순 반복 육체노동에 종사하던 노동자들을 귀중한 자산으로 키움으로써 혁신적 발전을 거듭할 수 있었다. 하나의 사례에 불과하지만 함축하고 있는 의미는 매우 컸다. 해당 사례는 어떤 산업, 어떤 기업이든지 사람을 자산으로 간주해야 함을 알려주었다. 인재 경영에서 이야기하는 특별한 엘리트만이 아니라 보편적 존재로서 사람 모두가 자산이 될 수 있음을 입증했다. 창조력은 누구나 노력하면 체화할 수 있는 개방적 생산수단임을 입증한 사례였다.

4차 산업혁명을 선도하는 혁신 기업들 사이에서는 사람을 자산으로 간주하는 흐름이 뚜렷이 나타나고 있다. 특징을 모아 '최강의 혁신 기업'이라는 모형을 만들어 보면 이런 모습일 수 있다.

최강의 혁신 기업에서는 직급과 무관하게 구성원들 모두가 서로를 자산으로 간주한다. 자산인 사람의 성장 발전을 위해 기꺼이 서로 돕고 협력한다. 인사 고과에서 타인의 성장을 도운 사람에게 가장 높은 평점을 부과하기도 한다. 다른 사람의 성장을 도우면 그보다 더욱 중요한 결과가 남는다. 사람이 자산인 시대에 사람을 잘 키우는 안목과 능력을 얻는다. 성공의 보증수표인 리더십을 획득할 수도 있다. 최강의 혁신 기업에서는 구성원의 발전이 기업 발전의 원동력이 되고, 기업의 발전이 구성원 발전의 조건을 이룬다. 구성원과 기업이 서로를 키우는 선순환 구조를 형성하면서 시너지 효과를 극대화한다.

최강의 혁신 기업 모형은 사람을 자산으로 여길 때 높은 생산성을 바탕으로 시장 경쟁에서 우위를 점할 수 있음을 확인해 준다. 기업 경영의 관점에서 보더라도 돈보다 사람을 믿고 의지해야 함을 의미한다. 돈은 사람의 자산 가치를 높이는 수단으로 기능할 때 제 몫을 다할 수 있다.

권력의 중심은 시장으로 이동했다. 시장의 핵심 주체는 기업이다. 기업의 행보가 사회 흐름을 좌우하는 시대이다. 지금의 사회를

'기업 사회'라고 해도 크게 틀리지 않는다. 정치가 제 기능을 하지 못하는 상황에서도 한국이 선진국 진입에 성공한 일차적 힘은 기업의 역할에 있었다. 상당 부분 기업이 꾸준히 수출을 확대하면서 소득을 증가시킨 결과였다.

세상을 바꾸는 요체는 기업의 혁신적 재구성에 있다. 우리의 논의는 기업의 혁신적 재구성이 어떻게 가능한지를 밝히고 있다. 그 출발은 사람은 비용이 아닌 자산으로 여기는 사회적 인식의 전환이다.

선택의 여지 없는 좋은 일자리 만들기

사람을 비용이 아니라 자산으로 보면 기업 구성원 삶의 질과 관련해서 어떤 일이 벌어질까? 청년의 시각으로 보면 답이 쉽게 나온다. 기대할 수 있는 최상의 결과는 좋은 일자리의 보편화다.

좋은 일자리의 보편화와 관련해서도 뿌리 깊은 통념이 있다. 직원과 투자자의 이해관계는 서로 상충한다고 보는 시각이다. 좋은 일자리 만들기의 하나로 사내 복지를 확대하면 투자자들은 자신의 몫이 줄어든다고 생각하는 경향이 강하다. 기업이 주주가치 극대화를 앞세우고 있다면 좋은 일자리 보편화에 대한 투자자의 저항은 더욱 강할 수밖에 없다.

익숙한 통념에 비추어 보면 좋은 일자리 보편화는 자칫 실현 가능성이 희박한 주관적 희망에 불과할 수 있다. 간단치 않은 문제에 결정적인 해결의 실마리를 제공하는 지점은 사람 중심의 자동화이다. 사람 중심의 자동화는 좋은 일자리의 보편화를 이해관계자 모두에게 선택의 여지가 없는 과정으로 만든다.

사람 중심의 자동화는 현장 작업자의 지위와 역할에서 질적 변화를 일으키는 핵심 고리로 기능한다. 사람 중심 자동화를 거치면서 사람과 기계의 관계가 정반대로 재정립한다. 2차 산업혁명 시기 노동자는 기계의 부품으로 존재했다. 기계가 노동자의 역할을 결정했다. 기계가 주인이고 노동자는 종이었다. 사람 중심의 자동화를 거치며 그 관계가 역전된다.

사람 중심 자동화에서 사람은 컴퓨터를 매개로 기계를 조절 통제한다. 최첨단 AI조차도 어떤 미션을 부과할지 결정하고 작업 결과를 평가하며 이를 어떻게 활용할지 판단하는 일은 전적으로 작업자의 몫이다. 사람이 기계의 역할을 결정한다. 사람이 주인이고 기계가 종이다.

사람과 기계와의 관계가 재정립하면서 작업자는 일정한 업무 영역을 관장하는 위치에 선다. 급변하는 시장 수요와 특색 있는 고객의 요구에 탄력적으로 대응하는 변화 관리자로서 지위와 역할이 뚜렷해진다. '현장 경영자'로서 지위를 가지면서 작업자의 권한과 책임이 커진다. 작업자는 수직적 통제 대상에서 수평적으로 협력하는 '경영의 동반자'로 위상이 바뀐다. 달라진 조건에서 생산성은 작업자가 창조력을 얼마나 더 숙성시키고 잘 발산하는가에 따라 좌우될 수밖에 없다.

자연스럽게 두 가지 과제가 제기된다. 먼저 작업자의 창조력을 숙성시키기 위한 지속적인 학습 훈련이 중요해진다. AI를 자유자재로 다룰 수준의 능력 획득이 궁극적 목표가 될 수 있다. 또 하나의 과제로 숙성된 창조력이 최대한 발산될 수 있게끔 최적의 환경을 조성해야 한다.

과연 어떤 환경이 필요할까? 해답은 창조력의 특성에서 찾을 수 있다. 사람의 창조력은 긍지와 자부심을 품고 자발적 열정을 발휘하며 몰입할 때 발산이 극대화할 수 있다. 2차 산업혁명 시기를 지배했던 단순 반복 육체노동처럼 수직적 통제 시스템을 통해 강제할 수 없다. 창조력 발산의 극치를 보여 주는 문화예술 활동을 떠올리면 쉽게 이해할 수 있다.

작업자는 어떤 환경에서 자발적 열정을 갖고 몰입할 수 있을까? 해답은 사람에 대한 상식적 이해 속에서 쉽게 찾을 수 있다. 거꾸로 접근해 보자. 기업이 작업자를 돈벌이 수단으로 간주하고 조직의 부품으로 다루며 아무런 결정권도 부여하지 않은 채 보상도 제대로 하지 않는다고 가정해 보자. 작업자가 긍지와 자부심을 품고 자발적 열정을 발휘할 수 있을까?

작업자는 경제 활동의 수단이 아닌 목적이 되고 조직의 부품이 아닌 중심으로서 적절한 결정권(권력)을 행사하며, 충분한 보상을 받을 때 높은 자발적 열정을 갖고 업무에 몰입할 수 있다. 자발적 열정을 갖고 몰입하기에 최적의 조건을 갖춘 일자리를 두고 우리는 '좋은 일자리'라고 부를 수 있다. 4차 산업혁명 시기에 부응하는 사회적 의미에서 좋은 일자리다.

좋은 일자리 만들기는 4차 산업혁명 시대 선택의 여지 없는 반드시 거쳐야만 하는 과정이다. 좋은 일자리가 특정 영역, 특정인에게 국한되지 않고 보편화할 수 있는 객관적 근거다.

좋은 일자리의 보편화로 '일자리 혁명'을 거치면 작업 현장에서부터 사람이 경제 활동의 중심에 서는 징후가 한층 뚜렷해질 수 있다. 사람과 자본의 관계에서 질적 변화가 일어나기 시작한다.

기계는 대표적인 자본의 존재 형태였다. 자본의 사람 지배는 기계가 주인이고 사람이 종인 형태로 나타났다. 사람이 기계를 지배하면서 일정한 영역을 관장하기 시작하면 상황이 크게 달라진다. 조직 시스템과 문화도 자본의 사람 지배를 뒷받침해 온 구성 요소였다. 구성원이 수평적으로 협력하는 경영 동반자가 되면서 조직 시스템과 문화가 바뀌면 사정은 크게 달라진다. 그동안은 자본 소유자가 기업의 권력을 독점적으로 행사해 왔다. 작업자가 목적이 되고 조직의 중심으로서 결정권을 행사하면 사정이 크게 달라진다.

결론적으로 작업자 지위에 있던 사람이 자본의 지배에서 벗어나 거꾸로 지배하기 시작한다. 사람 중심의 새로운 패러다임 경제에서 사람과 자본의 관계 변화는 작업 방식, 조직 시스템과 문화, 권력 구조 등의 변화를 통해 이루어진다. 작업 현장은 거대한 전환을 만들어 내는 용광로다.

기업 처지에서 좋은 일자리 만들기는 사람 중심의 자동화로부터 파생하는 선택의 여지 없는 과정이다. 여전히 남는 문제는 좋은 일자리 만들기로 이해관계자 모두가 이익을 볼 수 있는가다. 과연 투자자도 자신의 이해에 이끌려 좋은 일자리 만들기에 적극적으로 협력할 수 있을까?

이해관계자 모두에게 플러스인 '상생 경제'

좋은 일자리는 그 자체로 작업자 삶의 질을 크게 상승시킨다. 참고 견디며 살아야 했던 고된 노동에서 벗어날 여지가 커진다. 자발적 열정을 갖고 무언가를 창조함으로써 높은 수준에서 자아를 실현할 기회를 누릴 수 있다. 삶의 가장 큰 비중을 차지하는 직장 생활이 달라질 수 있다. 적어도 그러한 방향으로 꾸준히 나아갈 가능성을 열어 준다. 좋은 일자리는 기업이 그 누구인가 한 사람을 위해 존재할 수 있음을 체감시켜 준다.

좋은 일자리는 작업자가 자발적 열정을 갖고 몰입하도록 함으로써 창조력 발산을 극대화할 수 있도록 해 준다. 생산성의 지속적 상승을 가능하게 한다. 전체 파이를 키움으로써 직원, 경영자, 투자자 등 이해관계자 모두에게 돌아갈 몫을 늘려 준다. 좋은 일자리 만들기로 이해관계자의 상생이 가능해진다. 좋은 일자리는 한 사람이 모두를 위해 존재할 수 있음을 입증한다.

이 모든 현상은 좋은 일자리 만들기로 개인과 기업 나아가 국가가 함께 발전할 수 있으며 그럴 때 각자에게 최선의 결과가 돌아갈 수 있음을 말해 준다. 좋은 일자리 만들기는 "만인은 한 사람을 위하여! 한 사람은 만인을 위하여!"라는 고색창연한 구호를 현실화시킬 수 있다.

좋은 일자리 만들기가 상생으로 이어질 가능성이 큰 이유는 창조력의 특성과 깊은 연관이 있다. 단순 반복 육체노동이 중심이었던 2차 산업혁명 시기에는 엄격한 통제 시스템에 맞추어 작업을 진행해야 했다. 작업 주체의 의지나 열정이 생산 결과를 좌우할 여지가 상대적으로 적었다. 창조력이 가치 창출의 주요 원천인 4차 산업혁명 시대에 이르러 상황이 크게 바뀌었다. 작업자가 어떤 태도로 임하는가에 따라 결과가 크게 달라질 수 있다. 작업자가 의욕과 열정 없이 그저 시키는 대로 할 때와 자발적 열정을 갖고 창의성을 마음껏 발산할 때 결과는 하늘과 땅 차이가 날 수 있다. 좋은 일자리에서 자발적 열정을 갖고 임하면 자신이 받은 몫보다 훨씬 많은 결과를 만들어 낼 가능성이 얼마든지 존재한다.

소규모 업체를 운영하면서도 직원들에게 대기업 수준의 연봉을 지급하는 기업인이 있었다. 비결을 묻자 간명한 답이 돌아왔다. "요즘 사람들은 되로 주면 말로 갚습니다!"

효과는 여기서 그치지 않는다. 창조력을 발산하는 창조 작업은 무에서 유를 창조하는 과정이다. 미지의 세계에 뛰어들어 새로운 무언가를 길어 올리는 모험의 과정이다. 기왕에 나와 있는 대로 하는 반복 답습은 결코 창조 작업이 될 수 없다. 창조 작업이 결실을 맺으면 십중팔구 시장 선점 효과를 낳기 쉽다. 상대적으로 대박 확률이 높다. 좋은 일자리를 만들기 위해 투자한 이상의 훨씬 큰 성과를 내는 '증폭 효과'가 나타날 수 있다.

우리는 이 모든 이야기를 혁신 기업의 형성 조건으로 집약할 수 있다. 4차 산업혁명 시대 혁신 기업이 시장을 선도하고 있고 갈수록 그 정도가 강력해지고 있다. 혁신 기업의 중추 요소인 혁신 역량은 고도의 창조력을 체화한 사람들의 집합체. 창조력이 효과적으로 숙성하고 발산하는 조건에서 혁신 역량 구축이 잘 이루어

질 수 있다. 좋은 일자리가 만들어질 때 가능하다. 좋은 일자리는
혁신 기업으로의 발전을 가능하게 하는 가장 강력한 원동력이다.

시장을 선도하는 혁신 기업으로의 발전은 이해관계자 모두를
이롭게 하는 최상의 과정이다. 원동력에 해당하는 좋은 일자리 만
들기는 그 어떤 투자보다도 생산적인 투자이다. 경영자는 물론이고
투자자 위치에서도 좋은 일자리 만들기에 돈을 아낄 이유가 없다.

창조력을 가치 창출의 원천으로 삼는 벤처기업 경영자들 사이
에는 해당 원리를 효과적으로 구현한 경우가 많다. 이들은 구성원
의 행복을 우선함으로써 경영 실적 개선에도 크게 성공했다. 돈을
잘 벌어서 행복한 게 아니라 행복해서 돈을 잘 번다는 표현은 여기
서 나왔다.

그동안 언론이 소개한 사례를 중심으로 살펴보자. 언론 기사
속성상 다소의 과장은 있을 수도 있음을 염두에 두기를 바란다.

소프트웨어 개발 기업 A업체에서 정해진 규칙은 딱 하나 출근
시간은 마음대로지만 '저녁 7시 퇴근'은 반드시 지켜야 했다. 3년
이상 근무하면 '방학'을 주었다. 15일 유급휴가에 최대 150만 원 휴
가비를 지원하는 제도다. 매년 4억 원을 지출했지만 아끼지 않았
다. 승승장구를 거듭하면서 한국과 일본 등에서 시장점유율 1위로
입지를 굳히기에 이르렀다.

전자문서 솔루션 기업 B업체의 영업이익률은 36.9%(2011~
2013년)로 소프트웨어 기업 평균 이익률 6배를 훌쩍 뛰어넘는 수준
이었다. 승승장구 비결은 차별 없는 기업 문화에 있었다. 남성과 여
성 가리지 않고 업무에 맞게끔 적재적소에 인재를 등용했다. 출산

으로 인한 경력 단절, 육아로 인한 부담이 없었다. 출산 및 육아휴직 후 100% 본업으로 복귀했다.

교육 앱을 개발하는 모바일 벤처기업 C업체에서는 휴가가 액면 그대로 '무제한'이었다. 힘이 들면 집에 가서 샤워하고 맥주 마시며 작업하기도 했다. 구성원들이 진행 중인 프로젝트 내용을 서로 잘 아는 투명한 구조 탓에 별다른 문제가 없었다. 결과는 구글 플레이스토어, 애플 앱스토어 등 주요 앱 장터에서 다운로드 세계 수위를 달리는 양상으로 나타났다.

좋은 일자리 보편화로 모습을 드러내는 사람 중심의 새로운 패러다임의 경제는 이해관계자 모두에게 플러스인 '상생 경제'이다. 높은 생산성을 바탕으로 상생의 묘미를 나눌 수 있다.

상생 경제에서는 그동안 좌우 이념 대결의 소용돌이 속에서 대립 관계에 있었던 친노동과 친기업이 하나로 통일된다. 좋은 일자리를 추구한다는 점에서 친노동이며, 경영 친화적이라는 점에서 친기업이다.

근대 이후 자본주의 사회에서는 고용주와 피고용자 사이에 근본적인 이해관계 대립이 존재해 왔다. 고용주는 자기가 번 돈으로 피고용자 급여를 지급한다고 생각했다. 피고용자는 자신이 일해서 고용주의 돈을 벌어 준다고 생각했다. 이 대립의 해소는 인류 사회에 던져진 커다란 숙제이다. 상생 경제는 대립의 해소로 가는 출발점이 될 수 있다.

18장

새로운 세상으로 나아가는 기본 경로

4차 산업혁명과 함께 가치 창출의 주요 원천이 노동력에서 창조력으로 바뀌면서 시장경제의 핵심 동력이 자본 운동에서 창조력을 체화한 사람으로 이동하고 있다. 그 최종 결과로 사람 중심 경제로의 패러다임 전환 가능성이 커졌다. 사람 중심 자동화는 대전환을 필연적 과정으로 만들고 있다.

사람 중심 경제로의 패러다임 전환이 이루어지면 좋은 일자리가 보편화되는 시대로 나아갈 수 있다. 하지만 패러다임 전환은 지체되고 있다. 97체제가 이를 억누르고 있기 때문이다. 97체제와 사람 중심의 새로운 패러다임 경제는 정면으로 대립한다. 사람 중심의 새로운 패러다임 경제는 사람을 자산으로 간주하지만 97체제는 비용으로 보도록 압박함으로써 창조력 발산을 억눌러 왔다.

97체제는 사람 중심 경제로의 패러다임 전환을 억누르는 질곡으로 작용하고 있다. 사람 중심 경제라는 새로운 질서의 태동을 97체제라는 낡은 질서가 억압하고 있는 형국이다. 마르크스주의의 표현을 빌리자면 97체제라는 낡은 생산관계가 4차 산업혁명 시대 생산력 발전을 억압하고 있다.

97체제 타파가 더 이상 미룰 수 없는 과제임이 한층 분명해진다. 시대는 97체제 타파로 4차 산업혁명 시대 생산력의 해방을 바탕으로 새로운 세상을 열도록 요구하고 있다. 과연 어떻게 97체제를 타파하고 새로운 세상을 열 수 있는가. 기본 경로를 밝힐 필요가 있다.

인본주의로의 지배적 사상문화 혁신

97체제의 근원은 신자유주의 사상문화의 지배이다. 97체제는 신자유주의 사상문화 혁파로 종식될 수 있다. 신자유주의 사상문화를 구성하는 핵심 명제는 크게 봐서 세 가지였다. "돈(자본)을 중심으로 세상을 본다." "사람을 철저하게 비용으로 간주한다." "무한 경쟁 기반의 승자 독식을 추구한다."

신자유주의 사상문화를 수용하고 실행에 옮긴 대표적인 영역은 기업이었다. 신자유주의 사상문화는 기업을 숙주로 삼아 세상을 지배했다. 기업은 한편으로는 주주가치 실현을 앞세우면서 머니게임판을 만들고 다른 한편으로 사람을 비용으로 간주하면서 이를 줄이기 위해 골몰했다. 한국 사회는 성격이 다른 2개의 세계로 분열했다. 결국 사회적 양극화가 심화했다.

어느 모로 보나 신자유주의 사상문화는 4차 산업혁명과 전혀 어울리지 않는다. 엄밀하게 말하면 4차 산업혁명의 발전을 억누르는 질곡이 되어 왔다. 머니 게임 활성화는 고생해서 가치를 창출하는 생산 활동을 경시하도록 만들었다. 사람을 비용으로 간주하면서 의욕과 열정이 식어 버리도록 했다. 무한 경쟁 기반의 승자 독식 추구로 다수의 청년을 좌절의 늪에 빠트려 자포자기하도록 만들었다. 모두 생산성 정체 요인으로 작용하면서 저성장이 임계점을 넘도록 만들었다. 결과에서 이해관계자 모두의 이익을 잠식했다.

안타깝게도 수많은 사람이 자신의 이익을 잠식함에도 신자유주의 사상문화의 굴레에서 벗어나지 못했다. 익숙해진 통념에서 벗어나기를 두려워하는 사람들의 습성이 고스란히 재현되었다. 신자유주의 사상문화는 이에 의지해 주술적 힘을 계속 유지해 왔다.

사상문화는 사상문화로만 대적할 수 있다. 낡은 사상문화는 새로운 사상문화가 등장해 생명력을 발휘할 때 비로소 자리를 내준다. 새로운 사상문화가 되자면 무릇 객관 세계의 변화를 충실히 반영하면서 사람들을 한층 나은 미래로 안내할 수 있어야 한다.

우리는 4차 산업혁명에 대한 일련의 분석을 통해 전혀 새로운 패러다임의 경제가 태동하고 있음을 확인했다. 바로 그 속에 새로운 사상문화의 핵심 명제들이 깃들어 있다. 이를 추출해 정식화해 보자.

하나, 세상은 돈(자본)이 아닌 창조력을 체화한 사람을 중심으로 움직인다.

둘, 사람은 비용이 아니라 자산이다.

셋, 좋은 일자리 보편화로 승자 독식이 아닌 상생의 길을 갈 수 있다.

세 가지 핵심 명제들은 내용과 형식 모두에서 신자유주의 사상문화 핵심 명제들은 단순명료하게 뒤집는다. 신자유주의 사상문화를 온전히 대체할 새로운 사상문화의 종자라고 할 수 있다.

우리는 새로운 사상문화에 대해 사람을 근본으로 삼고, 사람과 사람의 관계를 우선하면서 사람의 역할에 의지해 모든 문제를 해결하려는 점에서 '인본주의'라는 이름을 붙일 수 있다.

그동안 곳곳에서 인본주의 사상문화가 개화할 가능성을 키워 왔다. 2008년 금융위기 이후 확산했던 경영자 대상 인문학 강좌도 이를 입증하는 현상의 하나라고 할 수 있다. 많은 기업 경영자들이 금융위기 충격파로 사람이 모든 문제의 중심이자 궁극적인 해답임을 깨닫기 시작했다. 인문학 강좌는 사람에 대한 기본적인 이해를 돕는 학습 커리큘럼이었다.

집단 지성이 최신의 인본주의 사상문화를 거대한 집체극 형태로 선보인 역사적 사건이 있었다. 촛불혁명이다. 촛불혁명은 집단 무의식 속에 최신의 인본주의 사상문화가 배태하고 있음을 드러냈다. 촛불혁명은 한국 사회가 인본주의 사상문화를 개화시킬 풍부한 잠재력을 갖추고 있음을 알렸다. 촛불혁명이 예고한 최신의 인본주의 사상문화는 과연 어떤 모습일까?

인본주의 사상문화는 신자유주의 사상문화를 거뜬히 대체할 수 있다. 두 가지 측면에서 그 가능성을 확신할 수 있다. 먼저 97체제에 대한 비판적 문제의식이 확산할 수밖에 없는 상황이다. 저성장이 임계점을 넘어서면서 이대로는 공멸로 치달을 수 있다는 위기의식이 퍼져나가고 있다. 자연스럽게 97체제를 잉태하고 유지해 온 신자유주의 사상문화의 극복 요구가 높아질 수밖에 없다.

인본주의는 4차 산업혁명 시대에 부합하는 사상문화다. 인본주의는 사람을 자산으로 간주하도록 하면서 작업자가 자발적 열정을 갖도록 만든다. 창조력 발산의 극대화로 높은 생산성을 보장하면서 상생의 길을 열어 준다. 보편적인 차원에서 사람들이 한층 높은 삶의 질을 누리도록 안내한다. 인본주의는 97체제 이후 새로운 시대를 여는 원동력이 될 수 있다.

97체제 극복은 신자유주의 사상문화를 인본주의 사상문화로 혁신할 때 시작될 수 있다. 지배적 사상문화 혁신은 97체제에서 벗어나는 출구이자 새로운 시대로 진입하는 입구이다. 사상의 식민지에서 벗어나 사상의 자주화를 실현함으로써 전혀 새로운 세상을 여는 변혁의 열쇠다.

사상문화는 강한 전염성을 지니고 있다. 시대의 요구를 충족하는 사상문화는 사회 구성원이 자발적 숙주 역할을 하면서 빠르게 확산한다. 생각이 바뀌면 행동이 바뀌고, 행동이 바뀌면 세상이 바뀔 수 있다. 강력하면서도 효과적으로 낡은 질서를 새로운 질서로 대체할 수 있다. 그런 점에서 지배적 사상문화 혁신은 세상을 바꾸는 가장 빠르고 확실한 지름길이 될 수 있다.

최우선 공정으로 "생각을 바구어 세상을 바꾸자!"라는 소박한 슬로건 아래 사상문화 혁신 캠페인을 전개할 필요가 있다. 과연 어떤 세력이 캠페인을 주도할 수 있을까? 분명한 사실은 있다. 캠페인을 주도하는 세력이 향후 한국 정치를 이끄는 미래의 주역으로 떠오를 수 있다. 정녕 미래 정치의 주역을 꿈꾸고 있다면 이 점을 놓치지 않으리라 믿는다.

가장 효과적인 방법은 '폭로'이다. 지체 높은 부류가 돈에 지나치게 몰두하며 어떻게 인간성을 포기했는지 적나라하게 폭로해야 한다. 기업이 사람을 비용으로 간주함으로써 얼마나 말도 안 되는 결과가 속출했는지 폭로해야 한다. 한국 사회에는 생생한 사례들이 차고 넘친다. 오죽하면 파울루 벤투 국가대표 축구팀 감독조차도 자리를 떠나면서 한국인은 돈만 중시한다고 일침을 놓았겠는가?

사상문화 혁신 캠페인은 구체적인 계기와 사례를 매개로 한층 풍부해지고 강력해질 수 있다. 예를 들어 지인 중에 유능한 중소기업 전문 경영인이 1명 있었다. 지인은 중소 제조업체를 훌륭하게 키웠다. 창업주는 회사를 상장했고 곧바로 200억 원을 받고 사모펀드에 매각했다. 회사 성장에 기여한 직원들에게 10%만 풀어도 1인당 300만 원씩 돌아갈 수 있었다. 창업주는 한 푼도 나누지 않았다.

지인은 신임 소유주부터 실력을 인정받아 경영을 계속해서 책임졌다. 회사는 번창을 거듭했다. 지인은 제조업체 특성에 맞게 수출로 벌어들인 돈을 장기 투자에 쏟아 부었다. 신임 소유주가 이를 문제 삼았다. 그 돈을 금융시장에서 굴리면 몇 배의 이익을 거둘 수 있는데 왜 바보 같은 짓을 했냐고 따졌다. 갈등이 격화했고 결국 견디다 못한 지인은 사직서를 냈다.

위의 사례는 일차적으로 우리가 자본주의 사회에 살고 있음을 새삼스럽게 깨우쳐 준다. 나아가 자본의 세계 안에서도 사모펀드로 불린 금융자본의 운동 양식을 주목하게 만든다.

금융자본은 머니 게임판에 쉽게 빠져든다. 그 유혹에서 벗어나기 쉽지 않다. 제조업은 잘해도 연간 20% 이상 이윤율을 기록하기 쉽지 않다. 머니 게임판은 카지노와 흡사하다. 잭팟을 기대할 수 있는 곳이다. 머니 게임판에서는 연간 1,000% 이윤율도 가능하다.

2000년 주가 대폭락과 2008년 글로벌 금융위기에서 확연히 드러났듯이 금융자본의 이윤 창출은 상당 부분 거품에 의존한다. 거품은 때가 되면 반드시 꺼진다. 그 결과로 경제 전체를 파멸로 내몬다. 금융자본의 성공이 클수록 비례해서 커다란 시장 실패로 이어질 수 있다.

여러모로 금융자본의 투기 행태는 제조업에 치명적 독소가 될 수 있다. 생산적 투자를 좀 먹으면서 경쟁력 약화를 초래할 가능성이 크다. 일확천금을 노리는 금융자본의 행태는 땀 흘려 일하며 힘들여 가치를 창출하는 사람들의 의욕을 꺾어 놓을 수도 있다.

한국은 제조업을 근간으로 삼고 있는 나라다. 전체 경제에서 차지하는 제조업의 비중이 제조업 강국인 독일과 일본보다도 높다. 금융자본이 제조업에 종사하는 사람들의 생산적 활동을 교란한다면 치명적 결과로 이어질 가능성이 크다. 제조업과 금융자본이 함께 발전할 수 있는 길을 찾아야 한다. 과연 해답은 무엇인가. 치열한 모색이 필요한 지점이다.

필수 조건으로서 사회적 합의

97체제는 시장을 주요 무대로 작동해 왔다. 97체제 극복은 시장경제의 운영 기조를 크게 혁신하는 과정이다. 시장의 혁신은 국가의 개입과 통제로 이룰 수 없다. 시장경제의 혁신은 오직 진보 보수를 뛰어넘는 다양한 세력의 사회적 합의와 협력을 바탕으로 실현될 수 있다.

사회적 합의와 협력은 미중 패권 경쟁이 격화하고 있는 한반도 주변 정세로 인해 더욱 절실해지고 있다. 미중 패권 경쟁이 격화하고 있는 조건에서 한국은 어느 한 편에 줄 서는 방식으로는 미래를 보장받을 수 없다. 독자적 생존 능력 강화만이 살길이다. 다양한 세력의 갈등 대립을 최소화하고 합의와 협력을 극대화하지 않으면 안 된다.

유사한 상황에서 사회적 합의와 협력을 통해 찬란한 성공을 거둔 나라가 있었다. 세계화 이전 스웨덴이다. 그 주역은 중도 좌파 정당인 사회민주당이었다. 사회민주당은 1932년부터 1976년까지 무려 45년 동안 중단 없는 장기 집권을 이어갔다. 장기 독재라는 비난 없이 전폭적인 국민의 지지 속에서 이루어진 신화였다. 도대체 비결이 무엇이었을까?

1930년대 초 스웨덴 또한 세계 대공황의 파멸적 영향 속으로 휩쓸려 들어갔다. 이대로 가다가는 모두 망할 수 있다는 위기감이 팽배했다. 무언가 급진적 변화가 불가피해 보였다. 지배 세력조차 급진적 변화를 수용할 수밖에 없는 분위기였다. 정세 변화를 간파한 사회민주당은 과감한 승부수를 던졌다. 연립정부를 박차고 나와 고율의 상속세 도입 등 좌파 색채가 짙은 정책을 내세우며 선거에 출마했다. 1932년 사회민주당은 단독 집권에 성공했다.

사회민주당은 스웨덴 모델을 만드는 기나긴 여정에 돌입했다. 일관되게 관통한 기조는 '사회적 합의와 협력'이었다. 여기에는 그럴만한 배경이 있었다. 스웨덴은 북유럽에 자리 잡은 인구 1,000만이 안 되는 비교적 작은 나라였다. 스웨덴은 강대국들의 대결 구도 속에서 어느 한 편에 서지 않고 양쪽 모두로부터 이득을 챙기는 영악함을 보였다. 스웨덴은 2차 세계대전 때 연합군과 독일 모두에 군수 물자를 공급하면서 이득을 취했다. 종전 후에도 중립국 위치를 유지하면서 자본주의와 사회주의 진영 양쪽 모두와 교류했다. 문제는 자칫하면 압사될 수도 있다는 데 있었다. 사회민주당은 강대국들의 틈새에서 독자적인 생존 능력을 확보하자면 내부 갈등을 최소화하고 사회적 합의와 협력을 극대화해야 한다고 판단했다.

사회적 합의와 협력을 위한 노력은 크게 세 축으로 이루어졌다. 먼저 노사 간 협력을 들 수 있다. 1938년 LO(노조연합, 생산직 노조 전국 중앙조직)와 SAF(사용자연합)은 살트셰바덴 협약을 체결했다. 핵심 요지는 이러했다. 노사간 분쟁은 국가 개입을 최소화하면서 자율적으로 해결한다. 파업과 직장 폐쇄를 최소화하고 산업평화 정착을 위해 함께 노력한다. 노동자는 생산성 증대를 위해 협력하고 사용자는 노조 활동을 존중하고 투자 확대와 기술 개발을 위해 노력하면서 증세에 협력한다. 이후 협력적 노사 관계, 노사 화합주의는 장기간 지속됐다.

사회민주당 정권은 스웨덴을 대표하는 발렌베리 그룹과 협약을 맺었다. 발렌베리는 전형적인 가족기업으로서 14개 상장사를 거느리고 있는 거대 그룹이었다. 사회민주당은 애초 국유화를 검토했으나 방향을 바꾸어 발렌베리의 지배권을 인정하기로 했다. 주당 의결권이 10배에서 1,000배까지 이르는 황금주로 적은 지분에도 지배권을 유지하도록 허용했다. 발렌베리는 그 대가로 85%에 이르는 고율의 소득세를 내는 등 국민경제에 공헌하기로 했다.

사회민주당은 장기간 독주를 이어가면서 보수 성향의 야당들과 긴밀한 협력 체제를 유지했다. 협력의 전통은 보수 성향의 온건보수당으로 정권 교체가 이루어진 뒤에도 효과를 발휘했을 만큼 굳건했다. 1992년 경제 위기가 밀어닥쳤을 때는 야당 위치에 있던 사회민주당의 주도 아래 4개 정당 공동으로 긴축재정을 포함한 3차례의 긴급 경제 조치를 만들어 내기도 했다.

사회민주당은 합의와 협력을 통해 소모적 대결로 인한 에너지 낭비를 최소화하고 시너지 효과를 극대화했다. 덕분에 강대국들의 대결과 냉전의 틈바구니 안에서도 강한 생존 능력을 발휘할 수 있었다. 사회민주당이 사회적 합의와 협력에서 큰 성공을 거둔 요인으로 시장에 대한 유연한 태도를 꼽을 수 있다. 사회민주당은 시장을 적대시하지 않았다. 좌파 정당임에도 한국에서는 우파 전유물로 여긴 의제들을 자신의 과제로 삼았다. 사회민주당은 시장 관리에서 우파보다 우월함을 입증했다.

협력적 노사관계로 산업 평화를 확립했다. 파업과 직장 폐쇄는 거의 발생하지 않았다. 지속적인 구조조정을 통해 고부가가치 산업으로의 노동력 재배치를 추진했다. 철저한 개방 경제를 통해 기업 경쟁력을 강화했다. 경쟁력을 상실한 기업은 가차 없이 퇴출 조치했다. 종합적 결과로 생산성이 세계 최고 수준에 이르면서 지속적인 경제성장을 바탕으로 완전고용이 실현되었다.

사회민주당은 경제성장을 주도하면서 그 성과를 증세를 통한 복지 확대로 연결했다. 복지 확대는 '소비 확대 – 기업 매출 증가 – 임금 상승과 증세 확대'라는 선순환을 낳았다. 스웨덴 복지국가 모델이 절대다수의 지지 속에서 장기간 생명을 이어갈 수 있었던 요인이었다.

세계화의 풍랑에 휩쓸리면서 스웨덴 모델은 크게 퇴색했다. 상당 부분 과거지사가 되었다. 그렇더라도 스웨덴 모델을 만들어 낸 원동력으로 사회적 합의와 협력의 기조는 여전히 가치를 갖는다.

한국에서의 사회적 합의와 협력을 두고 많은 사람이 회의적 반응을 보여 왔다. 극한을 향해 치닫고 있는 진영 간 대결을 지켜보면서 사회적 합의와 협력의 여지가 거의 없다고 판단했다.

과연 사회적 합의에 대한 국민적 공감대 형성은 마냥 불가능한 일일까? 해답을 찾기 위해서 지배적 사상문화의 혁신에 다시 한 번 주목할 필요가 있다. 사상문화는 사람들의 사고와 행동을 좌우한다. 사상문화가 바뀌면 사람들의 사고와 행동이 달라질 수 있다.

지배적 사상문화가 인본주의로 혁신된다면 어떻게 될까? 시장 역시 사람들이 서로 관계 맺고 움직이는 사회의 한 영역일 뿐이다. 시장을 무대로 움직이는 사람 역시 사상문화로부터 자유롭기 어렵다. 사상문화 혁신이 일어나면 시장을 무대로 움직이는 사람들 역시 생각을 바꾸고 행동을 바꿀 수 있다. 시장 운영 기조가 바뀔 수 있는 풍부한 여지가 형성된다.

인본주의 사상문화를 구성하는 핵심 명제는 사회적 합의에 필요한 기본 명제로 발전할 수 있다.

하나, 사람들의 창조적 활동을 중심으로 금융자본의 조화로운 발전을 추구한다.
둘, 자산으로서 사람의 가치를 키워 경제 발전을 도모한다.
셋, 좋은 일자리 보편화로 다양한 사람들의 상생을 실현한다.

위 명제들은 높은 생산성을 바탕으로 시장경제의 원활한 발전을 보장한다. 아울러 사회 구성원이 함께 이익을 증대시키는 상생의 길을 보장한다. 사회적 합의가 이루어질 여지가 매우 많다.

사회적 합의는 신자유주의 사상문화가 인본주의로 바뀔 때 자연스럽게 이루어질 수 있다. 상생을 지향하는 분위기에서 절대다수가 공감하는 사회적 합의가 원만하게 성사될 수 있다. 인본주의로의 지배적 사상문화 혁신은 사회적 합의 성사를 위한 필요충분조건이다.

국가와 시장의 협력, 가능한 프로젝트

여전히 많은 사람이 사회적 합의가 성사된다고 해서 곧바로 모든 게 바뀔지 의구심을 품을 수 있다. 사회적 합의가 이루어졌다고 해서 사회 전체가 알아서 변화하리라 기대하기는 아무래도 무리가 있다. 의구심을 불식시킬 수 있는 매우 중요한 지점이 있다.

인류 역사는 국가의 시장 통제도 시장 자유방임주의도 더 이상 해답이 아님을 입증해 왔다. 답은 '국가와 시장의 협력'이다. 사회적 합의는 국가와 시장이 협력하기 좋은 환경을 만들어 준다.

앞서 예를 든 잘 나가던 시기의 독일과 스웨덴 등은 모두 탄탄한 사회적 합의를 기반으로 국가와 시장의 협력이 잘 이루어진 나라들이다. 거꾸로 문재인 정부가 경제정책에서 연거푸 실패한 결정적 이유는 사회적 합의 부재로 국가와 시장의 협력을 구현하지 못한 데 있었다.

국가와 시장의 협력은 놀라운 시너지 효과를 만들어낼 수 있다. 가능한 프로젝트의 하나로 '1천 으뜸기업 육성 정책'을 그릴 수 있다.

일자리 혁명은 국민경제의 지속적 성장으로 좋은 일자리를 만들 여력이 커질 때 원만하게 이루어질 수 있다. 국민경제가 재도약하자면 반드시 기관차 역할을 하는 기업들이 필요하다. 과거 국민경제 기관차 역할을 해 왔던 대기업은 무대의 중심이 해외로 이동해 있고 장치산업 위주로 움직이면서 일자리 창출 능력이 크게 떨어져 있다. 변화한 환경에서 새로운 기관차 기업은 중소·벤처기업

중에서 나올 수밖에 없다.

한국은 전형적인 수출주도형 경제이다. 한국 경제의 재도약은 국민경제 기관차로 기능할 중소·벤처기업들이 세계 시장에서 얼마나 선전하는가에 따라 크게 좌우될 수 있다. 주목할 개념으로 히든 챔피언 Hidden champion 이 있다.

히든챔피언은 독일의 경영학자 헤르만 시몬 Hermann Simon 이 만든 용어로 세계 시장 1~3위 제품을 보유하고 있으면서 매출액이 50억 유로 이하인 강소 기업을 가리킨다. 또 성공적이지만 대중적으로는 비교적 덜 알려진 강소 기업을 말한다. 무역투자진흥공사 KOTRA 자료에 따르면 2017년 전 세계에 총 2,734개의 히든챔피언이 있었다. 이 중 절반 정도(47.8%)인 1,307개가 독일 기업이었다. 이어 미국이 366개, 일본이 220개이며 한국은 23개였다.

독일이 경제 강국의 위상을 굳건히 유지할 수 있었던 비결은 압도적 다수의 히든챔피언을 보유한 데 있었다. 히든챔피언들이 독일 경제의 번영을 이끄는 국민경제 기관차 역할을 해 온 셈이다.

사람 중심 경제를 앞장서 실천해 온 문국현 한솔섬유 대표는 한국에서 히든챔피언이 1,000개 이상 늘어나면 GDP가 최대 2~3배 커질 것으로 내다보았다. 관련 기업이 히든챔피언으로 등극하면 세계 시장을 장악하면서 매출이 비약적으로 늘어날 수 있다. 협력 관계를 형성하고 있는 수십 개에 이르는 기업들의 매출도 덩달아 증가하기 마련이다. 연쇄적인 성장 유발 효과가 발생한다. GDP가 최대 2~3배 커질 수 있는 간단명료한 이유다.

중소·벤처기업이 히든챔피언으로 등극하기는 말처럼 쉬운 일은 아니다. 이미 세계 시장을 선점하고 있는 강력한 경쟁 상대가 앞을 가로막고 있기 때문이다. 정부가 힘을 보태고 기업과의 협력을 강화하면 상황이 크게 달라질 수 있다. 이를 입증하는 유의미한 사례가 있다.

2019년 일본이 소재·부품·장비의 한국 수출을 규제하면서 관련 업계에 비상이 걸렸다. 정부가 발 빠르게 나섰다. 국산화 촉진과 수입처 다변화를 위한 다양한 대책을 수립했다. 2조 1,000억 원 규모의 '소부장 특별회계'도 마련했다. 여전히 많은 과제를 안고 있으나 적어도 생산 차질을 빚지 않았다는 점에서 '소부장 위기'는 성공리에 극복했다고 평가할 수 있다.

소부장 위기는 정부와 기업이 효과적으로 협력할 때 어떤 결과를 만들어낼 수 있는지를 입증해 주었다. 정부는 더욱 공격적인 기조로 '소부장 글로벌 으뜸기업 100개 육성 방안'을 발표했다. 선택의 여지가 없는 필연적인 과정이었다. 소부장의 국산화를 촉진하자면 막대한 투자를 수반해야 한다. 협소한 국내 시장만을 겨냥해서는 채산성을 맞출 수가 없다. 처음부터 세계 시장을 겨냥할 수밖에 없었고 살아남자면 일본마저 제치는 글로벌 으뜸기업이 돼야 했다.

소부장 글로벌 으뜸기업 100개 육성 정책은 더 큰 목표로 나아가는 출발점이 될 수 있다. 정부는 히든챔피언과 동일한 의미를 갖는 글로벌 으뜸기업 1,000개 육성을 지상 목표로 정할 수 있다. 민간기업의 자발적 참여를 고취할 정부 주도형 프로젝트가 되기에 딱 좋다.

정부는 '1천 글로벌 으뜸기업 육성 프로젝트'를 일자리 혁명 확산과 긴밀하게 결부시킬 수 있다.

정부는 집중 육성 대상 기업 선정 과정에서 일자리 혁명에 대한 철학과 의지를 충분히 지니고 있느냐 여부를 제1의 기준으로 정할 수 있다. 이를 바탕으로 일자리 혁명이라는 질적 발전과 글로벌 으뜸기업으로의 도약이라는 양적 발전이 상호 작용하도록 통일시킬 수 있다.

일자리 혁명과 기업의 성장 발전은 선순환하면서 자연스럽게 일체화될 수 있다. 일자리 혁명은 생산성의 지속적 상승을 통해 기업의 발전을 보장할 수 있고, 기업은 매출과 수익이 증가하면서 좋은 일자리를 만들어 낼 여력을 더욱 키울 수 있다. '1천 글로벌 으뜸기업 육성 프로젝트'는 일자리 혁명의 생산적 효과를 가장 뚜렷하게 입증할 수 있다.

효과 입증은 일자리 혁명 확산의 계기로 작용하면서 좋은 일자리의 보편화를 더욱 강력히 촉진할 수 있다. 1천 글로벌 으뜸기업 육성 성공 여파로 GDP가 크게 성장하면 그럴 여력이 한층 풍부해진다.

일자리 혁명의 확산은 한국 경제의 질적 성숙을 바탕으로 양적 성장을 뒷받침해 준다. 양적 성장은 좋은 일자리를 보편화시킬 여력을 키움으로써 한국 사회의 질적 발전을 가능하게 할 수 있다. 한국 경제는 질과 양이 상호 작용하면서 온전히 재도약의 길을 걸을 수 있다.

우리는 능히 세상을 바꿀 수 있다

97체제를 넘어 새로운 시대로 나아가는 기본 경로는 '지배적 사상문화 혁신', '사회적 합의', '국가와 시장의 협력'이다.

우리는 4차 산업혁명 분석을 기초로 인본주의 사상문화를 구성할 핵심 명제들을 발굴하고 추출할 수 있었다. 지배적 사상문화의 혁신은 사회적 합의를 가능하게 해 준다. 사회적 합의는 국가와 시장이 원만하게 협력할 수 있는 환경을 마련해 준다. 국가와 시장의 협력을 바탕으로 좋은 일자리가 보편화되면 일자리 혁명이 가능해질 수 있다. 가장 극적인 변화는 신자유주의 사상문화의 주요 숙주 역할을 했던 기업 세계에서 일어날 수 있다.

인본주의 사상문화가 확산하면 기업 관계자들은 머니 게임보다는 사람의 창조적 생산 활동에 중심을 둘 수 있다. 사람을 비용이 아닌 자산으로 보고 자산 가치를 키우고자 애를 쓸 수 있다. 좋은 일자리를 만들기 위해 함께 노력함으로써 상생의 길을 걸을 수 있다. 기업은 시장의 핵심 주체다. 기업의 혁신적 변화는 시장경제의 운영 기조를 크게 바꾸어 놓을 수 있다.

좋은 일자리 보편화로 생산 활동 종사자들의 의욕과 열정이 고양되면서 한국 사회의 근본인 사람의 힘, 민초의 힘이 되살아날 수 있다. 좋은 일자리가 계층 상승 사다리로 기능하면서 사회적 양극화 완화와 함께 개방적 신분 사회가 새롭게 모습을 드러낼 수 있다. 청년 세대가 좌절에서 벗어나면서 우리 사회는 97체제 이후 새로운 시대를 향해 나아갈 수 있다.

우리는 능히 세상을 바꿀 수 있다. 지배적 사상문화 혁신을 중심 고리로 97체제 이후 새로운 세상을 열 수 있다. 97체제는 우리의 의지와 무관하게 한없이 지속될 수 있는 고정불변의 질서가 아니다.

염두에 두어야 할 사실이 있다. 벤치마킹 시대는 끝났다. 추격자 위치에서 남의 나라 모델을 따라 배우는 식으로는 더 이상 문제를 해결할 수가 없다. 적합한 대상마저도 사라지고 없다.

마찬가지로 과거의 답습으로는 해법을 찾을 수 없다. 국가가 시장 우위에 서는 국가의 귀환은 더 이상 기대하기 힘들다. 국가의 사장 통제에 의존한 해법은 지극히 제한적 의미를 지닐 뿐이다.

모든 게 달라졌다. 우리 스스로 새로운 기준과 해법, 모델을 창조해야 하는 상황이다. 한국은 진정한 의미에서 선도 국가가 되어야 한다. 그간 진행된 논의는 그러한 노력의 하나일 수 있다.

19장

97체제 극복의 서막, 촛불혁명의 폭발

눈앞에 펼쳐진 현상들만 놓고 보면 한국 사회의 모습은 음울하기 그지없다. 혐오, 불신, 냉소 등 온갖 부정적 언어만이 난무하고 있다. 시대정신은 사라지고 세속적 욕망만이 꿈틀거리는 세상이 되었다. 청년들이 느끼는 대로 희망을 찾아볼 수 없는 땅으로 전락했다.

눈에 보이는 현상이 전부일까? 우리는 그렇지 않다는 사실을 잘 알고 있다. 우리는 지표면 아래에서 새로운 미래를 열 엄청난 에너지가 축적되고 있음을 극적으로 확인할 수 있었다.

촛불혁명은 인류 역사에서 보기 드물게 아름답고 평화로운 혁명이었다. 촛불혁명은 새로운 시대를 잉태했다. 촛불혁명은 97체제의 집중적 희생양이었던 청년 세대가 97체제 극복의 핵심 동력임을 입증했다. 절대다수의 국민이 사회적 합의와 협력을 바탕으로 공동의 목표를 추구할 수 있음을 예고했다. 거대한 집체극으로 신자유주의 사상문화를 대체할 최신 인본주의 사상문화를 잉태했다.

결론적으로 촛불혁명은 97체제 극복의 잠재력을 풍부하게 확인해 준 97체제 극복의 서막이었다. 97체제 극복이 결코 이룰 수 없는 막연한 꿈이 아님을, 가까운 장래에 실현이 가능한 목표임을 입증했다.

문화적 충격을 일으킨 2008년 촛불시위

2008년 촛불시위의 발단은 이명박 정부의 미국산 쇠고기 수입 결정이었다. 이명박 정부는 미국에서 쓰레기 취급하던 30개월 이상 쇠고기 수입을 제한 없이 허용했다. 미국산 쇠고기는 광우병 위험 의심을 사기 좋았다. 이명박 정부는 전혀 예기치 못한 분노의 폭풍에 직면해야 했다.

가장 먼저 10대의 분노가 폭발했다. 10대는 수입 쇠고기가 학교 급식으로 자신에게 공급되리라고 믿었다. 10대는 온라인 공간을 미국산 쇠고기 수입에 대한 성토로 도배하기 시작했다.

2008년 5월 2일 10대 여학생들이 서울 청계천 광장에 모여 처음 촛불을 들었다. 사람들은 그들에게 '촛불소녀'라는 이름을 선사했다. 여학생들은 "아직 연애도 못 해 봤고, 하고 싶은 것도 많은데, 빨리 죽고 싶지 않아요"라면서 "미친 소, 너나 먹어!"라고 외쳤다. 소녀들의 입에서 터져 나온 이 간명하고 직설적인 구호는 거대한 촛불시위의 대폭발을 일으키는 뇌관이 됨과 동시에 촛불시위의 전개 방식까지를 결정하고 말았다.

추산에 따르면 2008년 촛불시위에는 5월 2일부터 7월 12일까지 연인원 300여만 명이 참여했다. 촛불시위가 길게 이어지는 동안 72시간 릴레이 시위처럼 장시간에 걸친 마라톤 시위가 등장했는가 하면 촛불문화제로 시작해 다음 날 새벽까지 경찰과 대치하는 철야 시위도 일상화되었다.

촛불시위 참가자들은 당시 나이 기준으로 보면 10대 중반부터 30대 중반까지를 아우르고 있었다. 그중에서도 주축은 단연 '밀레니얼 세대'였다. 액면 그대로 청년 세대의 무대였다. 2008년 촛불시위 참가자들은 넥타이부대, 유모차부대, 가족 연인 단위 등 다양한 모양새를 보였다. 절대다수가 다음 아고라 등 온라인 커뮤니티를 통해 참여했다. 이들은 평소 온라인에서의 치열한 토론을 통해 투쟁의 의미를 공유했고, 구체적 행동 방식을 정하고 필요한 시위 도구를 마련하는 등 만반의 준비를 거쳐 촛불시위에 참여했다. 촛불시위에 힘을 불어넣어 주었던 '무적의 김밥 부대' 역시 온라인 공간을 통해 형성되었다. 명실상부한 의미에서 온라인 커뮤니티가 대규모 투쟁을 만드는 아지트 구실을 한 셈이었다.

2008년 촛불시위 양상에 대해서는 목수정 작가가 탁월하게 묘사한 바가 있는데 정리하면 이렇다. 촛불시위 참가자들은 시위 현장을 함께 어울려 춤추고 노는 축제의 장으로 만들었다. 촛불숙녀, 촛불아줌마, 촛불유모차들이 등장해 김밥에 과자, 귤, 파전 등을 실어 나르면서 촛불시위를 국민엠티풍의 축제로 만들어 갔다. 참가자에게 투쟁과 놀이는 처음부터 하나였다.

참가자는 이전 시기 집회 시위를 지배했던 비장함과 강인함을 부드러움과 여유로움으로 대체했고, 물리적 힘을 문화예술적 상상력과 재기발랄함으로 대체했다. 보는 사람들 사이에서 저절로 폭소와 박수가 터져 나오도록 만들었다. 경찰이 길을 막으면 몸싸움보다는 에돌아서 갔고, 물대포를 쏘아 옷이 흠뻑 젖었을 때도 "세탁비 내놔!" 식으로 여유 있게 내질렀다

촛불시위 참가자는 자신의 잠재력을 폭발적으로 발산했다. 그들은 온라인 공간에서 터득한 확장성을 바탕으로 거대한 시위 대열을 형성했다. 특유의 재기발랄함을 바탕으로 분위기에서 모두를 압도했으며, 온라인에서의 왕성한 활동을 결부시킴으로써 여론을 쥐고 흔들었다.

궁지에 몰린 이명박 정부는 대국민 사과와 함께 재협상을 통해 30개월 미만 쇠고기만을 수입하도록 조치해야 했다. 2008년 촛불시위가 이명박 정부에 안겨다 준 타격은 생각보다 컸다. 일각에서는 촛불시위로 인해 이명박 정부가 1라운드에 KO패 당했다는 표현을 쓰기도 한다.

2008년 촛불시위에서 주목해야 할 중요한 지점이 있었다. 촛불시위의 주축을 이루었던 청년 세대는 2008년 촛불시위를 통해 자신들의 고유한 속성을 폭발적으로 발산했다.

촛불시위 참가자들은 그 어떤 조직에도 구속되기를 꺼렸다. 누구인가 자신을 가르치려 들거나 이끌려고 하면 강한 거부감을 드러냈다. 말 그대로 촛불시위 중심은 참가자 각자였다. 참가자들이

한곳에 모여 집회를 열 때도 준비된 연사의 정치 연설이 아닌 참가자들의 자유 발언이 줄을 이었다. 전체 대열을 이끌고 가는 지도부도 따로 존재하지 않았다. 시위 참가자들 각자가 판단해 움직였고 필요하면 즉석에서 열띤 토론을 벌이기도 했다.

2008년 촛불시위는 기존 '운동단체'가 주도하는 전통적 집회 시위와는 완전히 다른 양상을 보였다. 전통적 집회 시위는 단체 소속 여부를 기준으로 참여와 참관, 비참여의 경계선이 뚜렷하게 존재했다. 반면 2008년 촛불시위는 누구든지 촛불만 들면 당당한 일원이 될 수 있었다는 점에서 지극히 개방적이었다. 전통적 집회 시위는 지도부와 대중 사이에 수직적 위계질서가 확립되어 있다. 2008년 촛불시위에서는 참가자 모두가 동격으로서 그들의 관계는 지극히 수평적이었다. 국회의원도 1명의 촛불이었고, 나이 어린 중학생도 당당히 촛불의 일원이 될 수 있었다. 전통적 집회 시위는 지도부 지휘에 따라 통일적으로 움직였다. 2008년 촛불시위는 참가자 각자가 기획하고 연출했다는 점에서 다양성이 극대화되어 있었다.

개방성, 수평성, 다양성이 보장된 조건에서 누구나 자유롭게 결합해 잠재력을 발산할 수 있었다. 청년 세대는 각자가 중심인 조건에서 거대한 네트워크를 형성하는 데서 눈부신 성공을 거두었다.

촛불혁명의 거대한 폭발

박근혜 정권의 심장부에서 벌어진 국정 농단 사태의 본질은 특정 그룹에 의한 권력의 사유화였다. 국민이 이 나라의 진정한 주인이라는 사실을 철저하게 부정하는 후안무치의 극치였다. 국민의 분노는 일거에 폭발했다. 촛불혁명의 거대한 파노라마가 펼쳐지기 시작했다.

2016년 10월 26일 서울 청계천 광장에서 시작한 촛불집회는 주말마다 개최되며 박근혜 대통령 탄핵이 확정된 다음 해 3월까지 계속 이어졌다. 촛불혁명은 참가자 수에서 연신 기록을 갈아치웠다. 12월 3일에는 주최 측 추산 사상 최대 규모인 230여만 명이 참여하기도 했다.

전체적으로 볼 때 촛불혁명을 이끈 세력은 참가자의 70% 이상을 차지한 '자발적 시민들'이었다. 시민들은 '장수풍뎅이연구회', '정다운 개돼지 연합', '민주묘총' 등 세상에 없는 조직의 깃발을 들고 나감으로써 자발적 참여 사실을 역설적으로 표현하기도 했다. 20대의 어느 직장인은 페이스북에 '혼자 온 사람들'이라는 이름의 페이지를 개설했다. 집회 현장에 '혼자 온 사람들' 깃발을 들고 나가자 비슷한 처지의 300여 명이 함께 모여 행진했다.

자발적 시민들은 목표 설정과 집회 양식 결정 등에서 주도적 역할을 했다. 박근혜 대통령 탄핵을 목표로 설정한 주역도, 철저하게 비폭력 평화집회를 고수한 주역도 바로 이들이었다.

촛불혁명은 세계사에 그 유례를 찾아볼 수 없을 만큼 평화적이고 아름다운 집회로 진행되었다. 시민들은 청와대 진격 투쟁을 주장하는 단체 사이트로 몰려가 자제를 호소하기도 했고, 경찰 차벽에 올라간 사람들을 내려오도록 설득했다. 청와대 근처까지 행진해 갔다가도 때가 되면 주 무대인 광화문 광장으로 질서 있게 퇴각하기도 했다. 스티커 부착을 통해 공권력 행사의 상징인 경찰 차벽을 평화의 상징인 꽃벽으로 둔갑시키기도 했다. 물리적 장애를 예술로 극복한 셈이었다. 그 결과 11월 12일부터는 단 한 명의 연행자도 발생하지 않았다.

의경과의 충돌을 최대한 자제하면서 꽃을 전달하고 포용하는 모습은 의경도 대한민국 국민의 일원이며 누군가의 사랑스러운 자식이라고 생각하는 국민의 공감을 얻었다. 엄청난 인파에도 자발적 청소로 평소보다도 깨끗해진 광장의 모습은 집회 참가자들이야말로 광장의 진정한 주인임을 입증하는 증거가 되었다. 다양한 형태로 펼쳐진 정감 어린 자원봉사는 촛불혁명을 딱딱하고 격렬한 정치투쟁보다는 훈훈한 축제의 장으로 느끼도록 만들었다.

비폭력 평화집회를 고수함으로써 더욱 많은 시민이 큰 두려움 없이 집회에 참여할 수 있었다. 지켜보는 다수의 국민 또한 쉽게 공감하고 지지할 수 있었다. 촛불혁명은 80%에 가까운 압도적인 국민의 지지를 등에 업고 목표했던 박근혜 탄핵에 접근할 수 있었다.

촛불혁명 참가자는 정치적 스펙트럼이나 세대 모두에서 매우 다양했다. 다양한 세력이 아무런 제한 없이 광범위하게 참여할 수 있었던 요인은 촛불혁명을 일관되게 관통한 집회 문화와 깊은 연관이 있었다. 즉 촛불만 들면 누구나 당당한 일원이 될 수 있었던 '개방성', 사회적 지위나 신분과 관계없이 참가자 모두가 동격인 '수평성', 참가자 각자가 기획하고 연출한 '다양성'이 사상 초유의 거대한 집회를 만들어 낸 문화적 배경이었다.

촛불혁명 전체를 관통했던 문화 특성은 2008년 촛불시위 특성과 정확히 일치했다. 촛불혁명이 청년 세대의 문화적 헤게모니를 확립한 역사적 사건임을 확증했다. 청년 세대는 자발적 시민 속에 모습을 감추고 있었더라도 내용상 엄연한 촛불혁명의 주역이었다.

12월 9일 국회는 234명의 압도적 찬성으로 박근혜 대통령 탄핵 소추안을 가결했다. 다음 해인 2017년 3월 10일 헌법재판소는 박근혜 대통령의 파면을 최종으로 결정했다. 촛불혁명은 2016년 10월 처음 촛불을 들 때까지만 해도 그 누구도 쉽게 상상 못했던 박근혜 대통령 탄핵을 성공시켰다. 촛불혁명은 이 나라의 진정한 주인은 국민이며 앞으로도 그럴 것임을 거듭 확인해 준 역사적 현장이었다.

2016년 10월 26일 서울 청계천 광장에서 첫 촛불집회가 열렸을 때 민주당 등 정치권은 촛불집회에 당 차원의 참가는 하지 않기로 했다. 촛불집회에 거리를 둔 셈이었다. 정치권이 처음부터 촛불혁명을 주도할 의지도 능력도 없었음을 입증하는 장면이었다.

정치권은 정치적 요구를 제기하는 데서 언제나 한 걸음 느렸다. 시민들이 박근혜 대통령 즉각 퇴진과 하야를 외칠 때 정치권은 거국 중립내각을 만지작거리며 박근혜 전 대통령의 질서 있는 퇴진을 모색하고 있었다. 시민들이 박근혜 대통령 탄핵을 외칠 때도 섣부른 요구로 보고 일정한 거리를 두었다.

촛불혁명은 리더십에 관한 엘리트주의 사고를 완벽하게 격파했다. 촛불혁명은 오늘날의 리더십은 쌍방향으로 흐르는 수평적 리더십이 대세임을 분명히 해 주었다. 더불어 결정적인 순간에는 집단 지성에 기초한 리더십이 지도자나 엘리트 집단의 그것보다 우월할 수 있음을 입증했다.

이 모두는 창조적 소수의 시대에서 창조적 다수의 시대로의 전환을 알리는 징표일 수 있다.

97체제를 극복할 풍부한 잠재력 입증

어느 순간부터 정치권이 청년 세대에 남다른 관심을 보이기 시작했다. 청년 세대의 좌절이 한국 사회의 주요 이슈로 떠올랐기 때문이었다. 청년 세대가 선거판에서 캐스팅보트를 행사하기 시작했기 때문이기도 했다. 그로부터 청년 세대를 향한 정치권의 눈물겨운 구애가 시작되었다.

정치권은 청년 세대의 마음을 사로잡기 위한 각종 현금 복지를 개발했다. 면접 수당을 포함한 다양한 형태의 청년 수당이 선을 보였다. 이 모두를 합치면 월 80만 원 수준에 이르렀다.

결과는 어떻게 나타났을까? 청년들의 삶이 달라졌거나 청년 세대의 좌절이 극복될 조짐을 보였다는 이야기는 그 어느 곳에서도 들리지 않았다. 어쩌면 정치권은 청년 세대를 용돈 쥐여 주면

울음을 멈추는 어린애 취급했는지도 모른다. 하지만 청년 세대는 어린애가 아니었다.

우리 근현대사를 되돌아보면 새삼스럽게 청년의 존재가 눈에 들어온다. 식민지 시대 자주독립 투쟁, 권위주의 독재 시대 민주화 투쟁의 선두에는 항상 청년들이 있었다. 누구인가 조국의 미래를 묻거든 청년의 눈빛을 보라는 문구는 당시 시대 상황을 정확히 담고 있었다.

자주독립을 향해 몸을 던졌던 식민지 시대 청년이나 민주화 투쟁에 열정을 불태웠던 권위주의 시절의 청년과 지금의 청년 세대는 본질적으로 다르지 않다. 과거의 청년은 대의를 중시했던 반면 지금의 청년 세대는 눈앞의 이익만을 추구하는 속물이라고 본다면 큰 오산이다.

오늘날의 청년 세대 역시 포괄적 의미에서 세상이 바뀌기를 갈망하고 있다. 새로운 세상에서 새로운 삶이 펼쳐질 수 있기를 간절히 원한다. 외환위기 이후 사회 구조적 모순의 집중적 희생양으로 전락한 청년 세대가 아니던가. 다만 희망이 보이지 않아 좌절하고 절망했을 뿐이다.

2015년 1월 9일 KAIST 미래전략대학원 주최로 '한국인은 어떤 미래를 원하는가'라는 주제의 토론회가 열렸다. 발제자인 과학기술정책연구원 박성원 박사는 청년층(20~34세)의 미래상에 관한 설문조사 결과를 발표했다. 그에 따르면 '지속적인 경제성장'이 23%인데 반해 '붕괴, 새로운 시작'이라는 응답이 42%였다. 붕괴는 두말할 필요도 없이 낡은 질서의 붕괴였다.

직장으로 초점을 맞추어 보자. 2015년 초 《조선일보》가 소개한 직장인 500인 대상 설문조사 결과에 따르면 4050 직장인들은 '더 많은 돈 벌기'를 우선했다. 2030 직장인들은 달랐다. 2030 직장인들이 가장 원하는 바는 '인간적이며 서로 존중하는 수평적 직장 문화'였다.

외환위기 이후 한국 사회 안에는 1등만 알아주는 승자 독식 문화가 팽배했다. 스포츠 세계 역시 조금도 다르지 않았다. Z세대는 2021년 도쿄올림픽을 관전하면서 전혀 다른 모습을 보여 주었다. Z세대는 국가 간의 경쟁 구도에 갇히지 않았고 메달에 집착하지도 않았다. 메달에 상관없이 최선을 다하는 선수들의 모습에 뜨거운 갈채를 보냈다. Z세대의 관심 대상은 선수의 모습과 그 속에 담긴 스토리였다. 국위 선양보다 개인의 노력과 발전을 평가하고 즐겼다.

Z세대의 모습은 신자유주의 승자 독식 문화에 중독되었던 이전 세대들에게 신선한 충격으로 다가갔다. 다수의 국민이 자신을 되돌아보는 계기로 작용했다. 짧은 시간 안에 올림픽 관전 문화가 바뀌었다. 금메달을 못 따면 죄인 취급하는 분위기는 상당 정도 사라졌다. 중계방송을 하던 모 방송사 앵커가 메달 색깔에 집착하는 발언을 했다가 집중 성토당하기도 했다.

Z세대는 신자유주의 사상문화에 덜 오염되어 있거나 상당히 벗어나 나 있었다. 한 걸음 더 나아가 신자유주의 사상문화에 감염된 앞선 세대를 해독시켜 줄 가능성까지 내비쳤다.

청년 세대가 풍부한 잠재력을 간직하고 있음을 가장 극적으로 입증한 사건은 2008년 촛불시위와 촛불혁명이었다. 2008년 촛불시위, 촛불혁명에서 청년 세대는 온라인을 기반으로 짧은 시간 안에 광범위한 네트워크를 형성하는 데 성공했다. 일순간에 거대한 시위 흐름을 만들어 낼 수 있는 능력을 과시했다. 뛰어난 소통 능력을 바탕으로 여론을 자신들이 의도하는 대로 이끌어 갔다. 각자가 중심인 조건에서 수평적으로 관계 맺는 청년 세대의 고유한 속성이 빚어낸 놀라운 힘이었다.

모두 청년 세대가 97체제 이후 새로운 시대를 여는 데서 선두에 설 잠재력이 풍부함을 입증한다. 청년 세대의 적극적인 집회 시위 문화 혁신 덕분에 광범위한 시민이 촛불혁명에 큰 어려움 없이 참여할 수 있었다. 덕분에 촛불혁명은 또 다른 형태로 97체제 극복 잠재력을 드러낼 수 있었다.

박근혜 정부 심장부에서 일어난 국정농단 사태는 이러다가는 나라가 통째로 망가질 수 있다는 위기의식을 낳았다. 위기의식은 절대다수 국민이 이념과 진영을 떠나 박근혜 대통령 탄핵에 함께 나서도록 만들었다. 결국 80%의 지지를 업고 박근혜 대통령 탄핵을 성공시켰다. 정치학 용어를 빌리자면 촛불혁명은 광장을 무대로 펼쳐진 아래로부터의 '국민대연정'이었다. 평소 이념과 정치적 입장의 차이로 극단적 대립을 거듭하던 국민이 공동전선을 형성했다.

촛불혁명은 위기 상황에서 절대다수의 국민이 공동의 목표 아래 하나로 뭉칠 수 있음을 거듭 확인해 주었다. 97체제 종식을 향한 사회적 합의와 협력이 이루어질 가능성을 예고해 주는 장면이었다.

97체제를 넘어서는 사회적 합의가 이루어지자면 필수 조건으로 신자유주의 사상문화를 대체할 새로운 사상문화가 창출되어야 한다. 우리는 그 해답으로 인본주의 사상문화가 태동하고 있음을 확인했다. 과연 촛불혁명 또한 이 점을 거듭 확증해 주었을까?

촛불혁명은 사람을 배척하고 가르고 차별하는 그 어떤 행위도 허락하지 않았다. 자본의 힘, 국가 권력, 그 어떤 강압적인 요소도 작용하지 않았다. 촛불혁명을 움직인 실체는 오직 참가자 각자뿐이었다. 우리는 여기서 사람을 근본으로 삼는 인본주의 사상문화의 순수하고도 원초적인 모습을 발견할 수 있다. 촛불혁명은 한 걸음 더 나아가 시대를 앞지르는 가장 진화한 형태의 인본주의 사상문화 태동을 예고했다.

촛불혁명은 새로운 시대 사람들의 존재 양식을 거대한 집체극을 통해 선명하게 드러냈다. 모든 사람은 동등하게 기회를 누릴 수 있어야 한다는 개방성, 각자가 중심인 조건에서 수평적으로 관계 맺어야 한다는 뜻의 수평성, 자신의 고유한 개성을 분출할 수 있어야 한다는 뜻의 다양성, 이 세 가지는 촛불혁명이 잉태한 인본주의 사상문화의 기본 요소였다.

촛불혁명이 낳은 최신의 인본주의 사상문화가 제대로 기능하자면 97체제 주요 무대였던 시장경제에서도 작동할 수 있어야 한다. 기본 요소인 개방성, 수평성, 다양성이 그대로 관통해야 한다.

사람 중심의 새로운 패러다임 경제에서는 창조력을 지닌 사람이 경제 활동의 중심에 선다. 창조력은 누구나 노력하면 체화할 수 있는 개방적 생산수단이다. 개방성을 띤다. 위계질서에서 벗어나 각자가 중심인 조건에서 수평적으로 관계 맺을 때 창조력 발산을 극대화할 수 있다. 수평성을 추구한다. 사람들은 대체 불가능한 자신만의 고유한 창조력을 갖출 때 자산 가치가 높아진다. 다양성을 필수적으로 요구한다.

개방성, 수평성, 다양성은 사람 중심의 새로운 패러다임 경제를 관통하는 일반적 속성이다. 촛불혁명이 잉태한 인본주의 사상문화가 새로운 패러다임의 시장경제 안에서 의연히 작동할 수 있음을 말해 준다. 촛불혁명은 거대한 집체극 형태로 97체제 극복의 서막을 펼쳐냈다. 97체제 이후 새로운 시대를 열 풍부한 잠재력을 비축했다. 적절한 계기와 조건이 마련되면 잠재력은 폭발적으로 발산될 수 있다.

20장

87체제의 종식, 유령들 전쟁터로부터 탈출

정치 활동의 본령은 공익 관점에서 사회 전체의 변화를 주도하고 관리하는 데 있다. 97체제 극복의 필수 조건인 지배적 사상문화 혁신과 사회적 합의는 정치 활동의 일부로 전개될 수밖에 없다. 사상문화 혁신과 사회적 합의는 정치 활동 중에서도 가장 고차원적 영역에 속한다.

도리 없이 우리는 1987년 민주화 승리 이후 정치 영역을 지배해 온 87체제와 맞닥뜨릴 수밖에 없다. 87체제는 수립 시점과 무관하게 포괄적 의미의 지배 체제로서 97체제 일부로 작동한 정치 체제였다. 과연 87체제가 지속하는 조건에서 97체제 극복을 위한 정치 활동이 원만히 이루어질 수 있을까?

97체제는 30년 가까이 지속하면서 극복의 기미를 보이지 않았다. 사회 구조적 모순이 심화하면서 청년 세대의 좌절은 깊어져만

갔다. 문제를 해결하려는 다양한 시도가 있었으나 온전한 성공에 이른 예가 없었다. 일차적 책임이 있는 정치권은 시종 무력한 모습을 보여 왔다. 87체제 내부에 본원적 한계가 도사리고 있었음을 알 수 있다.

87체제는 1987년 민주화와 함께 새로운 헌법을 기초로 산업화 세력과 민주화 세력이 평화적인 경쟁을 벌인 체제였다. 1990년 3당 합당 등 일련의 정치적 격변을 겪으면서 한국 정치는 보수를 표방한 산업화 세력과 진보 색채를 보인 민주화 세력으로 양분되는 양상을 보였다.

산업화 세력과 민주화 세력 내부에는 다양한 비판 세력이 존재하며 집단 자체를 뛰어넘고자 하는 차세대 그룹 또한 꾸준히 성장하고 있다. 87체제의 주역 중에서도 구태에서 벗어나 시대의 요구에 맞추어 변신을 시도하는 경우 또한 충분히 있을 수 있다. 이 점을 염두에 두면서 산업화 세력과 민주화 세력 중에서도 상층부 주류의 행적에 초점을 맞추어 기술하고자 한다.

87체제에 대한 객관적 평가를 위해 산업화 세력과 민주화 세력 모두에 등거리를 유지하면서 접근할 예정이다. 한 편의 시각에서 접근하다 보면 의도치 않게 87체제의 정당화로 이어질 가능성이 크기 때문이다. 어느 한 편에 소속감을 지닌 사람으로서는 불편할 수도 있겠지만 양해해 주기 바란다.

절대적 권위를 확보한 두 주역

산업화 세력과 민주화 세력 모두 산업화와 민주화의 주역으로서 각자의 진영 안에서 막강한 권위를 행사해 왔다. 이들의 권위가 얼마나 대단했는지는 한국의 산업화와 민주화가 어떤 배경에서 이루어졌는지 살펴보면 쉽게 짐작할 수 있다. 먼저 산업화부터 살펴보자.

한국의 산업화는 그 어느 나라보다도 열악한 조건에서 이루어졌다. 외부 관측자들이 보기에 한국의 산업화는 하늘의 별 따기에 도전한 무모하기 짝이 없는 과정이었다. 그러던 한국이 초고속 압축 성장을 거듭하면서 세계 열 손가락 안에 꼽히는 경제 대국으로 우뚝 섰다.

한국은 2015년 무역 규모가 1조 달러를 넘어서면서 세계 8대 무역대국으로 진입했다. 철강·조선·자동차·전자 등 분야에서 기술력 세계 1위이거나 글로벌 강자로 떠오른 기술 강국이다. 대외 순금융자산이 1,000조 원이 넘는 세계 10위 안에 드는 유력 금융국가이다. 해외에 설립한 법인 수도 줄잡아 8만 개에 이르는 유력 자본수출 국가의 하나기도 하다.

민주화 정착 또한 세계적으로도 그 예가 흔하지 않을 만큼 절대 쉽지 않은 과정이었다. 중남미, 동남아시아, 중동, 북아프리카의 많은 나라들에서 한 때 민주화 바람이 불었다. 하지만 대부분 군부 쿠데타, 내전, 복고 등의 과정을 거치며 민주화는 좌초하고 말았다. 민주화 정착에 온전히 성공한 경우는 그리 많지 않다. 민주화 정착이 그만큼 힘겨운 과정임을 의미한다.

사실 민주주의 본고장이라고 하는 서유럽도 크게 다르지 않았다. 프랑스대혁명 이후 혁명의 조국이라 불릴 만큼 민주주의를 향한 뜨거운 열정을 불태웠던 프랑스조차도 공화정과 왕정을 반복하다 2차 세계대전 이후에서야 민주화에 정착할 수 있었다. 민주 정치의 꽃이라고 하는 보통선거 제도의 완전한 도입도 한국보다 한 해 늦은 1949년에서야 이루어졌다.

한국의 민주화 정착은 무지막지한 군부의 무력 통치를 극복하면서 이루어졌다. 흔치 않은 사례일뿐만 아니라 과정 자체에 남다른 점이 있었다.

한국의 군부는 분단 체제를 배경으로 세계적으로도 보기 드문 막강한 힘을 보유하고 있었다. 60만에 이르는 군대와 이를 기반으로 하는 정보 기구가 오랫동안 국민 위에 군림하고 있었다. 5.18광주민주화운동에서 드러나듯이 여차하면 군부대를 투입했다. 여기에다 국론이 분열하면 북한이 남침할 수 있다는 심리적 억압이 더해졌다. 국가보안법은 이를 뒷받침해 주는 제도적 장치였다. 수많은 민주인사가 국가보안법에 걸려 투옥되거나 심지어 처형되는 비운을 겪었다. 한국은 목숨을 걸지 않으면 민주화 투쟁에 나서기 쉽지 않은 나라였다.

한국의 산업화와 민주화는 무에서 유를 창조하고 불가능을 가능으로 만든 기적의 역사였다. 그런 만큼 그 주역들의 자부심은 실로 엄청날 수밖에 없었다. 산업화 세력과 민주화 세력은 탁월한 과거의 업적을 바탕으로 저마다의 영역에서 확고한 정통성을 확립해 왔다.

산업화 세력은 자신들의 주도 아래 좌파의 위협으로부터 자유 대한을 수호하면서 산업화를 기반으로 부강한 선진 국가를 만드는 데 성공했다고 자부한다. 민주화 세력은 친일 독재 세력에 맞서 목숨 걸고 저항함으로써 민주화된 선진 국가 건설에 성공했다고 자부한다.

강렬한 자부심은 서로를 용납할 수 없을 만큼의 상대 세력에 대한 극단적 폄하와 부정을 동반해 왔다. 산업화 세력에게 민주화 세력은 여전히 좌파 집단에 불과하며, 민주화 세력에게 산업화 세력은 친일 독재 집단에 불과했다. 이 순간에도 산업화 세력은 변함없이 반좌파 투쟁을 앞세우고 있으며 민주화 세력은 반독재 투쟁에 운명을 걸다시피 하고 있다.

기묘하게도 두 세력 모두 상대에게 적절한 빌미를 제공해 왔다. 민주화 세력은 문재인 정부 시절 과도한 국가 개입 정책에 의존했다가 참담한 실패를 맛보았다. 산업화 세력은 이를 두고 좌파 집단의 한계를 드러낸 전형적 사례로 규정했다. 윤석열 정부는 일본에 대한 저자세와 검찰 전횡으로 민주화 세력이 친일 독재 집단으로 규정하기에 딱 좋게끔 움직였다.

산업화 세력은 좌파를 용인하는 순간, 민주화 세력은 친일 독재를 용인하는 순간 자신들의 존재 이유는 사라진다고 믿고 있다. 한국 사회가 융합 불가능한 두 집단으로 분열해 있음을 말해 준다. 두 세력의 대결은 극한을 향해 치달으면서 한국 사회를 준내전 상태 속에 빠뜨렸다.

87체제는 준내전을 치르면서 미래로 나아가기보다 끊임없이 과거로 회귀하는 양상을 보였다. 과거를 둘러싼 투쟁 모두가 무의미할 수는 없다. 문제는 과거 속에 매몰되어 미래로 나아가는 출구를 찾지 못한 데 있었다. 두 세력의 대결은 우리 사회를 어두운 과거 속에 가두었을 뿐이다.

산업화 세력은 공산 혁명 전체주의 세력과의 투쟁을 공언해가면서까지 반좌파 투쟁에 집착했으나 결과적으로 대한민국의 시계를 1950~60년대로 되돌렸다. 민주화 세력은 친일 독재 세력과의 투쟁을 앞세우고 있지만 대한민국의 시계를 1970~80년대에 가두고 있다. 두 세력의 대결은 우리 사회를 과거 속을 배회하는 유령들의 전쟁터처럼 만들었다.

그들 안에서 사라진 성찰의 DNA

영국의 역사가 아놀드 토인비 Arnold Joseph Toynbee 는 역사적 성공의 절반은 이대로 가다가는 죽을 수도 있다는 위기의식에서 비롯되었고, 역사적 실패의 절반은 화려했던 과거의 추억에서 비롯되었다고 설파했다.

토인비의 말은 산업화 세력과 민주화 세력의 운명을 예고해 주었다. 두 세력 모두 과거 화려한 추억에 결박된 채 새로운 미래를 향한 성찰과 탐색에서 극도의 게으름을 보였다.

노무현 정부 시기 지금의 국민의힘으로 이어지는 보수 정치집단은 산업화 세력으로서 정체성을 명확히 하면서 이명박과 박근혜를 리더로 선택했다. 모두가 산업화 신화와 연관이 깊은 인물들이었다.

현대건설 회장 출신 이명박 전 대통령은 내 식으로 해서 안 되는 일이 없었다며 과거 건설 현장의 경험을 되살려 4대강 사업에 운명을 걸다시피 했다. 하지만 4대강에서 삽질만 거듭하다 경제 살리기에 성공하지 못한 채 시간만 까먹고 말았다. 박근혜 전 대통령은 그 자신 개념조차 파악 못했던 창조경제를 앞세우면서 새로운 시도를 했지만 갈팡질팡하며 실책만을 거듭했다.

이명박·박근혜 정부는 경제만큼은 보수의 몫이라며 성공을 자신했건만 결과는 정반대로 나타났다. 연간 경제 성장률 등 모든 지표가 '잃어버린 10년'으로 규정했던 김대중·노무현 정부 때보다 저조했다. 지지자들 사이에서 동요가 발생하기 시작했다. 보수 정치를 뒷받침했던 국가주의와 자유주의 사이의 이념 동맹, 부산경남과 대구경북 사이의 지역 동맹, 5060 사이의 세대 동맹에서 뚜렷한 균열이 발생했다. 결국 국정농단 사태가 불거지면서 촛불혁명의 폭풍이 몰아쳤다. 헌정사상 최초로 박근혜 탄핵이 이루어졌다.

박근혜 대통령 탄핵과 함께 보수 정치 세계는 폭탄을 맞은 듯 폐허로 돌변했다. 산업화 세력의 정치적 파산이었다. 이에 아랑곳없이 산업화 세력은 문재인 정부 실정에 따른 반사이익으로 기사회생하면서 5년 만에 권좌에 복귀했다. 이전과 달라진 모습을 기대해 볼 수도 있었다. 정치적 파산을 겪었던 만큼 고통스러운 성찰의 시간을 가졌어야 정상이기 때문이다. 하지만 현실은 정반대였다.

윤석열 정부는 박근혜 정부 때보다도 훨씬 더 퇴행된 모습을 보여 주었을 뿐이었다. 대외 대내 정책 모두에서 극단적인 극우 행보를 보였다. 극우 세력에 의존하지 않으면 정권을 유지하기 힘들 정도로 허약한 체질임을 드러냈다. 산업화 세력은 자신 안에 성찰의 DNA가 완전히 사라지고 없음을 입증했다.

과연 반대편에 있는 민주화 세력은 어떠했을까? 그들에게는 성찰의 DNA가 존재했을까? 현역 국회의원을 중심으로 민주당 상층부에 초점을 맞추어 보자. 민주화 세력을 대표했던 이들의 상당수는 노무현 전 대통령과 손잡고 정치권 중심부에 진출했었다. 노무현 정부 시기 청와대와 행정부, 국회 등에서 중추적인 역할을 맡았다. 이들은 화려했던 민주화 경력을 앞세웠지만 정작 국정 운영에 필요한 역량은 제대로 갖추고 있지 못했다. 노무현 정부는 지지자들의 기대와 달리 혁신적인 성과를 내지 못했다. 사회적 양극화는 더욱 심화했다. 노무현 정부가 받아든 성적표는 초라하기 그지없었다. 민심 이반이 뚜렷해지자 여당인 열린우리당 내부에 동요가 확산했다. 소속 의원들의 탈주가 줄을 이었다.

2004년 총선에서 원내 과반수를 넘겼던 열린우리당은 급기야 해체되기에 이르렀다. 역사적으로 보기 드문 집권 기간 중 일어난 여당의 해체였다. 명백한 노무현 정부의 정치적 파산이었다. 친노 세력은 폐족 취급받았다. 이들은 노무현 전 대통령의 죽음을 계기로 극적인 부활을 맞이할 수 있었다.

2007년 촛불혁명의 승리를 등에 업고 문재인 정부가 출범했다. 9년 동안 야권에 머물렀던 민주화 세력은 권좌에 복귀했다. 민심은 문재인 정부 주역들이 노무현 정부의 실패를 겪으면서 충분한 성찰의 시간을 가졌으리라고 믿었다. 제대로 된 정책을 펼치리라 기대했다. 기대는 빗나갔다. 문재인 정부는 부동산 등 민생과 직결된 경제정책에서 실패를 반복했다. 더욱 심각한 문제는 문재인 정부 주역들의 국정 운영을 대하는 태도였다.

문재인 정부가 경제정책의 간판으로 내세웠던 소득 주도 성장 정책을 예로 들어 보자. 소득 상승이 정체되고 있던 조건에서 추진한 급격한 최저임금 인상은 시장의 역습을 초래하고 말았다. 결과적으로 고용 축소, 자동화, 해외 이전이 가속하면서 의도와 정반대로 하위 계층 소득이 감소하고 말았다. 소득 주도 성장 정책의 명백한 실패였다.

사태가 분명해졌음에도 관계자는 정책 실패를 인정하지도 않았고 계속 추진 의지를 보이지도 않았다. 국정 운영을 책임지는 관계자로서 도무지 가당치 않은 모습을 보였다. 공직 사회 일선에서는 상당한 혼란이 발생할 수밖에 없었다. 무능에다 무책임까지 더해졌다.

문재인 정부는 민심의 혹독한 심판을 받았고 1987년 이후 처음으로 5년 만에 정권을 내준 단명 정권이 되었다. 뼈를 깎는 성찰의 시간이 이어져야 마땅했다. 하지만 2022년 대선 패배 이후 민주당 분위기는 사뭇 달랐다. '졌잘싸' 졌지만 잘 싸웠다며 한껏 여유를 부리는 모습이었다.

민주당 상층부를 중심으로 한 민주화 세력의 궤적을 복기해 보면 일관된 현상 하나를 발견할 수 있다. 적어도 결과만을 놓고 보았을 때 민주화 세력은 결정적 실패를 겪은 뒤에 치열한 성찰의 시간을 갖지 않았다. 나라와 국민의 운명과 직결된 사안들이었음에도 마치 내 일이 아닌 듯이 치부했다. 산업화 세력과 마찬가지로 그들 안에 성찰의 DNA는 사라지고 없었다.

흔히들 민주당을 두고 '각자도생하는 자영업자 연합체'란 표현을 쓴다. 일반적으로 자영업자는 자신의 생계 문제 해결에 모든 신경을 집중한다. 다른 문제에 관심을 돌릴 여유를 못 보인다. 그래도 누가 뭐라고 하지 않는다. 그저 하루하루 열심히 사는 모습에 박수를 보낼 뿐이다. 정치인은 다르다. 정치인의 본분은 생계 걱정이 아닌 '나라 걱정'에 있다. 자영업자가 되면 안 된다. 나라 걱정하지 않고 자신의 생존에만 신경을 집중한다면 정치인으로서 자격이 없다. 민주당이 정녕 자영업자 연합체라면 무자격자 연합체임을 의미할 뿐이다.

과거를 잊은 자에게 미래는 없다. 마찬가지다. 성찰의 DNA를 상실한 정치집단이 새로운 미래의 주역이 될 수는 없다. 산업화와 민주화 세력 모두 미래의 주역이 될 자격을 잃었다.

2027년, 두 체제 동시 종식의 분기점

87체제의 두 축을 형성했던 산업화 세력과 민주화 세력 모두 화려한 과거의 추억에 기댄 채 새로운 미래를 열 성찰과 탐색을 게을리해 왔다. 새로운 미래 비전 창출 노력 없이 '과거 팔이'에만 의존한 셈이다. 청년 세대의 눈에 꼰대 집단으로 비치기에 딱 좋은 모습이었다.

두 세력의 한계는 1997년 외환위기를 계기로 형성된 97체제 극복에서 뚜렷하게 드러났다. 두 세력 모두 어떻게 하면 97체제에서 탈출해 새로운 시대를 열 수 있는지 충분한 관심과 고민을 기울이지 않았다.

두 세력 모두 97체제 종식이 모든 문제 해결의 대전제로서 '선결 과제'임을 인식조차 하지 못했다. 식민지 지배와 권위주의 독재 청산을 등한시한 채 눈앞의 과제를 해결하려 시도한 셈이었다.

97체제는 신자유주의 사상문화가 지배한 체제였다. 신자유주의 사상문화가 기업을 주요 숙주로 시장을 지배하고 시장을 발판으로 세상을 지배한 체제였다. 지배적 사상문화가 바뀔 때 시장을 무대로 움직이는 사람들의 사고와 행동이 바뀌면서 시장 운영 기조가 달라질 수 있었다.

사상의 적수는 사상뿐이다. 낡은 사상은 오직 새로운 사상으로 혁파할 수 있다. 신자유주의 사상문화 극복은 산업화와 민주화를 뛰어넘는 전혀 새로운 성격의 과제였다. 도식화해서 접근해 보자.

식민지 지배를 극복하기 위한 실천의 중심은 독립군으로부터 출발한 '무장투쟁'이었다. 권위주의 독재를 극복하기 위한 실천의 중심은 시위 중심의 '정치투쟁'이었다. 97체제를 극복하기 위한 실천의 중심은 지배적 사상문화를 혁신하는 '사상투쟁'일 수밖에 없다. 식민지 시대에는 일제가, 권위주의 시대에는 독재정권이 투쟁의 표적이었다. 97체제에서 투쟁의 표적은 돈을 중심으로 세상을 보고, 사람을 비용 취급하며 승자 독식을 추구한 신자유주의 사상 문화였다.

87체제 주역들의 한계는 뚜렷했다. 사상투쟁의 근처에도 가지 못했다. 그러는 사이 97체제는 의연히 지속됐다. 우리는 외환위기 이후 역대 정부가 민생 경제 분야에서 내리 실패를 겪고, 정치권이 삼류 오류 수준으로 전락한 근원이 무엇인지 알 수 있다. 97체제를 종식해야 나머지 문제가 온전히 풀리는 조건임에도 97체제를 전혀 넘어서지 못한 결과였다. 산업화, 민주화 세력 가리지 않고 정치권이 축적해 온 자산 속에는 97체제를 넘어설 수단이 딱히 없었다.

토착 정치 세력은 97체제 그늘을 크게 벗어나지 못했다. 모두 초강력 글로벌 파워 미국을 배경으로 작동한 97체제 안에서 이리 저리 맴돌았다고 해도 크게 틀리지 않는다. 97체제의 실체를 정확히 파악하고 그 극복을 위해 일관되게 노력한 정치 세력은 찾아보기 쉽지 않았다.

뒤집어서 생각하면 97체제가 산업화, 민주화 세력 가리지 않고 토착 정치 세력 모두를 무력화시켰다고 볼 수 있다. 토착 정치 세력을 체제 안에 가둔 채 새로운 미래로 나아가지 못하도록 만들었다. 87체제 주역들은 미래를 두고 다투지 못하면서 오로지 상대의 악마화를 통해 자신의 존재 근거를 찾는 적대적 공존에 의존하고 있다.

많은 사람이 민주화와 산업화 세력의 소모적 진영 대결을 지켜보면서 의아함을 느꼈다. 왜 저들은 서로를 죽이려고 입에 거품을 물고 싸울까? 문제의 본질은 간단했다. 적대적 공존에 의존한 진영 대결은 상위 20%에 속하는 기득권 세력의 권력 쟁탈전이었다. 저들을 밀어내면 권력은 우리 차지라고 하는 단순 논리가 작동한 대결이었다. 기득권 세력으로서는 지극히 명료하고 효과적인 구도였다. 굳이 나라 걱정을 앞세우지 않아도 되었다.

하위 80%에 속하는 민초의 처지에서 보자면 사정이 사뭇 달랐다. 일련의 정권 교체 과정을 통해 여실히 경험했다시피 어느 세력이 권력을 차지하는가에 따라 민초의 삶이 크게 달라진다는 보장이 딱히 없었다. 적대적 공존이 지속된다면 민초의 미래는 마냥 불투명할 뿐이었다.

하위 80%를 포함한 절대다수 국민을 이롭게 하는 정치가 되려면 적대적 공존에서 벗어나야 한다. 소모적 대결을 지양하고 상대의 적극적 협력을 끌어내는 생산적 정치를 펼칠 수 있어야 한다. 사회적 합의와 협력을 주도하는 정치가 되어야 한다. 과연 가능한 일일까?

마오쩌둥 사후 중국 공산당은 문화대혁명을 두고 국가와 사회를 혼란에 빠트린 대재앙으로 규정했다. 중국 지식인 사회 일각에서는 문화대혁명이 개혁개방을 가능하게 했다는 흥미로운 평가를 했다. 문화대혁명이라는 극단주의의 폐혜를 혹독하게 경험하면서 절대다수 중국인이 실용주의 노선을 갈망하기에 이르렀고 덕분에 개혁개방이 압도적 지지 아래 이루어질 수 있다고 보았다. 작용과 반작용을 거듭하며 변화 발전하는 역사의 기묘한 역설이 아닐 수 없다.

마찬가지일 수 있다. 지금은 한국 사회가 극단적인 진영 대결로 치닫고 있지만 시간이 흐를수록 그에 대한 반감이 커질 수 있다. 이대로 가다가는 나라가 통째로 망할 수도 있는 위기감이 고조될 수 있다. 합의와 협력을 중시하는 정치 흐름이 크게 부상할 가능성이 얼마든지 있다.

큰 이변이 없다면 다가오는 2027년은 21대 대선을 치러야 하는 해이다. 그 해는 87체제 수립 40년째 되는 해이면서 97체제 수립 30년째 되는 해이다. 매우 중요한 해다. 민심은 자연스럽게 2027년이 87·97체제 종식의 분기점이 되기를 기원하리라 본다.

2027년 대선은 87·97체제 종식의 주역을 선택하는 공간이 될 수 있다. 준비를 서두는 쪽이 승자가 된다. 미리부터 87·97체제 종식을 향한 국민적 공감대를 형성하면서 그 주역을 준비할 필요가 있다.

무엇보다도 지배적 사상문화 혁신 캠페인을 통해 97체제를 실질적으로 허물어뜨리는 활동을 전개해야 한다. 97체제에서 탈출해 새로운 시대로 나아갈 수 있음을 실물적으로 입증해야 한다.

일련의 활동은 87체제에서 벗어나 정치판을 혁신적으로 재구성하는 과정이 될 수 있다. 외환위기 이후 무기력해졌던 한국 정치가 원기를 회복하면서 새로운 출발을 기약하는 과정일 수 있다.

어둠이 짙을수록 새벽은 가까이 온다. 희망의 꽃은 절망의 늪에서 피어난다. 퇴행이 거듭될수록 새로운 시대를 향한 민심의 열망은 더욱 뜨거워질 수밖에 없다. 퇴행의 시대에 87·97체제를 넘어서는 새로운 시대가 잉태하고 있다. 다시금 운동화 끈을 동여매야 할 때다.

인본주의와 핵심 의제들과의 관계

우리는 기초적인 수준에서 신자유주의 사상문화를 대체하면서 사회적 합의의 골격을 제공하는 인본주의 사상문화를 발굴했다. 모든 지적 발전이 그러하듯이 인본주의 역시 여타 의제들과의 충돌 융합을 거쳐 숙성에 이를 수 있다. 여기서는 노동, 생태, 통일 세 가지 핵심 의제와 인본주의의 연관성을 짚어 보고자 한다.

대부분 내용이 상당한 논쟁을 수반할 수밖에 없으며, 더욱 중요하게는 실천적 검증을 통해 진위가 가려질 수밖에 없다. 그렇더라도 논의는 인본주의 사상이 어떻게 발전할 수 있을지 가늠하는데 도움이 될 수 있다. 잠시나마 자유로운 상상의 나래를 펴 보기를 권한다.

'노동 중심'은 여전히 진보의 핵심 가치인가?

민주당 왼편에는 우리 사회에서 통상 진보정당이라 불러온 일단의 정당들이 존재해 왔다. 이념 스펙트럼으로 보면 전통 좌파의 맥을 잇고 있다고 볼 수 있다. 이들 정당이 추구하는 핵심 가치로 '노동 중심'이 있다. 기성 정당과 자신을 뚜렷이 구별해 온 존재 근거였다.

노동을 신성하게 여기고 노동자의 권익을 옹호하는 차원에서 보자면 노동 중심은 그 자체로 훌륭한 가치를 담고 있다. 노동 중심을 핵심 가치로 본다면 이야기는 달라질 수 있다. 일반적으로 핵심 가치는 모든 판단의 기준이자 실천의 목표와 방향을 담고 있기 때문이다. 과연 핵심 가치로 노동 중심은 변화하는 시대의 요구를 제대로 소화할 수 있을까?

논의에 앞서 확인해야 할 전제가 있다. 대체로 좌파는 노동에 대해 전통적 시각을 견지하고 있다. 마르크스가 이야기한 대로 노동을 근육 에너지 지출 과정으로서 파악하며 육체노동이 그 중심이라고 본다. 사람들 대부분도 육체노동을 중심으로 노동을 파악하고 있다.

전통 좌파가 노동 중심을 핵심 가치로 여기는 결정적 이유는 노동자가 선진 계급이라고 믿는 데 있다. 이를 근거로 전통 좌파는 노동 중심을 포기하는 순간 자신의 정체성을 잃는다고 여겨 왔다.

선진 계급은 당대의 선진 생산력을 담당하면서 계급의 이해와 시대의 요구가 일치하는 계급을 지칭한다. 마르크스주의는 노동자를 선진 계급으로 상정하고 전개한 사상이론이다. 전통적 의미에서 노동자 계급은 생산수단과 분리됨으로써 노동력을 판매해야만 생존할 수 있는 존재였다. 노동자를 가리켜 프롤레타리아 무산자계급이라고 부른 이유였다.

4차 산업혁명과 함께 중대한 변화가 일어나고 있다. 4차 산업혁명 시대 가치 창출의 주요 원천은 노동력에서 창조력을 바뀌고 있다. 노동력은 생산수단이 아니나 창조력은 생산수단이다.

창조력은 자본과 달리 노력만 하면 누구나 체화할 수 있는 개방적 생산수단이다. 실제로 갈수록 많은 사람이 창조력을 체화하고 이를 기반으로 직업 활동을 전개하고 있다. 4차 산업혁명 시대 창조력의 체화는 생산수단의 보유를 의미한다. 생산수단으로부터의 분리에서 벗어났음을 의미한다.

오늘날 창조력을 체화하고 있는 사람은 법적 지위와 상관없이 전통적 의미에서의 노동자 계급이 아니다. 창조력은 새로운 가치 창출의 주요 원천으로서 선진 생산력의 기반을 이룬다. 창조력이라는 생산수단을 보유한 새로운 선진 계급의 태동을 알리는 지점이라고 할 수 있다.

좀 더 면밀한 관찰을 요구하지만 청년 세대로 내려갈수록 새로운 선진계급으로서 특성이 강하게 나타나고 있다. 젊은 직장인들은 수직적 위계질서에 입각한 통제 시스템을 극도로 싫어한다. 청년 세대는 수평적 조직 문화 정착을 가장 갈구한다. 청년 세대는 수평적으로 협력하는 현장 경영자가 되기를 원한다. 엄격한 통제시스템 아래서 참고 견디며 묵묵히 일했던 전통적 노동자와 확연히 다르다.

오늘날 청년 세대 사이에서 창업은 보편적 열망으로 자리 잡아가고 있다. 여건만 제대로 갖추어지면 창업에 도전하고 싶어 한다. 평생 남 밑에서 일하며 사는 것을 끔찍하게 여긴다.

청년 세대를 중심으로 이른바 '긱 워커'로 불리는 새로운 유형의 직업이 확산하고 있다. 그 어떤 조직에도 속하지 않은 채 원하는 시기에 원하는 업무에 선택적으로 결합하는 직업이다. 수입은 적을 수 있으나 자유로운 삶을 추구할 수 있다. 말하자면 '1인 기업가'라고 할 수 있다.

세 유형 사이에 공통점이 있다. 타자의 지배와 통제에서 벗어난 독립적인 존재를 지향한다. 한층 높은 수준의 자주적 삶을 지향한다. 창조력이라는 생산수단을 체화하고 있기에 가능한 일이다.

어쩌면 2008년 촛불시위와 촛불혁명은 청년 세대가 새로운 선진계급으로서의 정체성을 드러낸 역사 현장일 수 있다. 전통적 노동자 계급의 행동 양식과 비교해 살펴보면 비교적 쉽게 파악할 수 있다.

노동계는 전통적 집회 시위의 특성을 가장 극명하게 보여 왔다. 노동계 집회는 깃발 중심으로 소속 경계선이 매우 분명했고, 수직적 위계질서를 바탕으로 지도부와 대중의 구분이 엄격했으며, 대중은 지도부의 지휘에 따라 한 몸처럼 움직였다. 노동계 집회는 왜 이런 모습을 보였을까?

집회 양상은 전통적인 노동자 계급의 속성과 밀접한 연관이 있었다. 노동자는 생산수단을 보유하고 있지 않기에 독자적으로 생산 활동을 조직할 수 없었다. 개별적으로 사회정치 활동을 전개할 능력 또한 취약했다. 노동자는 오직 집단으로 조직되었을 때 힘을 발휘할 수 있었다. 노동자 세계에서 개인행동은 금기 사항이었고 개인주의는 사상의 적이었다.

집단은 지도부를 중심으로 단결할 때 강력한 힘을 발휘한다. 노동계와 좌파 세계에서 유독 지도부 중심의 단결을 강조해 온 이유이다. 노동계 집회 문화 또한 이를 반영한 결과였다.

2008년 촛불시위, 촛불혁명에서 청년 세대는 노동계 집회와는 완전 정반대의 모습을 보여 주었다. 참가 단위는 궁극적으로 참가자 각자였다. 소속 여부를 가리는 경계선은 거의 사라지고 없다시피 했다. 참가자들 모두는 동격이었다. 지도부와 대중의 구분은 처음부터 존재하지 않았다. 참가자 각자가 알아서 움직였다. 획일적인 행동 방침이 들어설 자리가 없었다.

차이를 만들어 내는 요인은 무엇일까? 일상적인 경제 활동 현장에서 보여주는 모습과 촛불집회 현장에서 드러난 청년 세대의 모습은 너무나도 일치한다. 원인 또한 일치한다는 이야기이다. 청년 세대 상당수는 창조력이라는 생산수단을 체화함으로 독립적 경제 활동을 전개할 수 있다. 집단에 의존하지 않고도 독립적인 기획과 활동이 가능한 존재이다. 청년 세대가 꿈꾸는 세상은 자유롭고 독립적인 개인의 수평적 연대와 협력이다.

현실은 청년 세대의 열망과는 사뭇 다르게 돌아가고 있다. 청년 세대의 열망과 현실이 정면으로 충돌하는 경우가 너무 많다. 청년 세대가 급진적인 변화를 갈망할 수밖에 없도록 만드는 요소다.

그동안 우리는 상당 정도 청년 세대에 초점을 맞추어 논의를 진행해 왔다. 전통 좌파 시각에서는 계급적 관점을 포기한 다분히 비과학적 태도로 치부하기 좋다. 해명하자면 이 책은 오늘날 청년 세대는 새로운 선진계급으로서의 계급 정체성과 세대 정체성이 혼합된 존재라 가정하고 접근했다. 새로운 선진 계급으로서 새로운 시대를 이끌 수 있다고 보았다.

그렇다면 과연 새로운 선진 계급을 무엇이라고 부를 수 있을까? 세상에 없던 전혀 새로우면서도 가장 영예로운 이름이 필요할 수 있다. 창조력을 체화하고 있으면서 창조 작업에 종사하는 사람이라는 의미로 '창조자'가 그 답일 수도 있다. 집단 지성이 자연스럽게 결론 내리지 않을까 싶다.

이 모든 이야기는 한층 심도 있는 논의와 엄정한 검증이 필요하다. 이와 무관하게 청년 세대의 욕망 구조가 전통적 노동자 계급과 확연히 다르다는 점은 너무나 분명해 보인다. 과연 노동 중심 가치가 청년 세대의 욕망을 충족시켜 줄 수 있을까? 근본적 문제의식이 담긴 질문일 수 있다.

인본주의는 핵심 가치로 '사람 중심 노동 존중'을 제시한다. 그간의 논의 대로 4차 산업혁명을 배경으로 형성된 가치이다. 사람을 자산으로 보고 그 가치를 최대한 키울 때 모두 함께 이익을 누릴 수 있다는 관점을 내포하고 있다. 그 과정의 하나로 노동력을 지출하던 사람을 지속적인 학습 훈련을 통해 창조력을 체화한 존재로 육성함으로써 좋은 일자리 주역이 되도록 할 때 노동 문제의 근원적 해결이 가능하다고 본다. 노동을 존중하되 노동의 고착화에서 벗어날 때 삶의 질이 고양될 수 있다는 역동적 관점을 견지한다.

사람 중심 노동 존중의 구현에서 핵심 고리는 사람을 비용이 아닌 자산으로 보는 사회적 인식의 전환이다. 고용의 85%를 차지하는 중소·벤처기업에서 사회적 인식의 전환은 더욱 절실한 과제일 수 있다.

중소·벤처기업 대부분에는 노조가 없다. 기업의 경영 기조가 노동자의 삶에 절대적인 영향을 미칠 수밖에 없다. 전통 좌파는 '노동 대 자본' 구도로 세상을 본다. 그 연장에서 노동자가 "사장님, 자본 편에 서지 말고 노동의 편에 서 주세요!"라고 한다면 설득력을 발휘할 수 있을까? 반면 "사장님, 우리를 비용이 아닌 자산으로 간주해 주세요!"라고 한다면 어떨까?

과연 어느 쪽이 변화하는 시대의 요구를 제대로 소화할 수 있을까? 중소·벤처기업 노동자들의 이익을 실질적으로 옹호할 수 있을까? 충분하고도 깊이 있는 고민이 이어지기를 기대한다.

생산적 논의를 위해 반드시 고려해야 할 지점이 있다. 노동 중심을 핵심 가치로 고수하는 사람들은 대체로 사고가 1, 2차 산업혁명 시대에 머물러 있다. 1, 2차 산업혁명 시대에 형성된 관념에 의존해 사고를 전개하는 경향이 강하다. 하지만 오늘날 한국 사회는 4차 산업혁명의 한복판을 지니고 있다. 한국은 세계적으로도 4차 산업혁명의 선두 그룹을 형성하고 있다.

4차 산업혁명은 물질 기술적 조건에서 1, 2차 산업혁명과 질적으로 다른 국면이다. 마르크스주의 개념을 빌리자면 생산력 발전의 새로운 단계이다. 전혀 다른 사고를 요구한다.

생태주의, 자본주의를 어떻게 넘어설 수 있는가?

오늘날 기후 위기는 인류의 생존을 위협하는 가장 심각한 문제로 대두했다. 무분별한 화석 연료 사용으로 온실가스 배출이 증가하면서 기후 온난화(열대화)가 격화함에 따른 결과이다. 유럽에서는 500년만의 가뭄이 엄습하는 등 지구 곳곳에서 강물이 맨바닥을 드러내는 참상을 겪었다. 유럽과 미국 등 온화한 기후를 자랑해 오던 곳에서 40~50도 넘는 살인적 폭염이 대지를 달구었다. 파키스탄이 집중 호우로 국토의 3분의 1이 물에 잠기는 등 대홍수가 지구 곳곳을 휩쓸었다. 미국과 호주에서는 지옥의 문이 열린 듯이 초대형 산불이 잇달아 번져 나갔다. 극지방 빙하가 녹아내리면서 해수면 상승으로 섬과 해안 지역이 대거 물에 잠길 위험이 커지고 있다. 대재앙의 징조는 곳곳에서 불거지고 있다.

기후 위기 자체에 대해서는 별다른 이의가 없는 듯 보인다. 다만 대응 방식이 다를 뿐이다. 마이클 셸런버거 Michael Shellenberger의 《지구를 위한다는 착각Apocalypse Never: Why Environmental Alarmism Hurts Us All》은 인류가 환경 위기를 기술적으로 해결해 온 과정을 소개하고 있다. 한 예로 고래 사냥이 중지된 결정적 이유로 플라스틱 등 화학 산업의 발전을 들고 있다. 화학 제품 등장으로 고래 원료 수요가 사라짐에 따라 고래 사냥도 사라졌다는 논리다.

환경 위기에 대한 기술적 대응은 계속 이어지고 있다. 오늘날 많은 기업이 대표적인 환경오염 쓰레기로 간주해 온 플라스틱 해결책으로 재활용 제품과 조기에 썩는 플라스틱 개발에 열을 올리고 있다. 이산화탄소 발산의 주범인 자동차도 전기차로의 전환을 서두르고 있다. 환경오염 우려가 없는 90% 순도의 수소가 인류가 수천 년 쓸 수 있을 만큼 지구 안에 대규모로 매장되어 있다는 사실이 밝혀지면서 새로운 희망을 안겨다 주고 있다. 기후 위기의 근원인 '탄소 경제'에서 벗어나 청정 '수소 경제'로 전환할 수 있음을 예고한다.

친환경은 기업 경영의 주요 화두로 떠올랐다. ESG 경영이 공통의 화두로 자리 잡아가고 있다. 100% 재생에너지를 사용하는 RE100을 도입하는 기업이 늘고 있고, 탄소배출권 거래도 활성화하고 있다. 많은 환경단체가 시행을 압박하면서 감시활동을 강화하고 있다.

생태주의자 다수는 자본주의 틀 안에서 기후 위기를 충분히 극복할 수 있다고 믿는 듯하다. 자본주의 체제를 둘러싼 논쟁으로 시간을 허비하기보다는 실질적 해결을 우선해야 한다는 태도이다.

다른 한편에는 자본주의 체제를 환경 위기 주범으로 지목하는 급진적 생태주의 흐름이 존재한다. 급진적 생태주의는 자본주의가 이윤 극대화를 목적으로 과잉생산, 과소비를 부추기면서 자연을 무분별하게 착취한 결과 환경 위기가 발생했다고 본다. 이들의 시각으로는 자본주의를 그대로 둔 상태에서의 환경 위기 극복은 한낱 미봉책에 그칠 뿐이다.

사이토 고헤이^{齋藤幸平}의 《지속 불가능 자본주의^{人新世の「資本論」}》는 풍부한 통계 자료와 현장 사례를 근거로 기후 위기 환경 위기의 원인은 자본주의의 성장주의를 뒷받침하기 위한 탐욕스러운 채굴과 자연 약탈에 있다고 본다. 더불어 선진국의 라이프 스타일을 제국적 생활양식으로 부르며 중심부 사람들의 풍요는 지구 남반부에 대한 지배와 약탈에 의지해 왔다고 주장한다.

사이토 고헤이는 마르크스 저작에 대한 분석을 바탕으로 생태 사회주의를 주창한다. 사이토 고헤이는 플라스틱 사용 줄이기 등 소소한 실천은 무의미할 뿐만이 아니라 유해하다고까지 단언한다. 사람들이 자기만족에 빠져 근본적 해결에서 멀어지게 할 수 있다고 본다.

자본주의가 기후 위기 환경 위기를 불러일으킨 원인의 전부는 아닐 수 있다. 자본주의를 극복하면 환경 위기가 원천적으로 해소된다는 보장 또한 그 어디에도 없다. 과거 사회주의 국가들 사례가 이를 입증한다. 하지만 자본주의가 기후 위기와 무관하지 않은 점은 분명해 보인다.

기후 위기 극복에서 기술적 대응과 자본주의 극복은 선택의 문제가 아닐 수 있다. 정부와 민간 모두 기술적 해결을 위한 노력을 백방으로 강화해야 마땅하다. 더불어 자본주의의 한계를 넘어서기 위한 인류의 탐색 또한 진지하게 이루어져야 한다. 사이토 고헤이의 주장대로 탈성장이 이루어지려면 자본주의 틀을 벗어나지 않으면 안 된다. 여러모로 지금의 자본주의 체제를 인류가 도달한 종착역이라 간주한다면 역사를 희화화하는 꼴이 될 수 있다.

문제는 자본주의를 어떻게 넘어서느냐에 있다. 생태주의는 이 점에서 사변적 수준을 크게 넘어서지 못하고 있다. 생태사회주의 또한 사회주의 일반이 지닌 시대적 한계를 넘어서기 어렵다.

사회주의의 핵심은 생산수단의 사회화 곧 집단 소유로의 전환이다. 4차 산업혁명 시대의 주요 생산수단은 창조력이다. 창조력은 개인에게 체화되어 있고 개인의 특성과 불가분의 관계다. 개인으로부터 분리해 집단 소유로 전환하기가 원천적으로 불가능하다.

자본주의 극복을 위해 해명해야 할 핵심은 자본의 지배적 지위를 무엇으로 대체하느냐에 있다. 요컨대 '자본이 지배하는 세상'을 '자본을 지배하는 세상'으로 바꾸어야 하는데 무엇이 자본을 지배할 수 있는지 해명해야 한다. 현실적인 해답은 사람밖에 없다. 바로 여기서 생태주의는 인본주의와 손을 잡아야 한다. 인본주의 역시 생태주의와 손잡아야 한다. 기후 위기는 인류 생존의 위기이기 때문이다. 기후 위기를 무시하고 인간의 미래를 이야기할 수 없다.

인본주의와 생태주의가 손을 잡으면 급진적 담론이 형성된다. 자연, 인간, 자본의 관계가 180도 바뀐다. 인간은 액면 그대로 자연 진화의 산물이다. 별의 활동으로 생성된 원자들로 지구가 만들어지고 거듭된 생명의 진화를 거쳐 인간이 탄생했다. 인간 모두는 액면 그대로 별에서 온 그대들이다. 자연은 오늘의 인간을 만든 종교적 의미와는 관계없이 '창조주'다.

인간은 사회적 활동을 통해 다양한 피조물을 만들어냈다. 자본도 그중 하나이다. 근대 이후 인류 사회 주류를 이룬 자본주의는 이름 그대로 자본이 주인인 경제 제도이다. 자본주의 사회는 피조물인 자본을 섬김의 대상으로 삼았다. 반대로 창조주인 자연을 정복하고 지배해야 할 대상으로 삼아 왔다. 예의 관점과 태도는 통합된 자본주의 세계관을 형성해 왔다. 그로부터 자연에 대한 무차별적인 착취와 파괴를 사회적으로 용인하고 정당화했다.

무차별적인 자연 착취로 근대 이후 물질문명은 폭발적인 발전을 거듭할 수 있었다. 중심부의 인간은 물질적 풍요에 도취해 분별력을 잃어갔다. 결국 자연의 인내력은 임계점을 넘어섰다.

기후 위기는 인간들을 향한 자연의 분노 폭발이자 반격이다. 이 와중에서 죄는 부자 나라들이 지었는데 벌은 가난한 나라들이 뒤집어쓰는 모순의 극치마저 나타났다. 인간이 자본을 섬기면서 자연을 정복과 지배의 대상으로 삼는 자본주의 세계관은 더 이상 유지하기 어렵다.

인류 앞에 놓인 선택지는 매우 명확해 보인다. 인간은 창조주인 자연을 섬기고 피조물인 자본을 지배하는 방향으로 선회할 수밖에 없다. 장기적이고 근원적인 변화이지만 방향 선회는 선택의 여지가 없어 보인다. 인류는 세계관을 바꾸고 이를 현실로 만들어야 하는 운명에 직면했다. 과연 어느 누가 기후 위기 앞에서 인간은 변함없이 피조물인 자본을 섬기고 창조주 자연을 지배와 정복의 대상으로 삼아야 한다고 대 놓고 주장할 수 있겠는가?

인본주의는 이 모두를 겸허히 받아들이면서 인간의 자본 지배 길을 부지런히 닦고 있다. 인류 역사는 시장경제가 모든 경제의 기초가 되는 보편 기제임을 입증했다. 인본주의는 인간이 자본을 지배하는 전혀 새로운 성격의 시장경제를 창출하는 사상의 길잡이가 될 수 있다.

인간이 자연을 섬기고 자본을 지배한다면 그 사회는 자본주의일까? 아닐까? 자본주의를 어떻게 이해하는가에 따라 결론은 달라질 수 있다. 최종 판단은 각자의 자유에 속한다.

참고로 사람을 두고 인적자본이라고 표현하는 경우가 많은데 여전히 자본의 지배적 지위를 전제한 개념이다. 사람을 자본의 지배를 효과적으로 뒷받침하는 한 요소로서 간주한다. 사람을 자본의 하위 범주로 본다. 반면 인본주의에서의 사람은 '자본을 지배하는 주체'로서 의미를 지니고 있다. 창조력이라는 자본보다 우월한 생산수단을 지닌 존재로서 사람을 상정한다. 창조력을 체화한 사람의 자본 지배는 지극히 필연적이고 합법칙적인 과정이다.

통일, 지속 가능한 남북 경제협력의 길을 찾아라

북한의 김정은 국무위원장은 남한은 더 이상 통일의 대상이 아닌 제1의 적대국이라고 선언했다. 한반도 통일 가능성을 전면 부정했다. 국력이 절대적인 열세에 놓여 있는 조건에서 북한이 통일을 주도하기는 쉽지 않다. 북한의 통일 가능성 부정은 어느 정도 예고된 순서일 수도 있다.

통일 가능성이 희박해진 만큼 통일에 대한 고민 또한 무의미해졌다고 봐야 할까? 정반대로 생각할 수 있다. 북한이 통일을 포기한 조건에서 한반도 통일은 전적으로 남한의 몫일 수밖에 없다. 통일에 대해 한층 높은 책임 의식을 갖고 더욱 치열하게 탐색할 필요가 있다.

통일 문제에 접근할 때 고려해야 할 요소들이 여럿 있다. 그중 하나로 세대 간의 시각 차이를 꼽을 수 있다. 평창 동계올림픽경기 때의 일이었다. 여자 아이스하키 남북 단일팀이 구성되었는데 이를 둘러싸고 세대 간에 뚜렷한 반응 차이가 나타났다. 나이 든 세대 안에서는 감격해하는 분위기가 많았다. 젊은 세대는 달랐다. 부정적 반응을 보인 경우가 꽤 많았다. 단일팀 구성으로 남측 선수들 상당수가 출전 기회를 상실한 점을 두고 다분히 불공정한 조치라고 보았다.

북측 응원단에 대한 반응 또한 비슷했다. 북측 응원단이 "우리는 하나다!"라는 구호를 외치자 젊은 세대 중 상당수가 언제 봤다고 우리는 하나라고 하느냐며 냉소적 반응을 보였다.

나이 든 세대에게 통일은 개인의 삶이나 현실적 이해 모두를 초월하는 그 무엇으로 다가왔다. 같은 민족이기에 갈라져 살 이유가 없다는 지극히 원초적인 지점이었다. 분단이 우리의 의지와 무관하게 외세에 의해 강요되었다는 점에서 더욱 그럴 수밖에 없었다.

젊은 세대는 달랐다. 젊은 세대는 자기 삶과의 연관성 속에서 통일 문제를 대하는 경향이 강하다. 실현 가능성과 함께 이해득실을 냉정하게 따지는 편이다. 이념을 앞세운 접근을 몹시 싫어한다.

미래는 젊은 세대의 몫이다. 젊은 세대의 선택이 미래의 모습을 결정하기 마련이다. 통일 문제도 나이 든 세대의 고뇌를 충분히 고려하되 기본적으로는 젊은 세대 시각에서 접근해야 마땅하다.

가장 먼저 다가오는 난제는 북한의 핵 보유이다. 이성적 판단의 여지가 많지 않은 매우 민감하고 난해한 이슈이다. 그렇다 하더라도 문제를 해결하고자 하는 의지가 있다면 최대한 이성적 접근을 할 수밖에 없다. 먼저 북한 핵 개발의 배경을 살펴야 한다.

1990년대에 접어들어 북한을 둘러싸고 체제를 송두리째 날려 버릴 수도 있는 외교 안보 위기가 엄습해 왔다. 소련 붕괴로 북한은 자칫 국제 미아가 될지도 모를 위기 상황에 봉착했다. 1992년 북한은 적극적인 위기 타개책으로 미국과의 관계 개선을 타진했다. 미국은 냉혹하게 거절했다. 그 와중에 중국은 경제협력 증진을 목표로 남한과의 수교를 추진하고 있었다. 절박한 상황에서 북한 수뇌부는 중국 외교부장을 불러 극진히 대접하며 북미 관계 개선 속도에 맞추어 남한과 수교해 주기를 당부했다. 중국은 그로부터 1달 뒤에 북한과 아무런 교감 없이 남한과의 수교를 전격적으로 발표했다. 북한은 중국 또한 자국 이익을 위해서는 언제든지 자신을 걷어차 버릴 나라로서 결코 믿을 상대가 아님을 절감했다.

역지사지 입장에서 1990년대 초 북한 상황을 이해하기 위해 당시 남한이 북한의 처지에 놓여 있었다고 가정해 보자. 미국은 체제 붕괴에 직면하면서 여러 나라로 쪼개졌다. 소련은 유일 초강대국 지위에 올라 천하를 호령했다. 일본은 사회주의 진영과 손잡으면서 남한을 일방적으로 편들지 않았다. 중국은 소련과 밀착한 상태에서 남한에 대한 적대 정책을 지속했다. 북한은 경제적으로 큰 성공을 거두면서 올림픽을 개최하는 등 국제 위상이 나날이 높아져 갔다. 과연 남한이 이러한 상황에 직면했다면 얼마나 버틸 수 있었을까?

누가 보더라도 1990년대 북한을 둘러싼 외교 안보 상황은 체제 붕괴를 압박할 요인들로 가득 차 있었다. 북한 수뇌부는 체제 붕괴를 피하려면 특단의 선택을 할 수밖에 없다고 판단했다. 최종 결론은 핵무기 보유였다. 북한 수뇌부는 핵을 보유하면 그 누구도 자신을 쉽게 건들지 못하리라고 보았다. 그러한 이유로 인민의 정치적 동요도 최대한 억제할 수 있다고 판단했다.

북한은 핵 개발에 전격 착수했다. 핵 프로그램의 3대 요소인 핵물질, 기폭장치, 운반수단 모두를 개발했다. 운반수단으로서 미국 본토에 이르는 대륙간탄도미사일ICBM 개발도 성공했다.

전문가들은 국제법과 관계없이 북한을 사실상의 핵보유국으로 인정할 수밖에 없다고 보았다. 1990년대 미 행정부 북핵 특사를 지낸 바 있는 로버트 갈루치Robert Gallucci는 미국의 북핵 대응은 완전 실패로 돌아갔다고 평가했다. 미국이 북핵 협상의 전제 조건으로 내세웠던 '완전하고 검증 가능하며 불가역적인 비핵화'CVID는 애초부터 말이 안 되는 소리였다고 일축했다.

발상의 전환이 불가피해졌다. 여기서 주목해야 할 사실이 하나 있다. 북한은 비상 수단으로 핵을 선택한 덕에 체제 유지에는 일차 성공했다. 하지만 핵 보유가 완전한 체제 안정 수단은 아니라고 보고 있다. 소련이 핵이 없어 체제 붕괴를 겪은 게 아님을 누구보다 잘 알고 있기 때문이다.

북한 자신이 잘 알고 있듯이 체제 안정은 경제 발전 없이는 이루어질 수 없다. 북한 체제 안정을 위해 더욱 절실한 요소는 경제 발전이다. 북한 경제 발전의 필수 조건은 남북 경제협력이다.

그동안 북한 경제의 획기적 발전을 촉진하는 방향에서 남북 경제협력의 필요성이 다양한 지점에서 제기되어 왔다. 북한 또한 이를 절실히 갈망해 왔다. 군사 요충지였던 개성 지구에 남북합작 공단을 만든 사실 하나만으로도 북한이 남북 경제협력을 얼마나 절실히 원했는지를 알 수 있다.

북한이 남북 경제협력을 지렛대로 체제 안정 단계에 본격 진입할 시점이 되면 핵은 불필요하고 거추장스러운 존재가 되기 쉽다. 북한은 핵이 체제 안정화에 장애가 된다고 여길 때 포기할 수 있다. 북한이 핵을 포기할 수 있는 사실상 유일한 경우의 수라고 할 수 있다.

한국은 남북 경제협력을 증진하는 방향에서 미국을 위시한 국제 사회의 협력을 끌어낼 수 있어야 한다. 과거 김대중·노무현 정부는 국제 사회 설득 작업을 성공적으로 수행한 바가 있다.

진보와 보수를 떠나 모두가 인정하는 대표적인 남북 경제협력의 효과로서 세 가지가 있다. 첫째, 한반도가 유라시아 대륙과 태평양을 잇는 물류 허브로 떠오르면서 다양한 경제 효과를 발생시킨다. 유라시아 횡단철도만 이어져도 상당한 효과를 기대할 수 있다. 둘째, 북한 땅에 매장되어 있는 1경(1조×1만)원 어치에 해당하는 지하자원이 본격적으로 빛을 볼 수 있다. 셋째, 인구 8,000만 정도의 내수 시장이 형성됨으로써 독일과 비슷한 수준의 경제 대국으로 부상할 수 있다.

북한 경제는 미국이 주도한 고강도 제제로 성장 잠재력이 극도로 억눌려 왔다. 제재가 풀리고 외부와의 협력이 증진된다면 북한 경제가 폭발적 성장을 거듭할 수 있음을 말해 준다. 북한은 탄탄한 기초과학과 IT 역량을 바탕으로 4차 산업혁명으로 직행할 수 있는 조건을 갖추고 있다. 과거 한국이 디지털 경제로 직행해 전자 산업 등에서 일본을 추월했던 전례처럼 북한 또한 유사한 과정을 밟을 수 있다. 김정일 전 국방위원장 시대에 언급했던 여러 단계를 거치지 않고 목표 지점으로 직행하는 '단번 도약'이 실제 가능할 수 있다.

유명한 투자자 짐 로저스James Beeland Rogers, Jr.가 기회가 되면 재산의 절반을 북한에 투자하고 싶다고 말하면서 세간의 주목을 받은 적이 있었다. 전적으로 북한의 높은 성장 잠재력에 대한 확신에서 비롯된 발언이었다.

이 모든 가능성을 현실화하기 위해서는 반드시 확보해야 할 전제 조건이 있다. 지속 가능한 남북 경제협력 모델을 창출해야 한다. 선행 경험인 개성공단을 되짚어 볼 필요가 있다.

개성공단은 남북 공동경제구역의 효시로서 그 의미가 각별했다. 2014년 현재 개성공단에 입주한 업체는 모두 123개였는데 이들에게 원부자재를 납품하는 업체만 해도 줄잡아 5,000여 곳에 이르렀다. 공단에 소속되어 함께 일한 인원은 모두 5만 5,000명 정도에 이르렀다. 애초 계획대로 진행되면 800만 평 위에서 70만 명이 일하기로 되어 있었다.

개성공단은 임금은 상대적으로 낮은 데 반해 생산성은 매우 높았기에 중소기업인들 사이에서 엘도라도로 통했다. 군사 요충지를 남북합작 공단으로 개발했다는 점에서 평화적 기능도 매우 강했다. 남북의 사람이 일상적으로 어우러지면서 작은 통일을 이어간

점 또한 의미가 컸다.

2014년 이명박 정부는 천안함 사건을 빌미로 개성공단에 대한 추가 진출과 추가 투자를 금지한 5.24조치를 취하고 말았다. 진출 기업들은 산소호흡기에 의존해 겨우 연명하다시피 하면서 막대한 피해를 감수해야 했다. 급기야 박근혜 정부에 이르러서는 개성공단을 통째로 폐쇄하기에 이르렀다. 보수 일각의 표현대로 극단적 자해행위를 한 셈이었다.

개성공단 비운의 일차적 책임은 이명박·박근혜 정부에 있다. 하지만 우리는 개성공단 폐쇄 조치가 가능했던 근본적 요인이 무엇인지 냉정하게 짚어 볼 필요가 있다.

개성공단은 남측에서 자본을, 북측에서 노동력을 제공하는 형태로 만들어졌다. 전형적으로 2차 산업혁명 시대에 부합하는 결합 방식이었다. 문제는 노동력은 기계나 타자로 쉽게 대체할 수 있는 요소라는 데 있었다. 자본과 노동의 결합은 언제든지 해체될 수 있는 관계였다.

지속 가능한 남북 경제협력 모델은 4차 산업혁명 시대에 맞게 설계해야 한다. 자본과 노동의 결합이 아닌 고도의 창조력을 체화한 사람과 사람의 불가역적 결합으로 이루어져야 한다. 서로가 없어서는 안 되는 사람들이 결합될 때 해체 불가능한 구조가 만들어질 수 있다. 사람을 근본으로 삼고 사람과 사람의 관계를 중심에 놓는 인본주의 원리를 기초로 삼아야 한다.

문제는 남북 사람들이 잘 융합할 수 있는가에 있다. 청년 세대가 해답이다. 청년 세대는 통일 의지가 약하다고 하지만 거꾸로 구

시대 이념 대결에 속박되어 있지 않다. 남북의 체제와 이념 차이를 떠나 같은 세대끼리 쉽게 어울릴 수 있다. 이를 입증해 주는 사례가 하나 있다.

2020년 1월 독일 베를린자유대학교에서 25일간 14개 국가 150명 학생이 참여한 계절학기를 진행했다. 참가자 중에는 남한에서 온 80명의 학생과 북한 김일성대학교에서 온 12명의 학생이 포함되어 있었다. 독일인들의 애초 생각과 달리 김일성대학교 학생들은 매우 개방적이고 발랄했다. 주눅 든 모습은 조금도 찾아볼 수 없었다. 다른 나라 학생들과도 스스럼없이 어울렸다. 대학 측은 북한 학생 초청은 한마디로 센세이션이었다고 표현했다.

남북의 학생들은 빠르게 친해졌다. 얼마간의 경계심은 봄눈 녹듯이 사라졌다. 문화적 격차도 거의 찾아볼 수 없었다. 남북의 학생들이 뒤섞여 함께 웃고 떠드는 모습은 한국 어느 대학에서 종강 파티가 열릴 때의 장면과도 같았다. 누가 남쪽 학생이고 북쪽 학생인지 구별하기조차 어려웠다. 남북 청년 사이에 마음의 장벽이 무너지는 데 불과 3주도 걸리지 않았다.

인본주의에 기초한 남북 경제협력 모델은 지속 가능성이 있고 성숙하고 발전할 수 있다. 남북 경제협력이 한층 높은 단계로 진입하면 어떤 효과가 발생할까? 남북의 경제는 분리 불가능한 상태에서 상호 의존성이 극대화할 수밖에 없다. 남과 북은 서로에게 생존을 위한 필수 조건이 된다. 남과 북은 적대 관계에서 완전히 벗어나 다방면으로 협력을 강화하는 길을 걸을 수밖에 없다.

남과 북은 한반도 경제공동체 엄호를 위해 군사 협력을 강화할 가능성이 얼마든지 있다. 때가 되면 주변 강대국 위협에 공동 대처하는 연합훈련을 할 수도 있다. 경제협력이 고도화하고 군사 협력이 성숙하면 남측 표현으로는 국가연합이, 북측 표현으로는 낮은 단계 연방제가 실현되었다고 볼 수 있다. 낮은 단계의 통일이 실현된 셈이다. 2000년 남북정상회담이 채택한 6.15공동선언 1, 2항 통일의 원칙과 경로가 실현되었음을 의미한다.

1. 남과 북은 나라의 통일문제를 그 주인인 우리 민족끼리 서로 힘을 합쳐 자주적으로 해결하기로 하였다.
2. 남과 북은 나라의 통일을 위한 남측의 연합제 안과 북측의 낮은 단계 연방제 안이 서로 공통성이 있다고 인정하고 이 방향에서 통일을 지향시켜 나가기로 하였다.

한반도 통일과 관련해 지금 주류 세대가 상상할 수 있고 나름 책임질 수 있는 최선이자 최대치는 여기까지이다. 단일 국가로의 정치적 통합을 포함한 높은 단계의 통일은 미래 세대의 몫이다.

지구상에 타산지석으로 삼아야 할 두 나라가 있다. 모두 분단의 비운을 겪은 나라에 해당한다. 먼저 몽골이다. 몽골은 중국 기준 표현이기는 하지만 몽골에 속하는 외몽고와 중국 영내 네이멍구자치구에 속하는 내몽고로 나뉘어 있다. 인구는 내몽고가 다수를 차지한다. 몽골족 처지에서 보면 엄연히 분단 상태임에도 세월이 흐르면서 분단 감각과 통일 의지 모두 사라졌다. 내몽고 인구의 80% 정도를 한족이 차지하면서 더 이상 되돌릴 수 없는 상황이 되었다.

아라비아반도 남단에 예멘이라는 나라가 있다. 과거 자본주의 북예멘과 사회주의 남예멘으로 분단되어 있다가 1990년대 초 평화 협상을 통해 통일국가가 되었다. 국제 사회로부터 박수갈채를 받았다. 하지만 얼마 가지 않아 남북 예멘 세력이 내전을 치르는 끔찍한 비극을 겪고 말았다.

대책 없이 시간을 보내다가는 한반도 역시 몽골과 비슷하게 영구 분단의 운명을 겪을 수도 있다. 반대로 성급한 통일 시도는 예멘처럼 남북 사이 갈등만을 증폭시키면서 최악의 상황을 맞이할 수도 있다.

한반도 통일은 인류 역사에서 일찍이 없었던 가장 어렵고도 복잡한 숙제를 푸는 과정일 수 있다. 인류 역사를 새롭게 쓰는 극한의 창조 과정이 될 수밖에 없다. 새로운 가치와 규범, 모델을 창조하는 창조의 용광로가 될 수 있다. 한반도 통일 과정에서 축적한 경험과 성과는 고스란히 인류 역사가 새로운 단계로 진입하는 밑거름이 될 수 있다. 인류사의 최첨단을 개척한다는 자부심을 안고 한반도 통일 과제를 대할 필요가 있다.

참고 문헌 및 자료

──────────── 단행본 ────────────

강정구, 《현대 한국사회의 이해와 전망》, 한울아카데미, 2005

강준만, 《한국 현대사 산책 1990년대편 1》, 인물과사상사, 2006

강준만, 《한국 현대사 산책 1990년대편 2》, 인물과사상사, 2006

강준만, 《한국 현대사 산책 1990년대편 3》, 인물과사상사, 2006

강철규, 《재벌개혁의 경제학》, 다산출판사, 1999

게리 해멀, 《꿀벌과 게릴라》, 이동현 역, 세종서적, 2009

경향신문 특별취재팀, 《우리도 몰랐던 한국의 힘》, 한스미디어, 2006

고재석, 《세습 자본주의 세대》, 인물과사상사, 2023

구본형, 《낯선 곳에서 아침》, 을유문화사, 2007

구본형, 《사람에게서 구하라》, 을유문화사, 2008

구본형, 《익숙한 것과의 결별》, 을유문화사, 2009

국제관계연구회 엮음, 《세계화와 한국》, 을유문화사, 2003

권석준, 《반도체 삼국지》, 뿌리와 이파리, 2023

금융경제연구소, 《금융산업, IMF사태에서 한미FTA까지》, 2007

김경원, 권순우 외, 《외환위기 5년, 한국경제 어떻게 변했나》, 삼성경제연구소, 2003

김난도, 《아프니까 청춘이다》, 쌤앤파커스, 2013

김대륜, 《패권의 대이동》, 웅진지식하우스, 2021

김대원, 《애플 쇼크》, 더난출판, 2010

김대중, 《김대중 자서전 1》, 삼인, 2011

김대중, 《김대중 자서전 2》, 삼인, 2011

김민섭, 《대리사회》, 와이즈베리, 2018

김시우 외, 《추월의 시대》, 메디치미디어, 2021

김영호, 《관권경제, 특혜경제》, 청암, 1989

김용철, 《삼성을 생각한다》. 시대평론, 2010

김유정, 《디지털촌수, 변화하는 인간관계》, 삼성경제연구소, 2007

김은 외, 《4차산업혁명과 제조업의 귀환》, 클라우드나인, 2020

김인성, 《한국 IT산업의 멸망》, 북하우스, 2011

김종배, 《30대 정치학》, 반비, 2012

김종필, 박준규, 《정치레시피 호모폴리타쿠스》, 석탑출판, 2021

김정훈 외, 《386 세대유감》, 웅진지식하우스, 2019

김지수, 《나는 통일을 원하지 않는다》, 라이스메이커, 2021

김진향, 《개성공단 사람들》, 내일을여는책, 2015

김태유, 《은퇴가 없는 나라》, 삼성경제연구소, 2013

김헌태, 《분노한 대중의 사회》, 후마니타스, 2009

김형기 엮음, 《현대자본주의 분석》, 한울아카데미, 2007

남구현 외, 《대한민국은 민주공화국이다》, 메이데이, 2008

남덕우 외, 《IMF사태의 원인과 교훈》, 삼성경제연구소, 1998

노무현, 《성공과 좌절》 학고재, 2009

대우경제연구소, 《우루과이라운드와 한국경제》, 한국경제신문사, 1994

데즈먼드 슘, 《레드 룰렛》, 홍석윤 역, 알파미디어, 2022

참고 문헌 및 자료

도나 펜 지음,《젊은 창조자들》, 윤혜영 역, 이상, 2010

등용 지음,《등소평》, 임계순 역, 김영사, 2004

리영희,《새는 좌우의 날개로 난다》, 두레, 1994

리처드 S 웰린스 외,《자율경영팀》, 이상욱 역, 21세기북스, 1995

마이클 셸런버그,《지구를 위한다는 착각》, 노정태 역, 부키, 2021

마크 레빈슨,《세계화의 종말과 새로운 시작》, 최준영 역, 페이지2, 2023

머저리 켈리,《자본의 권리는 하늘이 내렸나》, 강현석 역, 이소출판사, 2003

매트 타이비,《오마이 갓뎀 아메리카》, 유나영 역, 서해문집, 2012

모모세 타다시,《여러분 참 답답하시죠》, 시대평론, 2008

문재승,《K팀장은 삼각김밥을 좋아한다》, 다산북스, 2010

박만섭 엮음,《경제학, 더 넓은 지평을 향하여》, 이투신서, 2005

박지우,《행복한 나라의 불행한 사람들》, 추수밭, 2022

변용수,《한국경제 왜 추락하는가》, 백양, 1991

브래드 글로서먼,《피크 재팬》, 김성훈 역, 김영사, 2020

비니트 나야르,《직원 우선주의》, 박선영 역, 21세기북스, 2011

사이토 고헤이,《지속 불가능 자본주의》, 다다서재, 2021

새로운 사회를 여는 연구원,《분노의 숫자》, 동녘, 2014

서울대학교공과대학,《축적의 시간》, 지식노마드, 2015

손을춘,《4차산업혁명은 일자리를 어떻게 바꾸는가》, 을유문화사, 2018

손재권, 오창석,《앱스토어 경제학》, 한스미디어, 2010

송호근,《한국의 평등주의, 그 마음의 습관》, 삼성경제연구소, 2008

시게라 도시미츠,《한국만큼 중요한 나라는 없다》, 이준 역, 서해문집, 1999

신영복,《나무야 나무야》, 돌베개, 1997

신장섭, 장성원,《삼성 반도체 세계 일등 비결의 해부》, 삼성경제연구소, 2008

신장섭, 장하준,《주식회사 한국의 구조조정》, 장진호 역, 창비, 2006

아스비에른 발,《지금 복지국가는 어디로 가는가》, 남인복 역, 부글books, 2012

알렉 노브 지음, 김남섭 옮김,《소련경제사》, 창작과 비평사, 1998

앨빈 토플러, 이규행 옮김,《권력이동》, 한국경제신문, 2007

에릭 홉스봄, 《극단의 시대 : 20세기 역사 (상)》, 이용우 역, 까치, 1997

에릭 홉스봄, 《극단의 시대: 20세기 역사 (하)》, 이용우 역, 까치, 1997

에릭 홉스봄, 《혁명의 시대》, 정도영, 차명수 역, 한길사, 2006

오원철, 《박정희는 어떻게 경제강국 만들었나》, 동서문화사, 2006

오창익, 《십중팔구 한국에만 있는》, 삼인, 2008

우수근, 《중국을 이해하는 9가지 관점》, 살림, 2008

우석훈, 박권일, 《88만원세대》, 레디앙, 2008

윌리엄 H, 오버홀트, 《초강국으로 가는 중국》, 윤인웅 역, 한언, 1994

유발 하라리, 《사피엔스》, 조현욱 역, 김영사, 2020

유영수, 《한국경제의 신화, 아산 정주영》, 소담출판사, 2007

6월민중항쟁계승사업회, 《6월 항쟁을 기록하다 1》, 민주화운동기념사업회,
    2007

6월민중항쟁계승사업회, 《6월 항쟁을 기록하다 2》, 민주화운동기념사업회, 2007

6월민중항쟁계승사업회, 《6월 항쟁을 기록하다 3》, 민주화운동기념사업회, 2007

6월민중항쟁계승사업회, 《6월 항쟁을 기록하다 4》, 민주화운동기념사업회, 2007

유채림, 《매력만점 철거농성장》. 실천문학사, 2012

윤종희, 《현대의 경계에서》, 생각의힘, 2015

이광재 외, 《중국에게 묻다》, 학고재, 2012

이교관, 《누가 한국경제를 파탄으로 몰았는가》, 동녘, 1998

이근, 《도발하라》, 이와우, 2016

이나미, 《한국 사회와 그 적들》 추수밭, 2013

이동현, 《이슈로 본 한국현대사》, 민연, 2002

이민화, KAIST 문술미래전략원, 《대한민국의 4차 산업혁명》, 창조경제연구회,
    2018

이병남, 《경영은 사람이다》, 김영사, 2016

이상이 편저, 《역동적 복지국가의 논리와 전략》, 밈, 2010

이영희 지음, 《포드주의와 포스트포드주의》, 한울아카데미, 1994

이장규, 《경제는 당신이 대통령이야》, 올림, 2008

이장규 외《실록 6공경제, 흑자경제의 침몰》, 중앙일보사, 1995

이찬근,《IMF시대 투기자본과 미국의 패권》, 연구사, 1998

이찬근 외,《한국경제가 사라진다》, 21세기북스, 2004

이창훈, 최광,《초월하는 애플, 추월하는 삼성》, 머니플러스, 2010

이철승,《불평등의 세대》, 문학과지성사, 2021

이토 미스하루 외,《죠셉 슘페터》, 민성원 역, 소화, 2004

이한구,《한국재벌 형성사》, 비봉출판사, 1999

이해준,《자본의 시대에서 인간의 시대로》, 한울, 1999

이혁병,《플레잉 경영》, 21세기북스, 2010

이홍,《지식점프》, 삼성경제연구소, 2008

임동원,《피스메이커》, 중앙books, 2008

임영묵,《K-를 생각한다》, 사이드웨이, 2021

임영태,《대한민국 50년사 1》, 들녘, 1998

임영태,《대한민국 50년사 2》, 들녘, 1998

임영태,《북한 50년사 1》, 들녘, 2005

임영태,《북한 50년사 2》, 들녘, 2005

임현우,《상상력에 날개를 달아라》, 나남, 2009

임희섭, 박길성,《오늘의 한국사회》, 나남, 1994

장하준,《그들이 말하지 않은 23가지》, 부키, 2010

장하준 외,《무엇을 선택할 것인가》, 부키, 2012

장하준,《장하준의 경제학 레시피》, 부키, 2023

장하준, 정승일,《쾌도난마 한국경제》, 부키, 2008

장하준 지음,《사다리 걷어차기》, 형성백 역, 부키, 2008

장하성,《왜 분노해야 하는가》, 헤이북스, 2016

전남사회운동협의회 편,《죽음을 넘어 시대의 어둠을 넘어》, 풀빛, 1985

전상봉,《통일, 우리 민족의 마지막 블루오션》, 시대의 창, 2007

전영수,《세대전쟁》, 이인시각, 2013

전영수,《인구소멸과 로컬리즘》, 라의눈, 2023

정진홍, 《인문의 숲에서 경영을 만나다》, 21세기북스, 2009

정태일, 《서른살, 회사를 말하다》 메디치미디어, 2010

정길화, 김환균 외, 《우리들의 현대침묵사》, 해냄, 2006

정욱식, 《북핵, 대파국과 대타협의 분수령》, 창해, 2005

정지환, 《대한민국 다큐멘터리》, 인물과사상사, 2004

정지훈, 《거의 모든 IT의 역사》, 메디치미디어, 2010

정창현, 《CEO of DPRK 김정일》, 중앙books, 2007

정혜원, 《대한민국 희망보고서 유한킴벌리》, 거름, 2005

조귀동, 《세습 중산층 사회》, 생각의힘, 2020

조미옥, 《훌륭한 일터 GWP》, 넥서스BIZ, 2010

조용호, 《플랫폼전쟁》, 21세기북스, 2014

조우현 엮음, 《세계의 노동자 경영참가》, 창작과비평사, 1995

조희연, 《박정희와 개발독재시대》, 역사비평사, 2007

제러미 리프킨, 《노동의 종말》, 이영호 역, 민음사, 1996

제러미 리프킨, 《소유의 종말》, 이희재 역, 민음사, 2004

제러드 다이아몬드, 《대변동: 위기, 선택, 변화》, 강주헌 역, 김영사, 2019

제러드 다이아몬드, 《총, 균, 쇠》, 김진준 역, 문학사상사, 2010

제리 멀러, 《자본주의의 매혹》, 서찬주 외 역, 휴먼앤북스, 2006

제임스 P. 워맥 외, 《생산방식의 혁명》, 한영숙 역, 기아경제연구소, 1992

제프리 존스, 《나는 한국이 두렵다》, 중앙M&B, 2000

제프 자비스, 《구글노믹스》, 이진원 역, 21세기북스, 2010

진중권, 《호모 코레아니쿠스》, 웅진지식하우스, 2008

짐 콜린스, 《위대한 기업은 다 어디로 갔을까》, 김명철 역, 김영사, 2010

찰스 A. 쿱찬, 《미국 시대의 종말》, 황지현 역, 김영사, 2005

최윤식, 배동철, 《2020 부의 전쟁 in asia》, 지식노마드, 2011

최윤식, 최현식, 《제4의 물결이 온다》, 지식노마드, 2017

토비 월시, 《AI의 미래, 생각하는 기계》, 이기동 역, 프리뷰, 2018

평화재단 법륜 외, 《청춘콘서트2.0》, 월드김영사, 2012

폴 케네디,《강대국의 흥망》, 이일수 외 역, 한국경제신문사, 1991

폴 킹스노스,《세계화와 싸우다》, 김정아 역, 창비, 2004

프레시안 엮음,《우리는 무엇을 할 것인가》, 프레시안북, 2008

피터 드러커,《NEXT SOCIETY》, 한국경제신문, 2009

피터 드러커,《21세기 지식경영》, 이재규 역, 한국경제신문, 2006

피터 드러커,《자본주의 이후의 사회》, 이재규 역, 한국경제신문사, 1993

캐시 오닐,《대량살상 수학무기》, 김정혜 역, 흐름출판, 2017

케빈 대나허 외,《50년이면 충분하다》, 최봉실 역, 아침이슬, 2000

클레이 서키,《끌리고 쏠리고 들끓다》, 송연석 역, 갤이온, 2009

하남석과포스코사람들,《강한 현장이 강한 기업을 만든다》, 김영사, 2009

한광수,《미-중관계의 변화와 한반도의 미래》, 삼성경제연구소, 2005,

한국기독교사회문제연구원,《7 8.9월 노동자대투쟁》, 민중사, 1987

한국정치연구회 사상분과 편저,《현대민주주의론 1》, 창작과비평사, 1993

한국정치연구회 사상분과 편저,《현대민주주의론 2》, 창작과비평사, 1993

한국사회경제학회 지음,《노동가치론의 재평가》, 풀빛, 1997

한국사회학회 편,《한국전쟁과 한국사회변동》, 풀빛, 1992

한근태,《회사가 희망이다》, 미래의창, 2009

한스 피터 마르틴, 하랄트 슈만,《세계화의 덫》, 강수돌 역, 영림카디널, 1997

한승동,《대한민국 걷어차기》, 교양인, 2008

한용 외,《1980년대 한국사회와 학생운동》, 청년사, 1989

한윤형,《청춘을 위한 나라는 없다》 어크로스, 2013

한윤형 외,《열정은 어떻게 노동이 되는가》, 웅진지식하우스, 2011

한홍구,《대한민국사 1》, 한겨레신문사, 2003

한홍구,《대한민국사 2》, 한겨레신문사 ,2003

해리 덴트,《2018 인구절벽이 온다》, 권성희 역, 청림출판, 2916

홍순형, 장재철 외,《한국경제 20년의 재조명》, 삼성경제연구소, 2006

히다카 요시기,《아메리카의 대폭락》, 오애영 역, 다섯수레, 1992

K. 마르크스,《자본론 1 상》, 김수행 역, 비봉출판사, 1990

K. 마르크스, 《자본론 1 하》, 김수행 역, 비봉출판사, 1990

K. 마르크스, 《자본론 2》, 김수행 역, 비봉출판사, 1990

K. 마르크스, 《자본론 3 상》, 김수행 역, 비봉출판사, 1990

K. 마르크스, 《자본론 3 하》, 김수행 역, 비봉출판사, 1990

──────────── 신문 기사 및 논문 자료 ────────────

강동철, "산업용 로봇 사용률 1위인 한국, 로봇 만드는 기술은 걸음마", 조선일보, 2019.03.04.

강준만, "지방소멸과 서울멸종", 한겨레, 2023.05.07.

권순원, "노조가 배타적 이익에 몰두하는 사이, 일자리는 해외로", 중앙선데이, 2017.07.09.

권오성, "휴가 무제한인 회사…그래도 잘 나가요", 한겨레, 2015.04.13.

권혁철, "갈루치 전 미국 북핵특사 "미국의 30년 대북정책은 실패", 한겨레, 2021.11.17.

곽래건, "입법조사처, 노인 일자리, 복지 사업인데 고용으로 계산", 조선일보, 2021.08.13.

곽래건, "정년 퇴직자 가족 우선 채용… 기업 40곳, 고용세습 여전", 조선일보, 2020.09.30.

곽정수, "'사람 얼굴의 자본주의' 실천한 독일 발전 주목해야", 한겨레, 2014.09.11.

곽정수, "새해엔 절반만 출근하세요", 한겨레21, 2011.01.10.

곽창렬, "文정부 들어 급증한 공공기관 인턴… 암행어사인가, 세금 먹는 하마인가", 조선일보, 2021.08.14.

금원섭·최종석, "대졸자는 줄을 섰는데… 대기업 일자리 9만 개 줄었다", 조선일보, 2017.11.22.

김경락, "금수저·흙수저 계급론 씁쓸하지만 현실이었다", 한겨레, 2015.11.15.

김경은, "한국 의료비 가장 적게 쓰며, 암 사망률 최저", 조선일보, 2022.05.31.

김기식, "왜곡된 비주류의식", 한겨레, 2021.05.04.

김기찬, "인국공 논란에 밀어붙였는데…정규직 전환 역대 최저", 중앙일보, 2021.02.23.

김남영·권유진, "구글에 사표낸 AI 대부 "핵보다 무서운 AI, 국제 규제 필요"", 중앙일보 2023.05.03.

김남준, "철밥통 천국 한국…공공 인건비, 500대 기업 넘었다", 중앙일보, 2021.07.27.

김도년, "반도체 빼곤 모두 생산성 후퇴…투자·고용 부진 이유 있었다", 중앙일보, 2019.01.22.

김수민, "美 국방부가 삼성 반도체 공장 들여다볼 수도… 4대 독소조항은?", 중앙일보, 2023.04.14.

김성민, "AI의 공습… 사무직이 첫 타깃", 조선일보, 2023.05.04.

김성민 외, "20·30代 "인간미 넘치는 일터로"… 40代 이상 "돈 좀 더 벌었으면"", 조선일보, 2015.01.02.

김연주, "대졸자 비중은 1위, 고용률은 최하위권", 조선일보, 2022.10.08.

김은정, "해외 금융자산 1000조… 사우디 제치고 세계 9위", 조선일보, 2023.06.15.

김진명, "한국인 60% 자식이 부모보다 가난할 것", 조선일보, 2021.08.07.

김태유, "저출산 고령화, 세대 간 분업으로 풀자", 중앙일보, 2016.12.26.

김창우 외, "조국·LH사태 등 불공정 이어져, 배신한 꼰대 여당에 실망", 중앙선데이, 2021.04.10.

김회승, "15개월째 무역적자 행진…'불황형 적자' 양상까지 더해", 한겨레, 2023.06.02.

김헌식, "K팝의 지나친 상업화, 장기 성장 가로막아", 중앙일보, 2022.05.16.

남윤서, "'지능제어' 세계 톱 연구자…산불 고통 호주가 SOS 친 한국인", 중앙일보, 2023.02.23.

노가영, "B급 주제서 A급 향기가…할리우드 놀랜 K콘텐츠", 중앙일보, 2022.08.11.

노익상, "국민 45%는 중도…보수·진보만 있다는 착각서 벗어나라", 중앙일보, 2020.03.05.

류이근, "거대한 '부의 세습' 속도, 소득 증가보다 3배나 빠르다", 한겨레, 2023. 12.11.

문소영, "'싸우는 국회의원' 만평 형태로 뚝딱, 우주 거북선은 실패…"창작 경쟁자 아닌 파트너"", 중앙일보, 2023.02.11.

문소영, "K팝 팬덤의 진화가 팬덤 정치에 주는 교훈", 중앙일보, 2022.10.07

문희철, "비정규직 33% vs 53% … 재계·노동계, 분류 기준 큰 차이", 중앙일보, 2017. 05.29.

박건형, "돈 못버는 골칫덩이됐다… AI 선구자 '왓슨'의 몰락", 조선일보, 2021. 07.19.

박건형, "연구 투자 15조, 연구 인력 국내외 9만 3200명", 조선일보, 2017.10.27

박민제, "히든챔피언 독일 1307개 한국 23곳", 중앙일보, 2019.10.09.

박순찬, "AI도 우주항공도 방산도… 中, 한국 미래 먹거리 7개중 5개 추월", 조선일보, 2023.05.08.

박순찬·이벌찬, "美 첨단장비 제재에도… 급성장 반도체 기업 20곳중 19곳이 중국", 조선일보, 2022.06.25.

박순찬·조재희, "반도체 생산 40%, 배터리 소재 80%… 대륙에 발목 잡혀", 조선일보, 2023.05.31.

박영범, "현 정부 만든 일자리, 박근혜 정부보다 40만 개 적어", 중앙일보, 2021.07.27.

박정렬, "꿈의 직장 토종 SW 기업 4곳 구글·페이스북 부럽지 않다", 중앙선데이, 2015.04.27.

박태희·윤정민, "'한국, 규제 탓 매력 떨어져… 기업 해외 고용 매년 9% 증가'", 중앙일보, 2018.03.16.

방현철, "수출 잘되는데도 일자리 안 늘어나는 3가지 이유", 조선일보, 2017.04.25.

백기철, "우리 정치에 감동이 없는 이유", 한겨레, 2022.06.29.

류이근 외, "위기의 한국 경제, 가계소득 높여야 산다", 한겨레, 2014.07.13.

류이근·민수빈, "한국 소득 불평등, OECD 2번째로 빠르다", 한겨레, 2023.04.
10.

류정, "그래도 중국뿐… 14억 시장 다시 두드리는 우리 기업", 조선일보, 2023.
04.20.

성호철·임경업, "채용 더 늘리기 힘들어… 중소기업, 떠밀리듯 한국 떠난다",
조선일보, 2018.03.22.

손해용, "쪼그라든 중산층…허리층 비중 60% 아래로", 중앙일보, 2019.09.04.

신은진·이기우, "대기업 오너도 제쳤다, 작년 연봉 랭킹 top3 싹쓸이한 이 회
사", 조선일보, 2022.03.24.

신은진, "최근 5년간 일자리 136만개 해외로 빠져나갔다", 조선일보,
2017.07.20.

신준봉, "『하얼빈』 김훈 "지난 대선, 시궁창을 봤다…젊음이 나서야 한다"", 중
앙일보, 2022.09.16.

심서현·윤성민, "잠재성장률 12년째 내리막... OECD국 중 한국밖에 없다", 중
앙일보, 2024.02.14.

심재학당, "대통령 빼곤 다 나왔다, 박사만 184명인 강변 마을", 중앙일보,
2021.07.09.

안선희, "부동산 세습사회", 한겨레, 2020.10.26.

안준용 외, "靑·정부 고위직 32%, 강남 3구에 집 소유", 조선일보, 2018.03.30.

양모듬, "100만원 벌면 빚 갚는데 27만원 쓴다", 조선일보, 2016.12.21.

유석재, "중국서 성공하려면 더 많은 마오타이주를 바쳐야 했다", 조선일보,
2022.03.26.

유지한, "나노·컴퓨터·화학까지… 中이 美 앞질렀다", 조선일보, 2022.04.05.

윤석만, "야당 지지 20대, 보수화 때문 아냐…586 내로남불 심판", 중앙일보,
2021. 04.16.

윤석만 외, "SKY 고소득층 비율 46%, 다른 대학 2배…의대는 더 높다", 중앙일

보, 2019.02.14.

윤석만, "20대 사망원인 57%는 극단적 선택, 고독사는 9년새 3.4배 늘어", 중앙일보, 2022.10.18.

윤영미, "벤처 양적·질적 성장…한국경제 '견인차'로", 중앙일보, 2015.12.29.

윤진호, "서울시민 10명 중 8명 "자녀는 경제적 부담"… 15도시 중 '최하위'", 조선일보, 2023.05.30

윤혜인, "1인 가구 717만 절반은 가난…"쪽방서 사육 당하는 느낌"", 중앙일보, 2023.04.22.

이규연, "국제시장에는 미생이 없다", 중앙일보, 2015.01.15.

이경미, "부동산 정책 고위공직자 36%가 다주택", 한겨레, 2020.08.06.

이경태, "공정성 확보 못하면 능력 발휘 못하고 산업생태계 후퇴", 중앙일보, 2021.07.20.

이동현 외, "기업들 해외서 살길…16조원 탈한국 투자", 중앙일보, 2019.06.26.

이동현, "복잡한 고객맞춤형 차량 만들기 위해 혁신, 직원 재교육에 1조 7,900억 투자", 중앙일보, 2022.12.13.

이벌찬, "미국 제재로 망할뻔한 중국 화웨이, 오히려 반도체 종합기업 됐다", 조선일보, 2022.06.25.

이본영, "10년 뒤 불확실, 미국 올인 없다…기밀문서 속 각국 '생존외교술'", 한겨레, 2023.05.01.

이본영. "미 언론 한국 청년들은 '아메리칸 파이'보다 일자리 부족 더 관심", 한겨레, 2023.05.01.

이원재, "'경제적 보통 사람' 그 많던 중산층은 어디로 갔을까?", 한겨레, 2022.06.04.

이은정, ""김일성대 학생들 발랄"…독일인들, 북 이미지와 달라 놀라", 중앙일보, 2020.02.08.

이정동, "최초의 질문을 던지는 기술 선도국을 기대하며", 중앙일보, 2023.06.19.

이정용, "'꿀 빤 세대론'은 권위주의 향한 향수…청년이 세력화해 밀고나가야",

한겨레, 2022.04.23.

이준기, "이세돌 커제 꺾은 '바둑 신' AI…아마추어 만나자 15전 14패 왜", 중앙일보, 2023.06.10.

이준기, "일론 머스크는 왜 '사람 없는 공장'을 포기했을까", 중앙일보, 2020.08.17.

이준우·조유진, ""회사에 얽매이기 싫다"… 긱 워커 220만명 시대", 조선일보, 2022.08.11.

이창균, ""챗GPT는 최첨단 표절시스템"…슈퍼 지능 그늘도 짙다", 중앙일보, 2023.02.11.

이철호, "거짓말과 오판이 부른 부동산 참사", 중앙일보, 2021.02.18.

장원석, "10년 내 1800만 명 고용 위협 … 인간 vs AI 정말 일자리 싸움 날까", 중앙일보, 2017.06.21.

정남구, "'청년의 비명' 저출생의 결말…지리한 저성장? 한방에 훅 갈 수도", 한겨레 2023.05.03.

전종휘, "대기업이 나쁜 일자리 더 많다", 한겨레, 2014.07.30.

정순우, "경실련 文 4년간 아파트 93% 폭등… 정부통계 17% 상승은 왜곡", 조선일보, 2021.06.25.

정진호, "알바 둔 사장님 31년 만에 최저", 중앙일보, 2021.07.15.

정인환, "중국 공산당 100년…"쥐 잘 잡는 고양이" 자부심 속 세계와 불화", 한겨레, 2021.07.01.

정진호, "2030 1인 가구 1년새 95만 급증, 집값 너무 올라 결혼을 못해요", 중앙일보, 2021.08.03.

정한국·이슬비, "29년 만에 새 車공장 들어선다… 현대·기아차, 국내 부지 택한 3개 요인", 조선일보, 2023.4.12.

정혜민·임지선, ""AI는 무엇도 책임지지 않는다"…인간의 고삐 시급한 이유", 한겨레, 2023.6.15.

조계완, "한국 가계부채, GDP 대비 104%…여전히 세계 1위", 한겨레, 2022.06.06.

조유진 외, "Z세대 올림픽 관전법… 메달 못 따면 어때, 악착같이 뛴 그대 엄지 척!", 조선일보, 2021.07.30.

조윤제, "한국 엘리트들의 성공과 실패", 중앙일보, 2023.05.12.

주정완, "'인간의 꼼수'가 치명타였다…14번 패한 최강 'AI 바둑'의 굴욕", 중앙일보, 2023.04.20.

주장환, "일대일로…21세기 중국이 서쪽으로 가는 까닭은", 한겨레, 2022.04.16.

지주형, "'트로이의 목마' IMF 캉드쉬, 그의 진짜 얼굴은 신자유주의", 한겨레, 2021.08.15.

진중언, "서울 재건축·재개발 6년간 393곳 취소… 새 집 25만채 걷어찼다", 조선일보, 2020.08.03

최병일, "경제대국 넘어 중국체제 우수성 알리는 선전장 될 것," 중앙일보, 2021. 08.17.

최재호, "고도비만 수도권, 영양실조 지방…말뿐인 지역균형발전", 중앙일보, 2021. 11.25.

최준영, "산업용 로봇 이용 세계 1위는 한국…로봇 시장은 일본·독일이 장악," 조선일보, 2022.10.17.

최준영, "한국이 미국에 만든 일자리 3만 5000개… 압도적 1등", 조선일보, 2023.08.21

최준호, "모든 의사가 명의 되도록 AI가 진단 도와드립니다", 중앙일보, 2023.06.16.

하현옥, "한국 경제 효율성 떨어지며 노동생산성 증가율 7.9→2.2%로 '뚝'", 중앙일보, 2019.04.09.

황건강, 김범수, "이재용 재치고 한국 최고 부자 등극", 중앙선데이, 2021.07.31

한광덕, "'MZ 세대' 소득·자산 정체 속 빚만 늘어 소비 위축", 한겨레, 2022. 03.16.

한광덕, "엘지엔솔 청약에 440만 명 몰려…'국민주' 반열 올랐다", 한겨레, 2022. 01.19.

참고 문헌 및 자료

한귀영, "창의력 위협당하는 시대, 가장 필요한 것도 창의력", 한겨레, 2023. 06.19.

황정일·신수민, "중국 전기차 조선까지 세계 1위 2차 전지도 한국 추월", 중앙 선데이, 2023.5.27.

홍석재, "부도 신분도 대물림 '갇힌 세대'…90년대생 분노 안 할 수 있나", 한겨 레, 2021.06.12.

홍석재, "IMF 극비문서 속 '신자유주의 앞잡이 캉드쉬' 첫 확인", 한겨레, 2021.07.31.

홍정규, "자영업자 20% 연 1천만 원도 못 벌어…생존율도 갈수록 하락", 연합 뉴스, 2017.10.03.

허욱, "법률 업무도 44% 대체 가능… 본격 도입 땐 재판 지연 '획기적 개선'", 조선일보, 2023.05.04.

리영희, 〈한반도는 강대국들의 핵 볼모가 되려는가?〉, 민중 제1권, 청사, 1983

윤성로, 〈교육도 융합 필요…전기전자와 컴퓨터공학부만이라도 영역 경계 없 애자〉, 여시재, 2021

전병서, 〈커촹반(科创板)을 통한 '기술-자본협력모델'이 필요하다〉, 여시재, 2020

갈수록 살기 힘든 나라

초판 1쇄 발행 2024년 5월 29일

지은이 박세길
펴낸이 박영미
펴낸곳 포르체

책임편집 강가연
마케팅 정은주
디자인 황규성

출판신고 2020년 7월 20일 제2020-000103호
전화 02-6083-0128 | **팩스** 02-6008-0126
이메일 porchetogo@gmail.com
포스트 https://m.post.naver.com/porche_book
인스타그램 www.instagram.com/porche_book

ⓒ 박세길(저작권자와 맺은 특약에 따라 검인을 생략합니다.)
ISBN 979-11-93584-41-5 (03300)

여러분의 소중한 원고를 보내주세요.
porchetogo@gmail.com